Schriften zur historischen Kommunikationsforschung

Band 1

Michael Niehaus

Mord, Geständnis, Widerruf

Verhören und Verhörtwerden um 1800

Posth Verlag

Bibliografische Information der Deutschen Bibliothek

Die Deutsche Bibliothek verzeichnet diese Publikation in der Deutschen Nationalbibliografie; detaillierte bibliografische Daten sind im Internet über http://dnb.ddb.de abrufbar.

Gedruckt mit Hilfe der Deutschen Forschungsgemeinschaft (DFG), Bonn.

http://www.posth-verlag.de
Herstellung: http://www.posthscript.de

ISBN-10 3-9810814-0-4
ISBN-13 978-3-9810814-0-4

»Es klingt widerlich, wenn sich ein Untersuchungsrichter damit rühmt, einen Inquisiten zum Geständnis gebracht zu haben.«

Ludwig Pfister, 1820

Inhalt

Einleitung

Der Protagonist der folgenden Seiten heißt Jakob Sauter und war im letzten Drittel des 18. Jahrhunderts im Spital zu Konstanz als Wagnermeister angestellt. Im Herbst 1787 geriet er in Verdacht, den Wagnergesellen Johann Baptist Fromlet erschlagen zu haben. Dieses Buch unternimmt den Versuch, die mit dem Inquisiten Jakob Sauter in dieser Sache angestellten Verhöre zu kommentieren und zu analysieren. Eine derartige Ausführlichkeit bedarf der Rechtfertigung. Der Fall Sauter hat weder im Großen noch im Kleinen Geschichte gemacht oder Rechtsgeschichte geschrieben; er bietet auch keine einzigartige Zugangsmöglichkeit zu einer Alltagsgeschichte. Wie kann er also ein würdiger Gegenstand sein? Welchem Erkenntnisinteresse dient seine Entfaltung?

Natürlich dient der Fall als *Beispiel*. Die Verhöre mit Jakob Sauter sind ganz einfach ein Beispiel dafür, was in Verhören geschieht. Es geht um eine möglichst genaue Rekonstrukion der Interaktionen, aus denen sich das Verhör zusammensetzt. Das Verhör ist ein Sonderfall institutionell gerahmter Kommunikation. Es steht unter dem klar umrissenen Vorzeichen, daß der Verhörende ein Geständnis hören möchte, das der Verhörte verweigert. Da die Folter in Konstanz zum Zeitpunkt des Verfahrens seit einigen Jahren abgeschafft ist, kann das Gericht nur mit ›kommunikativen Mitteln‹ zum Geständnis motivieren. Unter diesen Voraussetzungen werden Verhöre komplex. Der vorliegende Fall legt diese Komplexität auf eine mustergültige Weise frei. Daher ist er in verschiedener Hinsicht ein lehrreiches Anschauungsbeispiel. Er lehrt nicht nur etwas über die Praxis des Verhörs in einer bestimmten geschichtlichen Situation, sondern auch etwas über die allgemeinen Implikationen diskursiver Wahrheitssuche, über die möglichen Subjektpositionen in einem darauf ausgerichteten Verfahren – und vor allem etwas über das Verhältnis von Sprache und Macht. Das Gericht – vertreten durch den Kommissarius von Albini – dringt mit Macht auf ein Geständnis und hat damit nach einiger Zeit Erfolg; aber Jakob Sauter widerruft sein Geständnis und keine Macht kann ihn von diesem Widerruf abbringen.

Die materielle Grundlage für die Rekonstruktion dessen, was in diesen Verhören vor sich geht, ist das *Protokoll*. Das Protokoll ist die Textsorte, die für sich in Anspruch nimmt, zu sagen, *wie es tatsächlich war*. Das Protokoll der Verhöre mit Jakob Sauter, das sich im Stadtarchiv Konstanz befindet,* wird im folgenden kommentiert und Schritt für Schritt analysiert. Dies ist nur sinnvoll, wenn das Protokoll bestimmten Ansprüchen genügt. Die im damals österreichischen Konstanz gültige *Theresiana* bestimmt über das Amt des Protokollführers, daß er die »von dem Inquisiten, oder den Zeugen gegebene Antworten von Wort, zu Wort, von Mund in die Feder, das ist: mit eben den Worten, wie es der Inquisit, oder der Zeug redet, folglich nicht in der dritten, sondern in der ersten Person« aufzeichnen soll (Theresiana 1769, Art. 20, § 20). Solche Vorschriften sind nicht unbedingt ›wörtlich‹ zu nehmen. Auch in der *Criminal-Ordnung der Chur-Marck Brandenburg* von 1717 etwa ist davon die Rede, der »Gerichts Actuarius« solle »eigene Worte und Formalien, so viel möglich beybehalten / und fleißig verzeichnen«, aber ergänzend wird hinzugefügt, daß man im Bedarfsfalle mit der Verschriftlichung warten und erst einmal nachfragen solle, bis an der Aussage »kein Zweiffel übrig bleibe« (Cap. I, § 11). Auch wenn man es nicht beim heute bei der Polizei üblichen ›Ergebnisprotokoll‹ beläßt, muß keineswegs alles Gesagte aufgezeichnet werden.

Seit dem ausgehenden 18. Jahrhundert ist die Diskussion darüber, wie Verhörprotokolle zweckmäßig und ordnungsgemäß einzurichten seien, nicht verstummt. Seitdem auch wird die unaufhebbare Unvollständigkeit aller Protokolle immer wieder beklagt (Niehaus 2003b, 260 ff.). Im schriftlichen Inquisitionsverfahren, das in Deutschland bis zur Einführung der mündlichen Hauptverhandlung Mitte des 19. Jahrhunderts die Regel war, diente das Verhörprotokoll als unmittelbare Urteilsgrundlage. Vor allem nach der Abschaffung der Folter entstand vermehrt die Vorstellung, das Protokoll müsse im Prinzip »ein treues und vollständiges Bild« (Mittermaier 1816, 329) des nunmehr als eine besondere Interaktionssituation, als eine Art »*actenmäßiges Gespräch*« (Jagemann 1838, 628) verstandenen Verhörs liefern. Dazu gehörte auch die Forderung, zusätzlich möglichst viel vom nonverbalen Verhalten des Inquisiten in einem sogenannten »Geberdenprotokolle« (Mittermaier 1816) festzuhalten (Schneider 1996, Niehaus 2003b, 242 ff.).

---

* Die Akte hat die Nummer STAK H XII 130. Ich danke den Mitarbeitern des Stadtarchivs Konstanz für ihre freundliche Unterstützung und Christian Lück für die Transkription der Protokolle (und viele anregende Gespräche).

In der Konstanzer Gerichtspraxis wurde die Vorschrift der Wörtlichkeit sehr ernst genommen, und auch Verhaltensbemerkungen hat man dem Verhörprotokoll beigefügt, wenn das Betragen des Inquisiten als besonders bezeichnend oder auffällig wahrgenommen wurde. Im Falle Jakob Sauter hatte das Gericht reichlich Gelegenheit dazu. Denn Jakob Sauter ist der ›paradigmatische Inquisit‹, der die Symptome seiner Stellung als Inquisit *mustergültig* reproduziert. So ist denn etwa zu lesen, daß er bei einer Frage zunächst erschrocken geschwiegen, daß er trotzig geantwortet habe, daß eine Frage mehrfach wiederholt werden mußte und anderes mehr. Man kann daher mit einigem Recht behaupten, daß wir im Fall Sauter auch ein *mustergültiges* Protokoll vor uns haben. Und das heißt auch: Nichts kommt den Transkriptionen technischer Aufzeichnungsgeräte, die heutzutage das Material der Analyse von Interaktionsabläufen innerhalb der qualitativen Sozialforschung sind (Mayring 1996), so nahe wie diese mustergültigen Beispiele der institutionellen Praxis des Verhörprotokolls. Wenn man überhaupt wissen will, *wie es tatsächlich war* in *face-to-face*-Kommunikationen, bevor es technische Aufzeichnungen gab, so gibt es kein geeigneteres Auskunftmittel als diese institutionelle Praxis.

Die Vorgehensweise dieses Buches, das Verhörprotokoll Schritt für Schritt zu kommentieren und zu analysieren, hat daher nicht von ungefähr eine gewisse Nähe zu den sogenannten sequenzanalytischen Verfahren, wie sie innerhalb der qualitativen Sozialwissenschaften zunächst von der sogenannten objektiven Hermeneutik (Oevermann 1979, 1991, 2000) entwickelt worden sind. Auch dort ist der einzelne *Fall* der Ausgangspunkt. Entscheidend für das methodische Konzept einer »Kombination von Sequenzanalyse und Fallrekonstruktion« ist dabei »die *Authentizität* des zu analysierenden Protokolls als einer Ausdrucksgestalt« (Oevermann 2000, 79). Wie das Inquisitionsverfahren beruht die objektive Hermeneutik auf der institutionellen Praxis des Protokolls. Damit sind weniger die ›gestalteten Protokolle‹ gemeint als diejenigen, die sich einer möglichst einfachen Aufschreibregel verdanken und daher technischen Aufzeichnungen nahe kommen. Notwendig ist zunächst einmal, daß die »Protokolle selbst ›wörtlich‹ sind« (Oevermann et al. 1979, 428) und die Interakte tatsächlich in der Reihenfolge ihres Ergehens fixieren. Es taucht hier also genau jene Forderung der Wörtlichkeit wieder auf, die an das Verhörprotokoll ergeht. In der Spätzeit des Inquisitionsverfahrens stand denn auch die stenographische Mitschrift als Form erschöpfender Protokollführung zur Diskussion, und man kann sagen, daß die technische Aufzeichnung des Verhörs insofern eine folgerichtige Fortsetzung des Inquisitionsgedankens ist, als sie dem Prinzip der empirischen Wissenschaften entspricht, immer *möglichst viel* an objektiven Daten zu sammeln und für eine mögliche Beantwortung der Frage zur Verfügung zu halten, *wie es tatsächlich war.*

Das ändert freilich nichts daran, daß bei Verhörprotokollen mit systematischen Verzerrungen zu rechnen ist. Trotz allem ist die aufzeichnende Institution auch interessierte Partei. Man muss diese Möglichkeit daher beim sequentiellen Durchgang durch das Verhörprotokoll stets mitreflektieren. Die Berücksichtigung derartiger Verzerrungen ist umso leichter möglich, als sie – wenn etwa jedes Schweigen Jakob Sauters als »trotzig« klassifiziert wird – an ihrer Tendenz erkennbar sind. Unter dieser Voraussetzung stellen die Verzerrungen – weit entfernt, bloß Störungen zu sein – ihrerseits ein wertvolles Analysematerial dar, da sie Auskunft geben über die Interpretation des Verhörgeschehens durch eine der beteiligten Parteien: Gegenstand der Analyse sind nicht nur die Interakte, sondern auch die diskursive Praxis des Protokolls, in dem sie aufgezeichnet sind.

Die strengen Verfahrensvorschriften der objektiven Hermeneutik können für die hier vorgenommene Lektüre von vorgefundenen Verhörprotokollen freilich nur ungefähre Anhaltspunkte bieten. Das gilt vor allem für das Prinzip der sukzessiven Herstellung eines *inneren Kontextes.* Nach den rigiden Vorschriften der objektiven Hermeneutik ist das *erste* Sequenzelement »ohne Einbeziehung eines Kontextwissens, das heißt kontextfrei zu interpretieren« (Oevermann 2000, 93). Es müssen ›möglichst viele‹ Lesarten dieses ersten Elements erzeugt werden, bevor die Analyse zum zweiten Sequenzelement übergeht. Das erste Element stellt dann für zweite Sequenzelement einen ersten inneren Kontext dar: Möglich sind jetzt nur noch die Lesarten, die mit einer Lesart des ersten Elements vereinbar sind. Durch die Fortsetzung dieses Verfahrens wird die Zahl der möglichen Lesarten immer weiter reduziert, bis schließlich nur noch eine einzige widerspruchsfreie Lesart übrigbleibt. Wesentlich für dieses Verfahren in seiner idealtypischen Ausgestaltung ist also das Verbot der Einbeziehung des »äußeren Kontextes« (Oevermann 2000, 96) auf der einen Seite und »des zu einem späteren Zeitpunkt Protokollierten« (Oevermann 2000, 93) auf der anderen Seite.

Es ist geboten, diese strenge Forschungslogik – nicht nur im vorliegenden Fall – lediglich als eine Art Regulativ aufzufassen. Erstens ist die vollständige Ausblendung des äußeren Kontextes bei einem historisches Protokoll nicht praktikabel (insbesondere kann man die institutionellen Rahmenbedingungen, wie sie etwa in relevanten Gesetzestexten gegeben sind, prinzipiell nicht über die Erzeugung eines inneren Kontextes herleiten). Und abgesehen davon ist, daß man mit einer *tabula rasa* anfangen kann, immer nur eine Fiktion (Flick 2000, 187 ff.). Die Regel hält also nur dazu an, den äußeren Kontext nicht zu einer Vorschrift für die Deutung zu machen. Zweitens ist der Beginn mit einer extensiven Lesartenproduktion unter vollkommener Ausblendung der späteren Interakte schon darstellungstechnisch nicht zu bewältigen. Und abgesehen davon ist die Vorstellung, eine solche Lesartenproduktion könne erschöpfend sein, ebenfalls eine Fiktion. Wir werden durch dieses Prinzip nur dazu aufgefordert, das Wissen über den weiteren Verlauf des Protokolls nicht *unbesehen* einzubringen. Ohnehin findet das Auffinden einer Lesart nicht methodisch kontrolliert statt, sondern fällt gewissermaßen in den Bereich einer »Kunstlehre«, weil es eine *abduktive* Haltung – im Sinne von Peirce – verlangt (Reichertz/Schröer 1994, 80 f.). Daraus kann nur die Maxime abgeleitet werden, daß die *Überprüfbarkeit* der gefundenen Lesarten gewährleistet sein muß. Dies geschieht jederzeit – und so auch hier – vor allem dadurch, daß das Protokoll selbst vollständig zugänglich gemacht wird.

Von einem sequenzanalytischen Ansatz unterscheidet sich die vorliegende Darstellung aber darüber hinaus vor allem in ihrem Anliegen. Es soll hier zugleich das *Schicksal* eines verhörten Subjektes *erzählt* werden. Es soll erzählt werden als eine *Geschichte*, die zu denken gibt. Darum ist das Folgende eine *Lektüre* der Verhörprotokolle – bis zum bitteren Ende. Denn die Verhöre mit Jakob Sauter sind bitter und quälend – quälend für den Inquisiten natürlich, quälend aber auch für jeden, der sich einläßt auf dieses Sich-Drehen-im-Kreise, auf diese Wiederholungen, auf diese Fruchtlosigkeit und diese Heillosigkeit. Aber es ist gerade dies, was uns – jenseits aller besonderen Fragen zur Geständnismotivierung, zur Verhörführung, zur Geschichte des Strafverfahrens oder zur Theorie des Widerrufs – eine sehr allgemeine Erfahrung auferlegt, nämlich die Erfahrung des unauflöslichen Verhältnisses von Kommunikation und Gewalt.

Im Zentrum dieses Verhältnisses steht etwas, dem bisher noch nicht genügend Aufmerksamkeit geschenkt worden ist: die *Dummheit*. Die Dummheit ist, wie man an Jakob Sauter sieht, keineswegs etwas Einfaches. Sie ist auch keine Einfalt. Wer kommunizierend Gewalt ausübt, ist darauf aus, dem anderen die Sprache als Waffe aus der Hand zu schlagen, ihn mundtot zu machen. Er soll den Überblick verlieren und das sagen müssen, was ich hören will. Wen ich zum Geständnis motivieren will, den muß ich für dumm verkaufen. Daher »klingt« es – wie es das Motto dieses Buches formuliert –

»widerlich, wenn sich ein Untersuchungsrichter damit rühmt, einen Inquisiten zum Geständnis gebracht zu haben.«

Um jemanden zum Geständnis zu motivieren, genügt es natürlich nicht, daß es ihm die Sprache verschlägt. Er soll ja gerade zum Sprechen gebracht werden. Damit ich ihn zum Geständnis führen kann, damit er das sagt, was ich von ihm hören will, muß er mir *folgen* können. Und hier wird es möglicherweise gerade die Dummheit sein, die ihn davor schützt, die Unabwendbarkeit des Geständnisses *einzusehen*. Denn diese Unabwendbarkeit ist letztlich nur aus Worten gemacht, es ist nur der sogenannte ›zwanglose Zwang‹, eine bloß logische Unabwendbarkeit. Einem Menschen, der leben will, widersteht sie nicht. So steht auf der anderen Seite die Ohnmacht dessen, der kommunizierend Gewalt ausübt. Er läuft Gefahr, am Ende dumm dazustehen: Am Ende der Verhöre ist das Gericht der Dumme. Das ist die Lehre des Wagnermeisters Sauter. Aber *nach* dem Ende der Verhöre - nach dem Urteil - ist Jakob Sauter der Dumme. Das ist die Lehre des Verfahrens.

Im folgenden werden die Verhörprotokolle (bis auf zwei gekennzeichnete Ausnahmen) bis zum bitteren Ende vollständig wiedergegeben. Die einführenden oder - selten - eingeschobenen Bemerkungen des Protokollführers werden größtenteils ebenfalls zitiert, manchmal aber auch nur sinngemäß wiedergegeben. Vorkommende Fehler in der Grammatik wurden bei der Transkription nicht verbessert und die jeweilige Orthographie wurde beibehalten. Dadurch tritt dasselbe Wort bisweilen in verschiedenen Schreibweisen auf. Einige mundartliche Wortgebilde erklären sich aus dem Kontext und aus dem Kommentar: So ist etwa der Tatort die *Dille*, womit eine »Diele« gemeint ist, oder das Tatwerkzeug ist ein *Beuel*, womit ein »Beil« gemeint ist. Dem Inquisiten werden, wie man an der Numerierung des Protokollführers ersehen kann, zweihundertdreiundneunzig Fragstücke vorgelegt. Gewöhnlich hießen sie *Frageartikel* und verwiesen darauf, daß es sich um ein *artikuliertes Verhör* handelte. Nach der klassischen Vorstellung des Inquisitionsverfahrens, wie sie im deutschen Sprachraum im 17. Jahrhundert entwickelt wurde, hatte der Untersuchungsrichter die Frageartikel vorher zu konzipieren. Das artikulierte Verhör war dann in Wahrheit ein Abarbeiten vorbereiteter Fragen, deren Stoff in den Zeugenvernehmungen und im vorangegangenen *summarischen Verhör* erhoben worden war (Niehaus 2003b, 225 ff.). Es war also gewissermaßen eine Scheinkommunikation. Dies ist hier - wie auch sonst in den Konstanzer Strafverfahren - nicht der Fall. Natürlich kann man bisweilen bemerken, daß sich das Gericht einen groben Plan zurechtgelegt hat. Aber dieser ungefähre Plan bleibt im Hintergrund.

Im Vordergrund steht ein Verhörgeschehen, das sich jeder Planbarkeit entzieht. Denn man kann sagen, daß sich der ganze Fall Jakob Sauter mit seinen Wendungen in diesen Verhören abspielt. Aus diesem Grunde war es auch für den Kommentar nicht notwendig, auf die Zeugenbefragungen, den Sektionsbericht oder andere Aktenstücke zurückzugreifen (abgesehen natürlich vom Urteil und seiner Begründung)). Die Verhöre sind sich selbst genug. Sie sind paradigmatisch.

Erstes Verhör

Exposition und erster Anlauf

Es beginnt am Dienstag, den 27. November 1787 im sogenannten *Turm*. Der Turm ist eines der beiden Gefängnisse der Stadt Konstanz (Kühne 1979, 142 f.), in dessen sechs Zellen sowohl Untersuchungshäftlinge wie Verurteilte einsitzen (Kühne 1979, 39). Hier war der Wagnermeister Sauter am Abend zuvor eingeliefert worden, weil er im Verdacht stand, den Wagnergesellen Johann Baptist Fromlet erschlagen zu haben.

Die Tat war fünf Tage zuvor am Morgen des 22. November verübt worden. Man hatte den Wagnergesellen vermißt und mittags in einer Diele über der Werkstatt tot aufgefunden. Der Verdacht war schnell auf den Wagnermeister Sauter gefallen, der erst tags zuvor von einer einwöchigen Fußreise zurückgekehrt war und sich nun schon wieder auf Reisen befand. Dem 52 Jahre alten Meister war im Spital, in dem er 27 Jahre lang gearbeitet hatte, gekündigt worden. Er war jetzt offensichtlich auf der Suche nach einer neuen Arbeit. Übergangsweise hatte er noch ein Wohnrecht im Spital. Den Gesellen Johann Baptist Fromlet hingegen hatte man behalten.

Gleich nach Auffinden der Leiche wurde der »Informativ-Prozeß« eingeleitet. So nannte man in Konstanz die erste, andern Orts »Generalinquisition« genannte Phase der Kriminaluntersuchung. Sie bestand im wesentlichen in der Vernehmung der Zeugen. Ursprünglich sollte der Verdächtige selbst erst in der »Spezialinquisition« verhört werden, wenn genügend Verdachtsgründe gegen ihn vorlagen, aber im Verlauf des 18. Jahrhunderts gelangte man hier zu einer weniger strengen Auffassung. Wenig mehr als ein halbes Jahr nach dem Verfahren gegen Jakob Sauter trat in Konstanz die neue *Kriminalgerichtsordnung* von 1788 in Kraft, die das *summarische Verhör* des Verdächtigen zu Beginn der Untersuchung vorschrieb (Kühne 1979, 71).

Wegen seiner Abwesenheit kann eine solche summarische Vernehmung mit Jakob Sauter nicht durchgeführt werden. Er wird nach der Rückkehr von seiner Reise am Montag, den 26. November mit ausdrücklicher Genehmigung des Bürgermeisters sogleich verhaftet und tags darauf dem *artikulierten Verhör* der Spezialinquisition unterzogen. Das erste Verhör findet – wie in Konstanz üblich (Kühne 1979, 43) – im Gefängnis statt. Die für

Konstanz geltende österreichische *Constitutio Criminalis Theresiana* von 1769 schrieb eine dreiköpfige Untersuchungskommission vor, einen Vorsitzenden Richter und zwei Beisitzer. Hier sind es, wie der Kopf des Protokolls ausweist, der erfahrene Rat von Albini als »Kommißär« und zwei weitere Mitglieder des Magistrats. Und noch ein unabdingbarer Amtsträger ist anwesend: Das ist der Gerichtsschreiber selbst, der seinen eigenen Namen hinzusetzt und während des gesamten Verfahrens nicht ausgetauscht werden darf (Kühne 1979, 23). Der Kanzlist Rosenlächer erhält gleich eingangs Gelegenheit, die Bedeutsamkeit seiner Stellung hervorzuheben: Man habe es für gut befunden, in seiner Person »einen andern Actuarium beyzuzihen, weilen der gestern in dem Protokoll sehr viele Mängel, die verbeßert werden mußten, gemacht«.

Die ersten beiden Fragen gelten den persönlichen Verhältnissen des *Inquisiten*, von dem ganz am Ende der Verhörprotokolle die folgende Beschreibung geliefert wird: »Ein Mann von 52. Jahren, ledig, mittlerer Statur, hat kurz abgeschnittene Haare, einen starken Kahlkopf, tief in dem Gesicht liegende Augen, graue Augbraunen, magern Angesichts, tragt ein Bibernes graues Brusttuch mit Ährmeln und Haften, bleyfarb tuchene Hosen und weiss gestreifte Strümpf.« Jakob Sauter ist in Lengnau im Kanton Aargau, südwestlich von Schaffhausen geboren, ist »ledigen Stands, gewester Wagnermeister im Spital dahier« und besitzt etwa »300 f. im Vermögen«. 27 Jahre lang habe er seine Tätigkeit als Wagnermeister ausgeübt »und bin erst vor 14 Tagen abgedankt worden, zu welcher Zeit noch mehrern wie mir gegangen ist«. Damit will er zu verstehen geben, daß es Verwaltungsmaßnahmen des Spitals sind, die zu seiner Entlassung geführt haben und nicht ein persönliches Fehlverhalten. Für den ledigen Jakob Sauter muß das Spital, das nicht nur als Krankenanstalt und Altersheim diente, sondern mit seinen verschiedenen Wirtschaftszweigen wie etwa der Spitalkellerei und seinen Ländereien zugleich ein ausgedehntes Unternehmen war (Fromm et al. 2000), der Ersatz der eigenen Familie gewesen sein - sein *Lebensraum*. Das Gericht fragt den Entlassungsgründen aber nicht weiter nach und geht unmittelbar zu den *Spezialfragen* über. Diese *Interrogatorien* werden - wie es die *Theresiana* verlangt (Theresiana 1769, Art. 20, § 20) - über alle Verhöre hinweg durchnumeriert. Im Verhör gegen Jakob Sauter werden es genau zweihundertdreiundneunzig dieser Interrogatorien oder Fragstücke sein.

Int: 1.
Worum glaubt ihr, daß ihr gestern anher in
die Verwahrung gebracht worden?

> R: Man wird vermuthlich von mir wißen
> wollen, ob ich der Thäter des an dem Jo-
> hann Baptist Fromlet Wagnergesellen im
> Spital verübten Todschlags seye.

Das Konstanzer Gericht hält sich getreulich an die ebenfalls gesetzlich vorgeschriebene Eingangsfrage. Die *Theresiana* bestimmt, man solle den Inquisiten als erstes »fragen, warumen er in Verhaft gekommen? und wessen man
ihn beschuldige?« (Theresiana 1769, Art. 31, § 8) Die Frage impliziert bereits eine bestimmte Subjektposition des Inquisiten, der ohne Angabe von
Gründen in Haft gesetzt worden ist. Aus rechtsstaatlicher Perspektive müßte das Gericht selbst mit einer Erklärung hierüber auf den Beschuldigten
zugehen – nur so könnte der in der heutigen Strafprozeßordnung festge-
legte Zweck der Beschuldigtenvernehmung erfüllt werden, demzufolge der
Beschuldigte dort die »Gelegenheit« haben soll, »die gegen ihn vorliegenden
Verdachtsgründe zu beseitigen« (§ 136 StPO). Gleichwohl liegt es in der Logik einer jeden auf materielle Wahrheit ausgerichteten Ermittlung, daß die
untersuchende Instanz stets so wenig Informationen wie möglich preisgibt,
hingegen so viele Informationen wie möglich zu erheben trachtet. In Int. 1
kommt dieses Prinzip klar zum Ausdruck.

Wenn der Verhaftete also dennoch weiß, weshalb man ihn verhaftet hat,
so wird das als eine Information gewertet. Das kann etwa bei einem noch
nicht ruchbar gewordenen Verbrechen durchaus stimmen, hier jedoch ist
der Mord am Wagnergesellen Fromlet ohnehin bereits in aller Munde.

Int: 2.
Warum er glaube, daß man dieses von ihm
wißen wolle?

> R: Als ich gestern von meiner Reisze zu-
> rückkam, kehrte ich bey dem sogenann-
> ten Hofmezger ein, um ein Stük Fleisch
> zu eßen, während dieser Zeit erzehlte mir
> die Ehefrau des Mezgers, daß in dem Spi-
> tal ein großes Unglük nämlich dieses ge-
> schehen seye, daß der Wagnergesell tod ge-
> schlagen worden; hierauf rief ich aus: Jesus

Maria soll das wahr seyn. Hierauf ließ ich
das Eßen, welches mich nichts kostete, stehen, ging in den Spital, fragte dieser That
mehr nach, und mußte sie Kinder von allen
Seiten her bestättigen hören. Der Thorwart
Speer sagte, daß ich nun im Spital bleiben
müsse. Gleich darauf kam die Spitalmeisterin, hieß mich zu ihrem Mann in das Zimmer kommen, wo ich die Spitalbeamte und
den gegenwärtigen Hrn. Rath Dreyer angetrofen habe, welche mit mir zerschiedenes
von diesem Todschlag geredt haben, bis ich
endlich, nachdem ich zuvor noch ein Glaß
Wein von dem Beamten erhielt, mit Hrn.
Rath Dreyer zu Hrn. Rath von Albini gehen geheißen wurde, welche mich sohin zu
dem Hrn. Bürgermeister und von da in ge-
genwärtige Verwahrung geführet haben. Aus
diesem Vorgang muß ich also schlüssen,
daß man von mir wegen des geschehenen
Todschlags nicht gar gut denken müsse, welches ich gleich damals glauben muste, als
mich der Thorwart nicht mehr aus dem Spital gehen liesze.

Die Frage ist unnötig, aber vielsagend verdreht, da sie den Inquisiten dazu anhält, Mutmaßungen über die Beweggründe des Gerichts anzustellen.
Was als Antwort protokolliert wird, liest sich hingegen ebenso geordnet
und konzise wie die Antwort auf Int. 1. Es ist einfach ein Bericht über
die Vorgeschichte seiner Verhaftung. Der Wahrheitsgehalt dieses Berichts ist
nicht zuletzt deshalb unstrittig, weil er von den verschiedenen Amtspersonen bestätigt werden kann, mit denen Sauter in Berührung kommt: Der
»Thorwart«, die »Spitalmeisterin«, weitere »Spitalbeamte«, der zum Gericht
gehörende »Rath Dreyer« und schließlich gar von Albini selbst, der diese
Frage gestellt hat. Folgerichtig endet der Bericht mit dem Schluß, daß bereits
der erste dieser Reihe, der »Thorwart«, durch sein Verhalten die Verhaftung
vorweggenommen hat. Die Länge der Antwort läßt im übrigen vermuten,
daß sie durch zwischengeschaltete, aber nicht protokollierte Ergänzungsfra-
gen zustande gekommen ist.

Mit der dritten Frage versucht das Gericht offensichtlich, das Verhalten Sauters nach der Rückkehr von seiner Reise als verdächtig hinzustellen:

Int: 3.
Warum ist es euch denn so aufgefallen, als
euch die Mezgerin von diesem Todschlag
meldung gemacht hat?

> R: Es ist mir halt ganz unglaublich und un-
> vermuthet fürgekommen, da dieser Mensch
> immer so braf und bey allen Leuthen so be-
> liebt gewesen ist, besonders war er mir sehr
> lieb, und ich habe ihm eben zu Beweiß mei-
> ner Liebe einsmal, als er in die Fremde ge-
> gangen ist, versprochen, daß ich ihm nach
> meinem Tod all mein Werkzeug als ein Ei-
> genthum vermachen wolle, worüber, wenn
> es nöthig ist der Gerichtsdiener Bechinger
> und der Bruder des Entleibten ein hiesiger
> Kiblermeister Zeugenschaft geben können.

In ihrem ersten Teil ist die Antwort Sauters vollkommen passend. Mit der starken Betonung der eigenen guten Beziehung zum Ermordeten aber wird sie unpassend. Gerade das Angebot, in dieser Hinsicht einen »Beweiß mei- ner Liebe« zu liefern (und dafür ausgerechnet eine weitere Amtsperson als Zeugen anzuführen), stellt das behauptete gute Verhältnis als etwas dar, was angezweifelt werden kann. Die Antwort mit ihrer etwas sentimental wir- kenden Ausschmückung ist verräterisch, weil sie vorschnell ist. Sie versucht dem Einwand zu begegnen, der sich in der nächsten Frage formulieren wird. Das beweist im Grunde nichts gegen den Inquisiten – er weiß einfach, was als nächstes kommt. Dennoch wird hier etwas Entscheidendes eingeleitet: Der Inquisit beginnt sich als Aussageperson zu diskreditieren. Denn er stellt eine Behauptung auf, die er nicht aufrecht erhalten kann. Dadurch gerät er innerhalb des Verhörs auf die Bahn, die ihn haltlos werden läßt.

Int: 4.
Es will aber verlauten, daß ihr mit dem
Verstorbenen euch nicht gar wohl betragen
habt?

> R: Es hat wohl hie und da, weil er mein
> Gesell war, ein widriges Wort gegeben, eine

Feindschaft aber oder einen Haß hab ich
niemal auf ihn gehabt.

Der Einwand gegen die Darstellung Sauters wird nicht von ungefähr unter
Berufung auf ungenannte Gewährsleute vorgebracht. Während der Inquisit
also sofort mit Namen aufwarten zu müssen glaubt, die seine Behauptung
stützen könnten, verfährt das Gericht ohne Namensnennung. Der Befragte
kann nicht nur nicht abschätzen, wie vertrauenswürdig und wie unvorein-
genommen die betreffenden Auskunftpersonen sind, er kann auch nicht
abschätzen, was das Gericht über diese pauschale Charakterisierung hinaus
noch an Informationen in der Hinterhand hat. Die Antwort des Inquisiten gibt zwar Meinungsverschiedenheiten zwischen sich und dem Ermordeten zu, erklärt sie jedoch als eine folgenlose und gleichsam natürliche
Begleiterscheinung des Arbeitsverhältnisses. Aber auch mit dieser Antwort
ist es dem Gericht wieder gelungen, die Schlüsselbegriffe »Feindschaft« und
»Haß« nicht selbst ins Spiel zu bringen, sondern aus dem vorschnellen
Mund des Inquisiten zu vernehmen.

> Int: 5.
> Man kann euch nicht bergen, daß man
> Nachricht habe, ihr hättet mit dem Entleib-
> ten öfters gezankt und ihn gar nicht leiden
> können.

> > R: Man kann mir diesen Menschen, welcher
> > dieses behauptet in das Angesicht stellen,
> > ich werde es ihm gewiß standhaft wegläug-
> > nen. Daß ich hie und da mit ihm gezankt
> > habe, muß ich jedoch gestehen, er hat näm-
> > lich die Arbeit so verfertiget, wie ich es ihm
> > befohlen habe, hier warf ich ihm also vor,
> > ob er od. ich der Meister seye?

Das Gericht spricht zum Inquisiten vom ungreifbaren ›man‹ der Institution
aus, das sich auch auf diejenigen ausdehnt, die diese Institution mit Nachrichten versorgen. Es ist folgerichtig, daß das Gericht, das nicht einmal im
plurale maiestatis von sich zu sprechen vermag, auch vom Inquisiten nicht
in einer Anrede adressiert, sondern nur als ›man‹ tituliert wird (ob eine tatsächlich andere Anrede des Inquisiten der protokollarischen Form halber
in ein ›man‹ verwandelt werden mußte, sei dahingestellt). Der Einspruch,
den der Inquisit formuliert, fordert denn auch genau die Umkehrung: daß

nämlich die Behauptung des Gerichts ein *Gesicht* bekommen soll. Unter dieser Bedingung einer Konkretisierung glaubt sich der Inquisit gegen die entgegenstehende Behauptung behaupten zu können.

Die Forderung nach einer *Konfrontation* gehört nicht zufällig zum ständigen Repertoire von Beschuldigtenvernehmungen; sie ist gewissermaßen eine dem Beschuldigten jederzeit verfügbare, aber folgenlose rhetorische Figur. Im Inquisitionsverfahren ist die Konfrontation ein förmlicher Verfahrensbestandteil. Sie steht dann allerdings unter umgekehrten Vorzeichen, da sie vom Gericht anberaumt wird. Gewöhnlich läßt sich das Gericht die vom betreffenden Zeugen in der Konfrontation zu vertretende Aussage zuvor eidlich bestätigen, um ein »standhaft wegläugnen« schon vorab auszuschließen. Die Konfrontation dient also der Intensivierung bereits bekannter Vorhalte und soll zum Geständnis motivieren.

Das Wort ›gestehen‹ kommt in der Antwort auf Int. 5 zum ersten Mal vor, und zwar, wie meistens in den Protokollen des Inquisitionsverfahrens, nicht im Sinne von ›ein Geständnis ablegen‹, sondern im Sinne von ›etwas zugestehen‹. Bereits hier wird der fundamentale Unterschied zwischen den beiden Verwendungsweisen deutlich: Wer ein Geständnis ablegt, *will* ein Geständnis ablegen. Wer ein Zugeständnis macht, *muß* etwas zugestehen. Jakob Sauter wird noch viel zugestehen müssen ohne ein Geständnis abzulegen. Hier ersetzt der Inquisit in seinem Zugeständnis den Ausdruck »öfters gezankt« in der Frage durch »hie und da [...] gezankt« und bemüht sich auf diese Weise noch einmal, sein Verhältnis zum Ermordeten als nicht weiter auffällig darzustellen.

> Int: 6.
> Man hat vernommen, daß das Auszanken
> von einer andern Ursach auch herrühre;
> wißt ihr demnach nicht euch auf diese Ur-
> sache zu besinnen?
>
> R: Nein!
>
> Int: 7.
> So wißt also, daß diese Ursach darinn beste-
> hen soll, weil dem Ermordeten hie und da
> was zu verdienen gegeben worden sey?
>
> R: Ich habe es ihm wohl gegönnt, wenn er
> etwas verdienen konnte, nur habe ich ihn
> oft verwießen, daß er mit diesem Extraar-
> beiten die Spitalgeschäfte versäumt hat.

Nach bewährter Art versucht das Gericht das schwerwiegendere Tatmotiv nicht selbst ins Spiel zu bringen, sondern aus dem Munde des Inquisiten zu hören. Daß dies hier keinen Erfolg hat, schadet nichts. In der ebenfalls bewährten Art – nämlich ohne Benennung der Gewährsleute – wird dann in Int. 7 das Motiv angedeutet. Aber eben nur angedeutet: Der Hinweis auf den (von der Spitalordnung her nicht vorgesehenen) *Verdienst* impliziert auch, daß der Ermordete dem Inquisiten vorgezogen wurde. Schließlich ist der Meister entlassen worden, der Geselle aber nicht. Vor diesem Hintergrund ist die – wiederum halb zugestehende – Antwort Sauters vielsagend: Er versucht sich selbst als denjenigen zu positionieren, der stets die Interessen des Arbeitgebers im Auge hatte. Freilich konturiert er mit dieser Richtigstellung in eigener Sache das vom Gericht gewünschte Tatmotiv. Damit ist dieses erste Verhörthema zu einem befriedigenden Abschluß gekommen.

Int: 8.
Wann habt ihr die Reiß angetretten, von der
ihr gestern zurükgekommen seyt?

> R: Am letzten Donnerstag in der Früh bey-
> läufig gegen 8. Uhr.

Int: 9.
Wenn seyt ihr am Donnerstag aufgestan-
den, und wie habt ihr die Zeit bis zu eurer
Abreise zugebracht?

> R: Um 6. Uhr bin ich aufgestanden, ging zu
> den Kapuzinern in die Mess, von da in die
> Werkstatt, von da in die Unterstube, sodann
> zum Spithalthor hinaus, zu einer Jungfer
> beym Nagler im Lindwurm, und endlich zu
> dem Kiefer Staudinger, wo ich noch um 3.
> Xr Grünöhl getrunken habe.

Jetzt geht es also um Handfestes, um die Rekonstruktion der Zeiten und Orte, die mit der Tatzeit und dem Tatort in Zusammenhang stehen. Der Mord ist am Donnerstagmorgen begangen worden. In der Frühe hatte man den Ermordeten noch gesehen, am Mittag wurde er vermißt. Daß sich Jakob Sauter am Morgen auf seine Reise begeben hat, steht ebenfalls fest. Wenn er den Mord begangen hat, muß dies vor acht Uhr geschehen sein. Der Inquisit hat also eine lückenlose Kette der Orte und Zeiten vorzulegen, in der die Begehung der Tat keinen Platz hat. Sein in Antwort zu Int. 9 gegebener Bericht bietet dafür nur einen ersten Rahmen; denn er ist natürlich viel zu ungenau, um diesen Zweck zu erfüllen.

Int: 10.
Was habt ihr in der Werkstatt gethan?

> R: Ich habe die Kappe, welche ich wirklich da bey mir habe, abgeholt.

Int: 11.
Seyt ihr allein in der Werkstatt gewesen?

> R: Der ermordete Fromlet müßte nur bey mir gewesen seyn.

Schon bei der ersten geforderten Detaillierung des Berichts beginnen die Schwierigkeiten. Der ersten Antwort kann man noch nicht ansehen, ob der Grund für den Aufenthalt in der Werkstatt wahrheitsgemäß angegeben oder sozusagen spontan gefunden wurde. Jedenfalls wirkt der Evidenzeffekt der hier und jetzt vorzeigbaren Kappe kurzatmig auftrumpfend, da er ja nicht das Geringste beweist. Verhängnisvoll ist aber die Antwort auf Int. 11. Fromlet kann in der Werkstatt gewesen sein. Oder auch nicht. Oder der Befragte vermag sich nicht mehr daran zu erinnern, ob er darin war. Von diesen drei vertretbaren Möglichkeiten wählt Sauter keine. Statt dessen versucht er mit dem merkwürdigen Konjunktiv einer definitiven Antwort überhaupt auszuweichen. Und dafür gibt es nur einen Grund: Der Befragte überblickt nicht, welche Folgelasten ihm bei der einen oder andern Antwort ins Haus stehen. Er weiß nicht, bei welcher Antwort ihm am ehesten eine widerspruchsfreie Vervollständigung seines Berichtes gelingen könnte. Und das liegt wiederum daran, daß er die Frage nicht vorausgesehen hat und nicht in der Lage war, sich eine *vertretbare* Antwort zurechtzulegen. Zumindest aus der Sicht des Gerichts weist dies darauf hin, daß er den Mord tatsächlich begangen hat.

Die unschlüssige Antwort Sauters wirft die Frage auf, ob ihm nicht einfach die intellektuellen Fähigkeiten fehlen, die erforderlich sind, um ein derartiges Verhör durchzustehen (in der dem Urteil vorausgeschickten »Relation« werden die gelehrten Richter in ihrer ausführlichen Darlegung des Falles davon sprechen, daß Sauter auch jene »Dummheit« bemerken ließ, die ohne weitere Umstände als »der gewöhnliche Gefährte der Boßheit«

(fol. 220v) bezeichnet wird). Diese Frage ist auf der einen Seite gewiß berechtigt, und tatsächlich hat man in Jakob Sauter keinen besonders scharfsin-
nigen Inquisiten vor sich. Auf der anderen Seite kann es ein Kommentar,
der den *paradigmatischen* Charakter der Vorgänge analytisch herausarbeiten
möchte, nicht dabei bewenden lassen, die Vorgänge den persönlichen Eigenschaften der Beteiligten zuzurechnen. Ebenso wie das, was ›das Gericht‹
fragt, nicht einfach Herrn von Albini zuzurechnen ist, so darf auch das, was
der ›Inquisit‹ fragt, nicht einfach Jakob Sauter zugerechnet werden. Jakob
Sauter hat hier eine Antwort gegeben, die mangelnden Überblick erkennen
läßt; das versteht man aber nur, wenn man einsieht, daß das Verhör seinem
Wesen nach darauf ausgerichtet ist, den Befragten den Überblick verlieren
zu lassen und ihn somit gewissermaßen in die Position des ›Dummen‹ zu
versetzen. Der bedeutende Strafprozeßrechtler Gallus Aloys Kleinschrod hat
diese Einsicht einige Jahre später in die folgenden Worte gefaßt: »Nur we-
nige Menschen jener Gattung, wie sie gewöhnlich vor peinlichen Gerichten
stehen, sind im Stande, selbst einen wahren Vorfall, im Zusammenhange zu
erzählen; noch weniger also besitzen sie die Gewandtheit, ihre Fictionen so
zusammen zu reihen, daß sich nicht im Vortrage verrätherische Lücken und
Widersprüche ergäben. Sie fühlen dieses natürlicher Weise selbst, und wenn
sie auch dieses Gefühl nicht bestimmen sollte, die leichtere Erzählung der
Wahrheit jener der Fiction vorzuziehen; so erzeugt es doch, nothwendiger
Weise, Verlegenheit, die das Misliche der Lage des Inquisiten erhöht, die
Ausführung der gewagten Erzählung erschwert, und die Mängel derselben
auffallender macht.« (Kleinschrod 1804, 76)

Wer hingegen jederzeit und unter allen Umständen alle möglichen Implikationen seiner Antworten geistesgegenwärtig überblickt und somit Herr
der Lage ist, an dem wird alle Verhörtätigkeit zuschanden. Das ist aber nicht
lediglich eine Bemerkung über den geistig überlegenen Täter, der sich nicht
›fangen‹ läßt. Man muß nämlich diesen aus der Literatur bekannten Ty-
pus zu seinem nicht weniger literarischen Gegenteil in Beziehung setzen:
der unbeirrbaren unschuldigen Einfalt, an der alle Fallstricke des Verhörenden ebenso abprallen, weil sie (auch wenn sie keiner zusammenhängenden
Erzählung fähig ist) schlicht bei der lauteren Wahrheit bleibt und daher keines Überblicks bedarf. In letzter Konsequenz können diese beiden Typen
auch zusammenfallen, da der Einfältige nur er selbst ist, und der geistig
Überlegene so tun mag, als gehöre er zu den Einfältigen.

Daß nun Jakob Sauter weder der einen noch der anderen Sorte zugehört,
ist offensichtlich, führt aber auf eine weitere *methodologische* Bemerkung (de-

ren Tragweite an dieser Stelle nur angedeutet werden kann): Es ist sinnvoll, die Hypothese der Unschuld Sauters so lange wie möglich mitlaufen zu lassen. Wie lange das möglich ist, hängt seinerseits mit der Frage nach dem *Stellenwert des Geständnisses* zusammen, die der zentrale Bezugspunkt dieses Kommentars ist. Insofern dieser Kommentar die Mikroanalyse eines Verhörprotokolles ist, verfährt er gleichsam selbst inquisitorisch und ist daher ebenso unhintergehbar auf die Frage nach dem Geständnis bezogen wie das Inquisitionsverfahren, das er kommentiert. Auch wenn der Vorsitzende Richter von Albini im Falle Sauter von der Schuld des Inquisiten überzeugt ist und seine Fragen entsprechend einrichtet, läuft die Möglichkeit seiner Unschuld auch im inquisitorisch geführten Verfahren formal gesehen schon deshalb immer mit, weil dieses Verfahren auf das Geständnis als seinen einzigen zufriedenstellenden Endpunkt abzielt.

Wie sieht es aus, wenn man die Unschuldshypothese bei Sauters Antwort auf Int. 11 probehalber in Anschlag bringt? Zum Beispiel könnte Sauter das spätere Opfer Fromlet in der Werkstatt getroffen haben und nun nachträglich befürchten, dies werde ihn, obwohl er nichts mit dem Mord zu tun hat, noch mehr verdächtig machen usw. Schließlich hat schon der bisherige Verlauf gezeigt, daß das Gericht dem Inquisiten keineswegs wohlwollend gegenübersteht. Dann wäre das, was im Verhör als Schuldzeichen wahrgenommen wird, in Wahrheit von der furchterregenden Verhörsituation selbst induziert. Daß diese Möglichkeit besteht, wußten schon die Kommentatoren des Inquisitionsverfahrens der frühen Neuzeit (etwa Casonus 1594, 56). Jakob Sauter wäre also unter dieser Voraussetzung nicht nur zu einfältig, um die Folgen einer Antwort zu überblicken, sondern auch nicht einfältig genug, um zu glauben, es genüge schon, bei der lauteren Wahrheit zu bleiben. In jedem Falle scheitert Sauter daran, seine Aussagen widerspruchsfrei zu gestalten und zu vertreten.

> Int: 12.
> Man muß eine bestimmtere Antwort haben,
> sagt also ja oder Nein!
>
> R: ja er ist bey mir gewesen.

Die Aufforderung, sich eindeutig zu äußern, macht die Fehlerhaftigkeit der unentschlossenen vorigen Antwort explizit. Mit der eindeutigen Alternative eliminiert das Gericht überdies die dritte Antwortmöglichkeit, die in ihren Folgen am leichtesten abschätzbar und wenigstens nicht mit Konsistenzproblemen behaftet ist: sich auf eine Erinnerungslücke zu berufen. Zwar ist die

Antwort jetzt eindeutig genug, aber dem Gericht geht es eben nicht nur um
diese Eindeutigkeit:

> Int: 13.
> Aus was Ursach wolltet ihr dann hier mit
> der Sprach nicht heraus?

Man muß sich klarmachen, wie *außerordentlich* – außer der Reihe – diese Frage im ausgehenden 18. Jahrhundert ist. Oder genauer: wie außerordentlich
es ist, daß diese Frage in einem Protokoll zu lesen ist. Das Außerordentliche
besteht zunächst darin, daß sie einen Metadiskurs eröffnet. Der Inquisit
soll nicht nur antworten und, wenn seine Rede dunkel oder verworren ist,
seine Antworten präzisieren, er soll hier über sein Aussageverhalten selbst
aussagen. Ein solches Ansinnen könnte in einem gewöhnlichen Inquisitionsverfahren des 18. Jahrhunderts allenfalls vorgekommen sein, wenn es
darum ging, bei einer noch nicht erstatteten Antwort nachzuhelfen (aber
auch und gerade dann wäre sie als zusätzliche Frage nicht ins Protokoll aufgenommen worden). Hier aber *hat* der Inquisit – oder, wie es häufig heißt:
der »Konstitut« – die zugehörige Frage bereits beantwortet, das Modalverb
der Nachfrage ist in die Vergangenheitsform gesetzt. Die Nachfrage hat also
einen Sinn, der nicht in der konkreten Sachverhaltsaufklärung liegt. Sie verweist auf die *Situation*, in der sie gestellt wird. Erstmals im Protokoll kommt
an dieser Stelle der deiktische Ausdruck »hier« vor, der die Verhörsituation
selbst bezeichnet. Der Konstitut, der die Aussage erstatten soll, will nicht
heraus mit der Sprache. Darauf kann die fragende Instanz reagieren, und
sie kann es thematisieren. Wenn sie es thematisiert, bringt sie zugleich *sich
selbst* ins Spiel als dieser konkrete Fragende, *dem gegenüber* der Befragte mit
der Sprache nicht heraus will. Das »hier« verweist also auf eine *Beziehung*,
die aber *hier* nur negativ bestimmt ist.

Damit ist aber noch nicht gesagt, worin der Sinn dieser Frage besteht.
Es ist noch nicht gesagt, worin der Sinn ihrer *Protokollierung* besteht, da
sie ja *nichts zur Sache tut*. Man könnte meinen, es liege nahe, eine solche
Frage zu stellen; es liegt aber nicht nahe, sie ins Protokoll aufzunehmen,
da sie eigentlich *sinnlos* ist. Was für eine Antwort bezweckt sie denn? Wer
in der Sache nicht mit der Sprache heraus will, wird kaum befriedigend
erklären, *warum* er in der Sache nicht mit der Sprache heraus will. Ein
solcher Wechsel von der Inhaltsebene auf die Beziehungsebene bewirkt in
der Regel eine *Blockade*.

Dennoch wird eine solche Frage tausendfach gestellt, und zwar auf dem Feld der *Pädagogik*. Mit ihr versucht der Erzieher das sich durch verstocktes Schweigen entziehende Kind dazu zu bringen, sich ihm doch zu öffnen. Auch auf dem Gebiet der Pädagogik ist ein solcher Versuch wenig erfolgversprechend. Aber er ist wenigstens naheliegend, da zwischen dem Erzieher und dem Kind eine Beziehung unterstellt werden darf, für deren Blockierung eben diese Frage das Symptom ist. Die hierbei unterstellte und investierte Beziehung ließe sich etwa in der Fortsetzung explizieren, daß das Kind ›keine Angst‹ zu haben brauche und dem Erzieher ›alles sagen‹ könne, daß es also keinen wirklichen Grund habe, nicht mit der Sprache heraus zu wollen. Wenn der Fragende auf diese Weise die Beziehung zum Antwortenden einsetzt, exponiert er sich als jemand, der nicht nur ein Recht auf eine Antwort hat, sondern an dieser Antwort auch *interessiert* ist und von ihrem Ausbleiben *enttäuscht* werden kann. Trotz der asymmetrischen Machtverteilung wird damit immer auch die Ohnmacht des Fragenden offenbar, der das verstockte Schweigen nicht durchbrechen, die Antwort nicht erzwingen kann.

Die an Jakob Sauter gerichtete Frage folgt ebenfalls dieser Logik. Ihr perlokutionärer Witz besteht aber genau umgekehrt darin, die Blockierung manifest zu machen und damit nicht etwa die Ohnmacht des Gerichtes, sondern die Schuldigkeit des Inquisiten offenbar werden zu lassen und dem Protokoll einzuverleiben. Das Gericht stellt diese Frage zu dem Zweck, keine befriedigende Antwort zu bekommen. Und so sieht die Antwort aus:

> R: /: Constitut saß hier nun zimmliche weile ganz stille, hob die Händ in die Höhe, und warf die Augen ganz erschroken auf die Anwesende :/ Endlich antwortete er: ich weiß hierauf nichts zu sagen.

Dies ist nun ein Musterbeispiel für die sogenannten *Gebärdenbemerkungen*, die nach dem Willen der Strafprozeßordnungen und ihrer Kommentatoren seit den Anfängen des Inquisitionsverfahrens dem Verhörprotokoll einverleibt werden sollten (Schneider 1996, Niehaus 2005). Dies sollte zunächst dann geschehen, wenn die körperlichen Begleitumstände der Aussage so auffällig waren, daß sie - etwa durch Stocken und Stammeln - den Aussageinhalt korrumpierten. In der weiteren Entwicklung hielt man es darüber hinaus für ratsam, unzweifelhafte körperliche Begleitumstände wie Erbleichen und Erröten, später auch Weinen schriftlich zu erfassen. Die für den

Konstanzer Kanzlisten Rosenlächer verbindliche *Theresiana* erklärt zum Gebärdenprotokoll, es sei »bey jedesmaliger Verhörung eines Inquisitens auf alle desselben Regungen, und Geberden, als Entsetzung, Furcht, Zittern, Farb-
veränderung, Gelassenheit, Herzhaftigkeit, und was sonst einigen Behelff zu
dessen mehreren Beschwer- oder Unschuldsaufklärung abgeben kann, genaue Acht zu haben, und unter dem Artikel, wo was dergleichen vorfallet,
Anmerkungsweise beyzurucken« (Theresiana 1769, Art. 31, § 36). In der gerichtlichen Praxis findet man solche Gebärdenbemerkungen vor dem Ende
des 18. Jahrhunderts relativ selten. Auch beschränken sie sich zumeist auf
einfache Klassifizierungen und enthalten keine eigentliche Beschreibung
des aktuellen Verhaltens, die *hier* sogar die *Situation selbst* aufscheinen läßt
in der Bemerkung, daß der »Constitut« seine erschrockenen Blicke »auf die
Anwesende« geworfen habe.

Der Grund für diese ungewöhnliche Gebärdenbemerkung liegt auf der
Hand: In ihr bewahrheitet sich die Blockierung, auf die die Frage abzielte.
Das Gericht stellt eine unbeantwortbare Frage und bekommt eine unver-
antwortete Antwort. Statt einer geordneten Rede protokolliert es die Gebärdenbemerkung, die von der Blockierung des Subjekts kündet. Der Inquisit
Jakob Sauter befindet sich damit schon zu Anfang der Verhöre in der Position eines Subjekts, das nicht Herr seines Sprechens ist. Denn genau daraufhin wird er in den Gebärdenbemerkungen beobachtet. Und genau darin ist
er ein paradigmatisches Subjekt des auf materielle Wahrheit ausgerichteten
Untersuchungsverfahrens, das stets mehr über das Subjekt zu sagen hat als
es selbst zu sagen weiß.

Mit der Antwort »ich weiß hierauf nichts zu sagen« kann das Gericht also
vollauf zufrieden sein. Wenn es nun zu etwas anderem übergeht, bestätigt
es noch einmal, daß das Vorangegangene keine Frage zur Sache war:

Int: 14.
Was hat dann der Fromlet so früh in der
Werkstatt gemacht?

> R: Er hat schon gearbeitet, ich habe ihm
> aber, weil ich schon als Wagnermeister ab-
> gedankt war, nichts mehr hierwegen gesagt.
> Nur wünschte ich ihm die Zeit.

Int: 15.
Wer hat aus euch zweyen zuerst die Werkstatt verlaßen?

R: Ich, von wo aus ich mich sogleich unmittelbar in die untere Stube des Spitals begeben habe.

Int: 16.
Habt ihr den Fromlet von dieser Zeit an
nicht mehr zu Gesicht bekommen?

R: Nein!

Der Neueinsatz beginnt mit einer unverfänglichen Frage, die nicht eine
Merkwürdigkeit des Inquisiten, sondern des späteren Opfers zum Thema
hat. Wohl gerade deshalb ergänzt Sauter seine Antwort ungefragt um zwei
Zusatzinformationen. Er ist froh, wieder etwas sagen zu können. Die erste
Zusatzinformation schneidet bezeichnenderweise erneut den Komplex des
nun beendeten hierarchischen Verhältnisses zwischen Sauter und Fromlet
an. Die zweite ungefragte Zusatzinformation, derzufolge Sauter dem Fromlet Lebewohl gewünscht haben will, soll andeuten, daß er das spätere Opfer
(das überhaupt gesehen zu haben er ja nur ungern zugestanden hatte) nun
wirklich nicht mehr zu Gesicht bekommen habe. Entsprechend legt er sich
in den diesbezüglichen Anschlußfragen darauf fest, er habe die Werkstatt als
erster verlassen und den Fromlet nicht mehr gesehen. In der späteren Relation wird es heißen, Sauter habe für sich anfänglich »das System festgesezt,
von Fromlets Aufenthalt gar nichts wissen zu wollen«, welches aber, wie er
bald habe bemerken müssen, »auf einen sehr seichten Grund gebauet« war
(fol. 210r). Und so kann er seine Behauptungen nicht halten:

Int: 17.
Besinnt euch wohl, denn es verlautet, daß
Fromlet in der nämlichen Stube zu gleicher
Zeit gefrühstüket habe?

R: Ich muß ihn gesehen haben - - ja er ist
darinn gewest.

Die einmal mehr aufgebotenen ungenannten Gewährsleute bringen den Inquisiten sofort zur Rücknahme seiner zweiten Festlegung. Daß er damit als
Aussageperson endgültig diskreditiert ist, belegt die Unterstreichung des ersten Teils der Antwort im Protokoll. Was soll es heißen, wenn Sauter sagt,
daß er den Fromlet in der Stube gesehen haben »muß«? Die bemerkenswerte
Formulierung (eine ähnliche hatte Sauter schon in seiner verhängnisvollen

Antwort auf Int. 13 gewählt) klingt, als würde sich Sauter selber durch einen »Schluß« davon überzeugen lassen, daß er Fromlet in der Stube gesehen hat. Im besten Falle könnte man annehmen, Sauter erinnere sich tatsächlich erst jetzt wieder daran, daß auch Fromlet in der Stube war. Zumindest im Protokoll macht Sauter diese Möglichkeit aber nicht explizit geltend, und für das Gericht existiert sie nicht:

> Int: 18.
> Ihr werdet nun nicht läugnen können, daß ihr euern gegenwärtigen Richter ganz deutlich angelogen habt; wie rechtfertiget ihr euch diesfalls?
>
> R: Ich weiß nichts hierauf.

Das Gericht stellt also fest, daß es den Inquisiten eines ersten Tatbestandes überführt hat – des Tatbestands der *Lüge*. Üblicherweise ist das Wort ›leugnen‹ den wirklichen Sachverhalten vorbehalten, mit denen sich das Verhör inhaltlich befaßt, nicht aber Sachverhalten des Verhörs selber. Daß es sich gewissermaßen um einen *Sondertatbestand* handelt, der im Hinblick auf die Beziehungsebene interpretiert wird, tritt in der Wendung vom »gegenwärtigen Richter« klar hervor. Mit diesem Sondertatbestand der Lüge ist das Leitmotiv der ganzen Verhöre mit Jakob Sauter gefunden. Die angehängte Frage ist ebenso unbeantwortbar wie zuvor diejenige danach, warum der Konstitut nicht mit der Sprache heraus wollte. Wenn sich eine Lüge rechtfertigen ließe, so sicherlich nicht dem gegenüber, dem man ins Gesicht gelogen hat.

> Int: 19.
> Ihr habt oben ad Int: 15. gesagt, daß ihr zuerst die Werkstatt verlaßen habt, man hat aber zuverläßige Auskunft, daß Fromlet zuerst aus der Werkstatt gegangen seye. Was sagt ihr dazu?
>
> R: Nun ja, so ist er zuerst aus der Werkstatt gegangen.

Nun ereilt die erste der beiden Behauptungen Sauters das gleiche Schicksal. Die Zeugen verstecken sich wieder unangreifbar hinter dem Ausdruck »zuverläßige Auskunft«. Noch mehr als bei seinen vorangegangenen Berichtigungen hat es hier den Anschein, als sei der Konstitut bereit, seinem

Gegenüber wenn nötig nach dem Munde zu reden. Er lügt zwar, doch er beharrt nicht auf seiner Lüge. Nun ist aber diese Art, die Aussage *vorschnell* und gewissermaßen *auf Wunsch* abzuändern, für jede materielle Wahrheitssuche unbefriedigend:

> Int: 20.
> Es scheint, als habt ihr dieß nur zur Gefäl-
> ligkeit des Richters gesagt, bestimmt es also,
> ob ihr es gewiß wißt, daß er zuerst aus der
> Werkstatt gegangen.
>
>   R: Ja er ist zuerst heraus.
>
> Int: 21.
> Was hat euch dann zu dieser neuerlichen
> Lug verleitet?
>
>   R: Ich weiß wieder nichts hierauf.

Auch diese Auslassung des Gerichts ist im 18. Jahrhundert außergewöhnlich. Im Normalfall würde nichts den Richter dazu anhalten, innerhalb des Verhörs die Aussagemotive eines Verhörten zu thematisieren. Aber der Fall Sauter ist eben deshalb paradigmatisch, weil er kein Normalfall ist. Die *Beziehungsebene* wird mit dem unterstellten Beweggrund der »Gefälligkeit« ganz unmittelbar angesprochen. Freilich nutzt der Richter von Albini seine Definitionsmacht aus, wenn er zu diesem Wort greift. Das Wort ›Furcht‹, das vielleicht passender wäre, kann ihm freilich nicht über die Lippen kommen.

Das Resultat kann nur eine paradoxe Aufforderung sein: Der Konstitut tut dem Richter den Gefallen, ›ganz bestimmt‹ zu sagen, was er zuvor nur aus Gefälligkeit sagte. Der Wahrheitsfindung dient das nicht. Und die neuerliche Nachfrage nach den Gründen für die Lüge, die nurmehr die Diskreditierung des Aussagesubjekts wiederholt, ist jetzt fruchtlos.

> Int: 22.
> Da es nun also gewiß ist, daß ihr den From-
> let noch einmal gesehen habt, so besinnt
> euch nun auch wohl, ob ihr nichts weiter
> mit ihm geredt habt?
>
>   R: Ich hab nichts mehr mit ihm geredt.
>
> Int: 23.
> Welcher von euch beyden hat zuerst die Stu-
> be verlaßen?

> R: Ich bin zuerst hinaus. /: Nach einer wei-
> le nach vorgegangenen Wahrheitserinnerun-
> gen :/ ich kan es bey meinem Gewißen
> nicht sagen, wer zuerst hinaus ist.

Das Gericht will den Inquisiten auf bestimmte Aussagen festlegen, da sich nur daraus sinnvolle Folgefragen ergeben, die das Thema des Geschehnisablaufes am Morgen der Tat nach und nach abarbeiten: Nur wenn man Sauter darauf festgelegt hat, daß er Fromlet noch einmal gesehen hat, kann man weiterfragen, ob er mit ihm geredet hat und wer als erster den Raum verlassen hat. Eigentlich ist das trivial, aber Sauters Aussageverhalten stellt eben diese triviale Grundlage aller Befragungen in Frage.

Es ist daher bezeichnend, daß er in seiner Antwort auf Int. 23 die zunächst getroffene Festlegung wieder zurücknimmt. Diesmal scheint er dafür eine Erinnerungslücke geltend machen zu wollen. Die »Wahrheitserinnerungen« hätten also zur Folge, daß Sauter die Wahrheit nicht mehr weiß, oder genauer: daß Sauter im Protokoll als jemand dasteht, der die Wahrheit nicht mehr weiß. Insofern ähnelt das, was sich hier abspielt, auf einer elementaren Ebene ein wenig dem Vorgang, der im 20. Jahrhundert mit dem Schlagwort »Gehirnwäsche« belegt wurde. Wenn Sauter das Gegenteil behauptet hätte, würde ihn das Gericht womöglich mit denselben Wahrheitserinnerungen behandelt haben. Er ist eben in der Position dessen, dem man nicht glaubt.

Die »Wahrheitserinnerungen« sind wohl zur Vermeidung von Redundanzen nicht als gesonderte Interrogatorien ins Protokoll aufgenommen wurden. Daher könnte man über ihren genauen Wortlaut, ihren Tonfall und ihre Eindringlichkeit nur Vermutungen anstellen. Jedenfalls läßt sich dem Plural entnehmen, daß es nicht bei einer einmaligen Ermahnung geblieben ist. Die Praxis der Protokollierung im Inquisitionsverfahren zeigt, daß derlei »Ermahnungen« und »Gewissensreden« gewöhnlich nicht aufgeschrieben werden. Meist wird bei besonders unglaubwürdigen Aussagepersonen zu Beginn des Protokolls in einer Art Generalklausel vermerkt, daß man sie in ›ernsten und beweglichen Worten‹ aufgefordert habe, die Wahrheit nicht länger zurückzuhalten. Es ist der besonders ausführlichen Protokollierung des Konstanzer Gerichts und der mangelnden Aussagefestigkeit Sauters zuzuschreiben, daß sie hier verschriftlicht werden. Hätten die »Wahrheitserinnerungen« nicht zu einer Abänderung der Aussage geführt, hätten sie auch nicht ins Protokoll aufgenommen zu werden brauchen.

Int: 24.
Ist die untere Stube euch zum Frühstüken
angewiesen gewesen?

> R: Nein! Weil ich aber schon ausgezahlt
> war, so wollte ich nicht mehr an dem Hand-
> werkstisch essen, und habe dieses vorhin
> schon bey 8. Tag unterlassen, unter wel-
> cher Zeit ich jedoch auf Reiszen zu Salman-
> schweil und nach Marktdorf war, aus woher
> ich leztern Mittwoch nachmittag wider zu-
> rük gekommen bin.

Int: 25:
Wann, das ist zu welcher Zeit habt ihr Euch
bey dem Frühstüken in der untern Stuben
und wie lang da aufgehalten?

> R: Beyläufig um ¾ auf 7 Uhr bin ich
> hinein gegangen, und hab mich kaum ei-
> ne Virtl Stund aufgehalten. Denn ich aß
> nur etwa 5. od. 6. Löffel voll Suppe an
> dem mittlerpfründer Tisch, bey welchem
> aber der Fromlet nicht gesessen ist, und zog
> noch die Halbstifel an.

Das Gericht läßt es bei der zurückgenommenen Antwort bewenden und
stellt eine Frage, auf die der Constitut eine Antwort geben kann, die keine weiteren Folgelasten nach sich zu ziehen scheint. Wieder verweist diese
Antwort darauf, daß Sauter sich in einem sozialen Umfeld befindet, aus
dem er herausgefallen ist. Er befindet sich in der unhaltbaren Stellung eines
Mannes, der noch dort ist, wo er seine Stellung verloren hat (so nimmt er
sein Essen am Tisch der Mittelpfründner zu sich, ohne ein solcher zu sein).
Dies wird auch der Grund seiner ersten Fußreise gewesen sein, die ihn bald
nach seiner Entlassung nach »Salmanschweil« (Salmannsweiler, der frühere
Name von Salem) geführt hat. Nur eine Nacht und einen Morgen hat er
nach dieser Reise im Spital verbracht, bevor er wieder aufgebrochen ist.

Die zweite Frage beantwortet der Konstitut ebenfalls in gewünschter Ausführlichkeit. Er gibt nicht nur die Dauer seines Aufenthaltes an, sondern
fügt auch hinzu, was und wieviel er gegessen hat, und daß er sich dort die
Schuhe angezogen hat. Abgesehen, daß sich Sauter seiner Schuldigkeit zu

antworten wohl bewußt ist und dem Gericht gerne gefällig sein möchte, scheinen diese zusätzlichen Angaben auf eine besondere Schwierigkeit zu reagieren:

Int: 26.
Ihr habt auf die 9te Frag geantwortet, daß ihr euch von der Unterstube sogleich zu dem Spitalthor hinaus begeben habt, besinnt euch wohl, ob ihr vorhin in dem Spital gar kein Geschäft mehr vornahmet?

> R: Nein! Auf dem Weeg zum Nagler in den Lindwurm habe ich den Kieferknechten im Bindhauß gesagt, sie möchten mir den Fromlet grüßen, und ihm sagen, er möchte mir bis auf meine Zurükkunft einige Schulden eintreiben. Unter der Thür beim Bindhauß hat mich auch der Spitalmeister angetroffen, welchem ich von dem Vorhaben meiner Reiß Meldung gemacht.

Int: 27.
Nach euerer Rechnung müßtet ihr schon um 7. Uhr zu den Kiefern gekommen seyn, welches mit den eingezogenen Nachrichten nicht übereinkommt.

> R: Ich bin, vor ich zu den Kiefern kam, zuerst zu der Jungfer im Lindwurm einer Landsmännin gegangen, um sie zu fragen, ob sie keinen Brief nacher Hauß habe, welche ich aber auf der Gaße angetroffen, und mich bey ihr gar nicht lang verweilt habe, gieng sohin zum Kiefer Staudinger, von wo aus ich mich erst mit den Spitalkiefern im Bindhauß besprochen hab, wodurch es in der Zeit schon später geworden ist.

Sauter hat zu viel leere Zeit. Er kann den Zeitraum zwischen seinem Aufstehen gegen sechs Uhr und seinem Abmarsch gegen acht Uhr morgens nicht befriedigend auffüllen. Also hat er Zeit gehabt, den Mord auszuführen. Dieser Gesichtspunkt wird vom Gericht unter Vorwegschickung der beliebten

Warnungsformel »besinnt euch wohl« mit der Frage eingeführt, ob der Inquisit denn »gar kein Geschäft« mehr vorgenommen hat. Sauter bemüht sich nun, alle Stationen, die von glaubwürdigen Zeugen bestätigt werden können, in eine möglichst lückenlose Reihe zu bringen und fügt ungefragt sogar noch eine weitere (wie sich zeigen wird: unbedachte) Detaillierung hinzu, die sein Verhältnis zum Ermordeten in einem günstigen Licht erscheinen lassen soll. Daß das nicht genug sei, macht das Gericht in der nächsten Frage – wieder unter Bezugnahme auf unangreifbare ›eingezogene Nachrichten‹ – deutlich. Die daraufhin erfolgenden Ergänzungen des Inquisiten sind aber eher verwirrend – vor allem, was die Reihenfolge der Begegnungen mit den Küfern betrifft, die die Weinfässer für die Spitalkellerei herstellen (in der damals bis zu 480 000 Liter Wein und Most gelagert werden konnten – vgl. Fromm et al. 2000, 26 f.).

> Int: 28.
> Ihr habt gesagt, ihr hättet mit dem Fromlet in der Werkstatt außer den Zeitwünschen gar nichts geredt, dieses seye auch in der untern Stube geschehen, und ihr hättet sogar an einem andern Tische geessen, welches nicht viel Freundschaft und Zutraun verrathet. Nun bekennet ihr ad Int: 26 auf einmal ein, ihm durch 3te Personen freundschaftliche Grüße und Aufträge zu hinterlaßen; wie reimt ihr dieß zusammen?
>
> > R: Es ist mir halt damals, als ich beym Fromlet war, nichts von diesen Schulden eingefallen.

Jetzt wird Sauters vorschnelle Detaillierung in der Antwort zu Int. 26 bestraft. Ein letztes Mal in dieser Phase des Verhörs muß er erkennen, daß er nicht in der Lage ist, konsistente Aussagen zu machen. Zumindest wird er als jemand vorgeführt, der auf ihm vorgehaltene Ungereimtheiten nur mit lahmen Ausflüchten zu reagieren vermag.

Der Rest dieses ersten Verhörs widmet sich nun unmittelbar den Tatumständen. Da diese dem Inquisiten dem Vernehmen nach unbekannt sind, kann er nicht danach befragt werden. Folglich schlägt das Gericht die umgekehrte Richtung ein:

Int: 29.
Sind euch nähere Umständ bekannt, warum
dieser Mensch gemordet worden?

> R: Ich weiß weiter nichts, als daß er tod-
> geschlagen worden seyn soll; man eröfnet
> mich also.

Das Gericht, das bis jetzt nur Informationen entgegengenommen und ver-
arbeitet hat, muß nun selber Informationen geben. Damit wird es dem Inquisiten zugleich die gegen ihn sprechenden Verdachtsmomente vor Augen
führen. Erst jetzt wird der Inquisit genauer von dem in Kenntnis gesetzt,
was gegen ihn spricht.

Int: 30.
Man eröfnet euch also, daß man den Tod-
geschlagenen auf der Wagnerdille zu oberst
dem Spital angetroffen habe; ist euch dieser
Ort bekannt?

> R: Ja! Der Weeg dazu ist verirrlich, der Ein-
> gang zu der Dille ist mit einem Nallschloss
> versperrt, der Schlüssel dazu liegt an einem
> besonderen Ort, welcher dem Spitalhofmei-
> ster, dem Fromlet und mir allein bekannt
> war. Der Weeg ist ziemmlich dunkel.

Das Gericht bemüht sich darum, seine ›Eröffnungen‹ in möglichst kleinen
Portionen abzugeben, um baldmöglichst eine Frage anzuschließen. Hier
hätte das einfache »Ja!« genügt, mit dem Sauter zunächst antwortet. Man
kann vermuten, daß er daraufhin ergänzend zu weiteren Mitteilungen über
den Tatort, die ›Wagnerdiele‹ (einem der Dachböden des Spitals), angehalten
wurde. Daß der Weg zum Tatort unübersichtlich, dunkel und verschlossen
ist, und daß außer dem Ermordeten nur er und der über jeden Verdacht
erhabene Spitalhofmeister Zugang zum Schlüssel hatte – das ist in dieser
Zusammenstellung zu belastend, als daß es der Inquisit von sich aus so
gesagt hätte.

Int: 31.
Man muß euch ferners sagen, daß das Instrument, womit Fromlet ermordet worden,
in einem Beuel bestehe, sagt nun, was euch

bey dieser Entdekung für allenfällige Muth-
maßungen auf den Thäter zu Sinn kommen
mögen?

> R: Aus diesen Umstän[den] könnte ich
> noch auf niemand schlüssen.

Die vorangegangenen Phasen des Verhörs hatten der Darstellung des Inquisiten gegolten. Dabei hatte sich herausgestellt, daß der Inquisit nicht in
der Lage war, eine *einwandfreie* Version zu liefern, in der er *nicht* als Täter
vorkam. Nun soll er umgekehrt bei der *Beweisführung* mitwirken, an deren
Ende er selbst als der einzig *mögliche* Täter *übrigbleibt*. Der Inquisit ist also
jetzt nicht mehr in der Position dessen, der Einwände entkräften muß, sondern in der Position dessen, der einer einwandfreien Beweisführung seine
Zustimmung nicht versagen kann. In der ersten Position soll der Befragte zugestehen müssen, daß er gelogen hat; in der zweiten Position soll er
zugestehen müssen, daß er die Tat begangen hat. Dies sind die beiden möglichen Formen der Befragung im Verhör als einem idealiter *rationalen* oder
dialektischen Verfahren (Niehaus 2003a): Es ist nicht zu verkennen, daß die
platonischen Dialoge häufig so aufgebaut sind, daß Sokrates in einer ersten
Phase die Auffassung, die sein Gesprächspartner von irgendeiner Sache hat,
als inkonsistent erweist, um ihn in der zweiten Phase an einer Beweisführung teilhaben zu lassen, deren Schlußfolgerungen er nicht umhin kann
beizupflichten. So gelangt man zu Wahrheit.

> Int: 32.
> Ihr werdet doch selbst einsehen können,
> daß man von dem Beschrieb, den ihr selbst
> von dem Zugang zu dem Ort des Verbre-
> chens gemacht habt, schließen müße, daß
> die Entleibung entweder von dem Ermor-
> deten selbst, oder durch einen, dem die Be-
> schaffenheit dieses Orts wohl bekannt ist,
> geschehen seye. Was haltet ihr von diesem
> Schluß?

> R: Ich kann diesem Schluß nichts ausstel-
> len.

Bis jetzt kann Sauter also an den Schlußfolgerungen des Gerichts nichts aus-
setzen. Er wird aber nicht nur hinsichtlich der Überprüfung von Schlußfolgerungen befragt, sondern auch als eine Art Sachverständiger. Und in

dieser Hinsicht erblickt er in der nächsten Frage die Gelegenheit zu einem Einwand:

Int: 33.
Da unter euer Obsorge dieser Ort gestanden ist, so werdet ihr auch wißen, ob allda auch Beuel verwahrt worden sind?

R: Nein! Es waren hier niemals schneidende Instrumenten.

Dieser Einwand ist freilich schnell zu widerlegen. Ein Tatwerkzeug – hier ein Beil – muß nicht schon vorher am Tatort herumliegen, um dort benutzt zu werden.

Int: 34.
Habt ihr oder der Verstorbene schneidende Instrumenten zum Arbeiten etwa hinaufgenommen?

R: Ich niemals, aber der Verstorbene soviel ich weiß, hat einigemal den Boden zu fliken, den Beuel mit sich hinaufgenommen.

Int: 35.
Ist izt auch wider etwas zum Ausfliken auf der Dille?

R: Ich weiß es nicht, denn bey 8. Wochen war ich niemals daroben.

Int: 36.
Hat der Spital eigene Beuel?

R: Ja! Sie sind mit einem Kreuz bezeichnet.

In dieser Phase läuft das Verhör ausgezeichnet. Es wird durch keinerlei metadiskursive Einschübe unterbrochen und irritiert. Das liegt vor allem daran, daß der Verhörte hier die Zusammenhänge nicht *eigenständig* herstellen muß, sondern nur *folgsam* zu sein braucht. Obwohl die Beweisführung bereits gefährlich auf seine Person hin konvergiert, wirkt er nicht mehr verstört. Das bleibt auch in der Folge so, da ihm nun – wie das Protokoll vermerkt – die Tatwaffe vorgelegt wird.

Int: 37.
Kennt ihr diesen Beuel?

> R: Ja! es ist mein Arbeits Beuel, welcher in
> der Werkstatt aufbewahrt war. Ich sehe, daß
> er mit Blut besprizt, und mit Haaren, die
> daran angebachen sind, besprengt ist.

Der Vorhalt der Tatwaffe ist – wie man weiß – ein gebräuchliches Mittel des
Verhörs mit dem Inquisiten und der Vernehmung des Beschuldigten. Dabei
geht es vordergründig meist um die Identifizierung der Tatwaffe. Darüber
hinaus kann der Vorhalt eine Schreckreaktion auslösen, wenn nicht zu vermuten war, daß die Tatwaffe gefunden wurde. Dies ist hier nicht der Fall.
Aber auch auf einen dritten Effekt scheint das Gericht hier kaum gerechnet
zu haben. Es könnte sich nämlich erhofft haben, daß der Inquisit unter
dem Eindruck des ihm vorgelegten Gegenstandes, der unmittelbar mit der
gräßlichen Tat zusammenhängt und noch ihre Spuren an sich hat, zusam-
menbricht und ein Geständnis ablegt (dieses Verfahren hat man besonders
bei den Kindermörderinnen des 18. Jahrhunderts gerne angewandt, denen
man das tote Kind vorlegte). In jedem Falle ist es stets ein hoch symboli-
sches Ereignis, wenn in ein aus bloßen Redehandlungen bestehendes Verfahren ein *Ding* eingeführt wird, das die Schuld *vor Augen* zu führen im
Stande ist. Das Gericht hat den Inquisiten wohl noch besonders auf die
Tatspuren hingewiesen, denn von sich aus hätte dieser wohl kaum eigens
erklärt, daß er diese Spuren sehen könne. Hätte Sauter dabei eine auffällige
Reaktion gezeigt, so wäre dies gewiß im Protokoll vermerkt worden.

Int: 38.
Wie glaubt ihr, daß dieser Beuel auf die Dille gekommen seye?

> R: Das weiß ich nicht. Vielleicht hat ihn
> der Verstorbene mit sich genommen, wel-
> cher sich der Zeit, als ich abgedankt bin,
> bald mit diesem meinem Beuel, bald mit
> seinem gearbeitet hat.

Auch die Antwort auf diese Frage bestätigt, daß Jakob Sauter jetzt viel gefaß-
ter ist als zuvor, als ihn das Gericht fragte, warum er mit der Sprache nicht
heraus wollte. Er kann eine befriedigende Antwort geben, weil er wieder
gleichsam als Sachverständiger angesprochen wird, der zu einem einzelnen

Sachverhalt Stellung nehmen soll. Er weiß jetzt, was er zu sagen hat. Er kann sich von der Situation, in der er sich befindet, distanzieren, weil er sich nicht mehr *als Aussagesubjekt* ausgeliefert fühlt.

Als nächstes wird dem Inquisiten vorgelesen, welche Verletzungen der ärztliche Bericht an der Leiche festgestellt hat. Und dann wird er befragt:

> Int: 39.
> Was glaubt ihr nun hat sich wohl der Ver-
> storbene selbst ermordet, oder ist er von ei-
> nem andern entleibt worden?
>
> > R: Selbst kann er sich nicht umgebracht ha-
> > ben, weil die Wunden zu häufig und zwar
> > von hinten angebracht worden.

Wieder zieht der Inquisit folgsam den Schluß, der ihn in der Beweisführung des Gerichts immer näher an seine eigene Täterschaft heranführt:

> Int: 40.
> Auf die 32te Frag habt ihr selbst eingesehen,
> daß sich der Verstorbene entweder selbst
> entleibt, oder von einem ermordet worden
> seye, dem der Ort bekannt war? Nun müßt
> ihr auch gestehen, daß die Selbstmordung
> nicht Plaz habe, und also die Mordthat
> von einem Bekannten geschehen seyn mü-
> ße; was sagt ihr dazu?
>
> > R: Ich kann zwar dem Schluss wider nichts
> > aus stellen, nur aber kann und muß ich be-
> > haupten, daß dieser Schluss auf mich nicht
> > angewendet werden könne, denn ich war
> > ja vor meiner Reisze an besagten Donners-
> > tag in der Früh nicht auf der Binne, und
> > seit dem Donnerstag bis gestern nicht mehr
> > hier.

Die Antwort auf diese Frage, die mit der Konturierung des Täters beinahe schon beim Inquisiten angekommen ist, ist vor allem deshalb bemerkens-wert, weil sie ganz auf der Ebene der ›Schlußverfahren‹ argumentiert. Ohne den Vernunftschluß selbst in Frage zu stellen, erklärt Sauter in Vorwegnah-me des Kommenden, daß der Übergang vom Vernunftschluß auf die Wirk-lichkeit nicht gelingen wird: Der ›Schluß‹ kann auf ihn ›nicht angewendet‹

werden. Und warum nicht? Das Argument des Inquisiten ist letztlich tautologisch. Er kann die Tat nur vollbracht haben, wenn er am Morgen der Tat am Tatort war. Die Behauptung, daß er *nicht* am Tatort war, soll ihm ja damit gerade widerlegt werden; sie kann daher nicht als Argument gegen die Widerlegung verwendet werden. Im Grunde beharrt Sauter bloß darauf, daß die Wirklichkeit eben die Wirklichkeit ist und sich nicht durch Vernunftschlüsse herleiten läßt. Dagegen sage mal jemand was.

> Int: 41.
> Man muß euch sagen, daß nach eingeholter Auskunft der Ermordete schon am Donnerstag bey dem Mittagessen, bey welchem er nicht erschienen ist, vermißt wurde, und man also darauf verfallen müße, daß die Mordthat am Donnerstag in der Früh begangen worden seye; Es muß daher die Vermuthung auf Euch selbst fallen.
>
>> R: Ich bins einmal nicht, daß weiß Gott im Himmel.

Das Gericht läßt sich durch die Vorwegnahme des Inquisiten nicht aus dem Konzept bringen und formuliert hier nun endlich den lange vorbereiteten direkten Tatvorwurf. Im Duktus der Frage wiederholt sich noch einmal der Anspruch der Beweisführung. Sie endet mit dem Tatvorwurf als einer *notwendigen* und *unabweislichen* Vermutung. Es fehlt nichts mehr, nur noch das Geständnis. Aber das Geständnis erfolgt nicht. Für seine Unschuld an der Mordtat ruft der Inquisit *Gott* zum Zeugen an. Das ist die übliche Weise, in der Inquisiten ihre Unschuld bekräftigen. Gleichwohl gibt es zu denken, daß Gott an dieser Stelle zum ersten Mal im Verhör mit Jakob Sauter auftaucht. Das *weltliche* Gericht hat sich bislang an keiner Stelle auf Gott berufen. Auch jetzt bezieht es sich nicht auf Gott, um das Geständnis zu erwirken, sondern versucht es mit einem weiteren *Ding*:

> Int: 42.
> Wist ihr nicht, wie Fromlet am Donnerstag gekleidet war?
>
>> R: Ich weiß nicht hat er ein Pelzkappen aufgehabt oder eine andere. Gemeiniglich truge er ein blaues Kamisol.

Nachdem das Gericht so lange auf den direkten Tatvorwurf zugesteuert hat, wirkt dieser Themenwechsel wie eine enttäuschende Antiklimax. Man verzichtet darauf, den die Tat bestreitenden Inquisiten weiter zu bedrängen, um doch noch ein Geständnis zu erzielen. Offensichtlich sieht man dafür keine Erfolgsaussichten. Statt dessen bereitet die Frage nach der Kleidung des Ermordeten, die vom Inquisiten ziemlich glaubhaft beantwortet wird, die Vorlegung der besagten Pelzkappe vor.

> Int: 43.
> Kennt ihr diese Pelzkappe?

> > R: Ja! Es ist jene des Ermordeten. Das darinn ersichtliche Loch ist gehauen, ich aber habe es nicht gethan.

Die Pelzkappe ist, auch wenn sie ebenfalls Spuren der Tat trägt, weit weniger geeignet, den Inquisiten zu erschüttern als das Mordwerkzeug. Die Frage läßt sich problemlos beantworten. Er kann das Kleidungsstück identifizieren, er kann, wohl nachdem er darauf hingewiesen wurde, auch die Tatspuren begutachten. Ein folgsamer Schluß auf den Täter springt dabei nicht heraus.

Als letztes zieht das Gericht noch einen dritten Gegenstand aus dem Köcher:

> Int: 44.
> /: Nach vorgelegtem Schlössel :/ Kennt ihr
> dieses Schlössel?

> > R: Das ist eben jenes, mit welcher die Thür zu dem Ort, an welchem der Leichnahm gefunden worden ist, verschloßen war. Ich sehe auch das Blut daran, weiß aber von der ganzen Sache nichts.

Auch der dritte vorgezeigte Gegenstand trägt direkte Spuren der Tat. Freilich ist er noch weniger geeignet, den Inquisiten zu erschüttern. In seiner Antwort demonstriert er wieder seine Folgsamkeit: Er erkennt an, daß dies der Schlüssel zum Tatort ist; er erkennt an, daß man Blut darauf sehen kann. Der letzte Satz der Antwort zeigt übrigens besonders deutlich, daß er durch einen gesonderten, nicht protokollierten Vorhalt zustande gekommen ist (niemand würde von sich aus den Satz sagen »Ich sehe auch das Blut daran, weiß aber von der ganzen Sache nichts«). Gerade weil Sauter diese Gegenstände *begutachten* soll, weil er sein *Wissen* von diesen Gegenständen bekanntgeben soll, fällt ihm das Bestreiten der Tat leicht. Seine Rede findet in diesen Gegenständen einen verläßlichen Halt, der ihm die Distanzierung erlaubt. Er muß nichts sagen, dessen Folgen er nicht übersehen kann. Er muß nur bei allem hinzufügen, daß das alles nichts mit ihm zu tun hat.

Das Gericht ist damit am Ende angelangt. Es hat alle Pfeile verschossen, alle Gegenstände vorgezeigt. Es hat dies zuletzt nur der Vollständigkeit halber getan. Nachdem die Konfrontation mit dem Mordwerkzeug ohne Wirkung blieb und auch der direkte Tatvorwurf nichts gefruchtet hat, war der Rest eher nur noch Formsache. Man kann aber nicht sagen, daß das Gericht eine falsche Reihenfolge gewählt hat, daß es nach dem Gesetz der Steigerung umgekehrt erst den Schlüssel, dann die Mütze und als letztes das Mordwerkzeug hätte präsentieren sollen. Um eine Erschütterung und einen Zusammenbruch zu erzielen, mußte es mit der stärksten Waffe beginnen.

Diese zweite Phase des ersten Verhörs, in der der Verhörte durch eine Beweisführung zu seinen Ungunsten, deren Folgerichtigkeit er aber zugestehen muß, in jene Ecke gedrängt werden soll, die ihm nurmehr das Geständnis übrig läßt, bedurfte der vorhergehenden Planung. Sie entspricht daher dem klassischen *artikulierten Verhör*, bei dem das Gericht die Fragen sowie die Reihenfolge, in der sie gestellt werden sollten, zuvor festlegte und die jeweiligen Antworten des Inquisiten dabei einplante. Dieses artikulierte Verhör des 17. und 18. Jahrhunderts ist folglich im Grunde bloße Scheinkommunikation (was bei der Lektüre der Protokolle bisweilen sichtbar wird, wenn die Antwort auf eine Frage die nächste Frage erübrigt, diese aber als vorher festgelegt gleichwohl gestellt wird). Dies ist hier nicht der Fall. Das Gericht hatte lediglich einen klar umrissenen Plan, wie es vorgehen wollte.

Der Aufbau des klassischen artikulierten Verhörs war darauf ausgerichtet, dem Inquisiten die Vorgeschichte und den Tathergang als eine möglichst lückenlose Beweiskette so zu präsentieren, daß er *zugestehen* mußte, der Täter zu sein. Entsprechend geht auch das Konstanzer Gericht im Verhör mit Sauter vor.

Die letzte Frage des Gerichts führt den Inquisiten noch einmal in der Position dessen vor, der Schlußfolgerungen zu begutachten hat und deren Folgerichtigkeit folgsam zugestehen muß. Diesmal genügt dem Inquisiten dafür ein einfaches Ja:

Int: 45.
Man sagt euch, daß der Leichnahm auf
dem Gesicht liegend gefunden worden, und
beym Umkehren dieses Schlößlein aus der
Kamisol=Tasche mit Blut besprizt herausgefallen ist, billiget ihr also den Schluß, daß
der Ermordete sich selbst solches nicht in
die Tasche gesteckt habe?

R: Ja!

Aber die Zeiten haben sich geändert. Das klassische artikulierte Verhör war
in aller Regel auch das letzte Verhör, das mit dem Inquisiten angestellt
wurde. In ihm wurde all das präsentiert und in Form gebracht, was die Untersuchung an relevanten Gesichtspunkten ergeben hatte. Wenn der Täter
hier kein Geständnis ablegte (was selten war, da er entweder schon zuvor
gestanden hatte oder eben gar kein Geständnis ablegte), dann konnte er je
nach Beweislage und Delikt freigesprochen oder zu einem Reinigungseid
verurteilt werden; oder er wurde in einem Zwischenurteil mit der peinlichen Frage, der Folter belegt. Die Folter war als Entscheidungsinstrument
konzipiert. Stand der Inquisit die Folter durch, so war er freizusprechen;
stand er sie nicht durch, so konnte er zur gesetzlich vorgesehenen Strafe
verurteilt werden. Hier aber liegt der Fall ganz anders. Die Folter ist seit gut
zehn Jahren abgeschafft; es gibt kein Entscheidungsinstrument mehr. Die
Verhöre können weitergehen. Der Inquisit steht unbeschränkt zu Verfügung.
Morgen ist auch noch ein Tag. Dies war erst die Exposition.

Daher vermerkt das Protokoll zum Schluß: »Womit man für heut die
Untersuchung geschloßen, und den Konstitut nach unterschriebenen Prottokoll in seine vorige Verwahr geführt hat.« Es folgen die Unterschriften
aller Anwesenden. Daß auch der Inquisit das Protokoll unterschreibt, ist im
übrigen nicht selbstverständlich. Erst im folgenden Jahr, in der Kriminalgerichtsordnung von 1788, wird es gesetzliche Vorschrift.

Zweites Verhör

Der unverschämte Lügner

Am nächsten Morgen, dem 28. November 1787, geht es also am selben Orte weiter. Den Einstieg bildet ein ganz neuer Fragekomplex, nämlich das Vermögen des Inquisiten, das dieser bei den anfänglichen Fragen zur Person angegeben hatte.

> Int: 46.
> Ihr habt angegeben, daß euer Vermögen in
> 300 f. bestehe, wie seyt ihr dazu gekommen,
> und in was besteht dieses Vermögen?

> > R: Ich hab von meinen seel: Eltern gar kein Vermögen bekommen, und mußte also bloß allein durch meinen Verdienst ein solches erwerben, welches auf meiner 15 jährigen Wanderschaft vor dem Eintritt in den hiesigen Spital geschehen, die dermalige Bubenmutter in dem Spital kann Zeugniß geben, daß ich die 300 f. Vermögen schon in den Spital gebracht habe. Es besteht theils in vorhandenem bey dem Spitalamt und dem Gericht liegenden Baarn Geld, theils in Spitalbriefen, welche in meinem Kasten liegen.

Jakob Sauter befindet sich hier weder in der Position dessen, der nicht weiß, was er sagen soll, weil er die Folgen seiner Aussagen nicht abschätzen und vorhersehen kann, noch befindet er sich in der Position dessen, der als Sachverständiger seine Zustimmung zu bestimmten Schlußfolgerungen zu geben hat. Hier kann er vielmehr Dinge berichten, die unverfänglich sind. Er weiß, daß ihm diese Ausführungen nicht schaden können, weil sie eine andere, ferne Zeit betreffen, weil sie nichts mit der Tat zu tun haben.

Sauter hat sein bescheidenes Vermögen weder ererbt noch während seiner 27 Jahre im Spital erworben. Es stammt aus seiner Gesellenzeit, die auch er auf Wanderschaft verbracht hat. Den meisten Gesellen gelang es dabei allerdings nicht, nennenswerte Geldmengen zu sparen. Das spricht also für einen sehr strebsamen Charakter Sauters. Überdies bedarf die Verwaltung größerer Geldmengen auf Reisen eines gewissen Geschicks und Überblicks. Der überlegte Umgang mit Geld zeigt sich auch in dem Umstand, daß Sauter sein Vermögen nun auf verschiedene Weise deponiert hat.

> Int: 47.
> Wie war euch zu muth als ihr vor 14 Tagen
> von dem Spitalamt abgedanket worden?

>> R: Ich hab zu dem Kontroleur gesagt: Wenn
>> es nur nicht Winter wäre, aber da dieses ist,
>> so seye es hart.

Dies ist nun am Morgen des zweiten Verhörtages die erste Frage, in der sich das Gericht für einen Gemütszustand Sauters interessiert (auch wenn das ›zumute sein‹ im Sprachgebrauch der Zeit weniger intime Konnotationen hat als heute). Das Gericht war bislang augenscheinlich nicht der Auffassung, sich durch irgendeine Art der Anteilnahme einen Weg zum Inquisiten bahnen zu können. Die zwischen dem Gericht und dem Inquisiten vorausgesetzte Beziehung blieb vollkommen abstrakt. Sie realisierte sich ausschließlich in den *kommunikativen* Zwängen, die durch das als *Situation* aufgefaßte Verhör entstanden. Daß das Verhör aber strukturell als eine kommunikative Situation auftaucht, ist nicht der Einstellung des Richters geschuldet, sondern ein Effekt der veränderten institutionellen Rahmenbedingungen, nachdem die peinliche Frage nicht mehr als Entscheidungsinstrument in Frage kam.

Die kommunikativen Zwänge haben sich im bisherigen Verlauf insbesondere in den metadiskursiven Elementen des Verhörs niedergeschlagen, in denen die kommunikativen *Defizite* des Verhörten thematisiert und verstärkt wurden. Auf der einen Seite wird gegenüber dem Verhörten die Verpflichtung geltend gemacht, dem verhörenden Richter nicht *ins Gesicht zu lügen*, auf der andern Seite wird das Verhältnis zwischen Richter und Inquisit mehr oder weniger als eine Duellsituation aufgefaßt, in der es darum geht, den Widerstand des Inquisiten zu brechen. Folglich bleibt die kommunikative Verpflichtung ganz abstrakt. Sie wird nicht in einer positiven Bestimmung der Beziehung verankert.

Mit den ersten Fragen des zweiten Verhörs scheint sich nun die Möglichkeit einer anderen Einstellung anzudeuten. Der Inquisit reagiert allerdings verhalten auf das Angebot, über seine subjektive Befindlichkeit Auskunft zu geben. Offensichtlich kann er wenig damit anfangen. Das kann man daran sehen, daß er keine eigentliche Antwort auf die Frage gibt, sondern *reproduziert*, was er schon einem anderen gegenüber in dieser Sache geäußert hat. Er *zitiert* bloß, was er dem »Kontroleur« gesagt hat. Der Kontrolleur ist aber gerade derjenige, der die Kündigung in den Augen Sauters zu verantworten hat. Wie den anwesenden Richter sieht Sauter den Kontrolleur als einen Gegner an, dem man die eigene subjektive Befindlichkeit keinesfalls offenbaren sollte, wenn man das *Gesicht wahren* will. Sauter spricht also nicht darüber, daß er seinen Lebensmittelpunkt verloren hat, sondern davon, daß es im Winter kalt ist.

> Int: 48.
> Da nach eueren Aussagen mehreren aufge-
> kündet worden, war unter diesen auch der
> Ermordete?

> R: Nein!

Wäre es dem Gericht darum gegangen, den Inquisiten mit einer veränderten Einstellung irgendwie für sich zu gewinnen, hätte es die vorige Frage vertiefen müssen, um eine Art Anteilnahme zu bekunden. Das geschieht nicht, das Gericht setzt das angeschlagene Thema vielmehr sogleich wieder zum Mordfall in Beziehung. Das gibt der verhaltenen Reaktion des Inquisiten recht. Immerhin nähert sich das Gericht dem Mordfall von einer anderen Richtung her, nämlich der des Tatmotivs. Bisher war vom Motiv nur verhältnismäßig unbestimmt unter dem Stichwort ›Feindschaft mit dem Mordopfer‹ die Rede gewesen. Die Art und Weise allerdings, wie das Gericht mit dieser Frage vorgeht, grenzt an eine Beleidigung.

Denn erstens kennt der Richter nicht nur die Antwort auf seine Frage, er weiß auch genau, daß der Verhörte weiß, daß er sie kennt. Und zweitens enthält der Zusatz ›nach eueren Aussagen‹ einen sachlichen Vorbehalt, der dem tatsächlichen Kenntnisstand des Gerichts nicht angemessen ist. Der einzige Zweck der Frage besteht folglich im Zusteuern auf einen neuralgischen Komplex. Das Ausrufungszeichen hinter dem *Nein* ist also wohlberechtigt.

> Int: 49.
> Warum meint ihr daß diesem nicht auch
> wie euch aufgekündet worden?

> R: Er ist zu den Unterstüblern gezelt wor-
> den, indessen verdroß es mich daß mir der

Kontroleur aufgekündt hat mit dem daß
die Wagnerey und die Schmidte verschloßen seyn soll, und ich doch nachhin sehen mußte, daß der ermordete Wagnergesell
und der Schmidknecht nach meiner und
des Schmidmeisters Auszahlung noch immer zu arbeiten gehabt haben: ich hab hierwegen den Ermordeten zu Red gestellt und
gefragt, was er arbeite? und als er mir sagte,
es sey für den Hr. Kontroleur, so hieß ich
ihn nur fortmachen.

Die Formulierung der Frage zeigt, daß es dem Gericht hier nicht um eine
Sachauskunft geht, sondern um die Sicht des Inquisiten auf die Sache. Oder
anders gewendet: In dem Zusatz »meint ihr, daß« kommt eine Art methodi-
scher Vorbehalt zum Ausdruck, der allem gilt, was Sauter überhaupt äußert.
Die Antwort wälzt einmal mehr den neuralgischen Komplex. Der formale
Grund für die Kündigung des Wagnermeisters und des Schmieds besteht
darin, daß diese Bereiche der Umstrukturierung des Spitals zum Opfer fallen. Man benötigt keine eigene Wagnerei und keine eigene Schmiede mehr.
Daß man für die gleichwohl noch anfallenden Handwerksarbeiten auf die
zu den ›Unterstüblern‹ zählenden billigeren Arbeitskräfte zurückzugreifen
gedenkt, wird den entlassenen Meistern erst nachträglich klar (von diesen gemeinhin ›Unterpfründner‹ genannten Unterstüblern wohnten zu jener Zeit
etwa fünfzig im Spital; im Gegensatz zu den Ober- und Mittelpfründnern
schliefen sie in Gemeinschaftsunterkünften; vgl. Fromm u. a. 2000, 73 f.).
Genauere Erklärungen hierzu hat die Spitalführung den Betroffenen offensichtlich nicht zuteil werden lassen. Bezeichnend ist, daß sich Sauter in
dieser Sache nicht an den Kontrolleur selbst wendet, sondern an seinen
ehemaligen Gesellen, der für ihn als der Nutznießer der Umstrukturierung
zum Stein des Anstoßes geworden ist.

Int: 50.
Ihr werdet euch noch zu erinnern wißen,
daß man euch gestern schon vorgehalten
habe, ihr hättet euch mit dem Ermordeten
nicht gar gut betragen, man muß dieß nun
aus euer vorstehenden Antwort noch mehr
schlüssen; was sagt ihr dazu?

> R: Ich hab mich einmal so hart mit ihm
> nicht betragen. <u>Übrigens muß ich es selbst</u>
> <u>bekennen, daß meine Antworten nicht auf</u>
> <u>einander gehen.</u>

Mit dieser Frage ist das Gericht beim Thema angelangt: dem schlechten Verhältnis zwischen dem Tatverdächtigen und dem Opfer. Nicht ganz zu Unrecht sieht es die Antwort auf Int. 49 als eine Bestätigung dieses gespannten Verhältnisses. Aber das ist nicht der eigentliche Anknüpfungspunkt der Frage: Es geht darum, daß das Verhältnis schlechter ist als vom Inquisiten behauptet. Sauter werden noch einmal seine diesbezüglichen Schönfärbereien vom gestrigen Tag vorgehalten. Damit wird er erneut in die Position des diskreditierten Aussagesubjektes gerückt.

In der unbeholfen wirkenden Antwort mit ihrer rein negativen Bestimmung scheint immerhin durch, daß für Sauter sein Verhältnis zum Ermordeten nicht so einfach auf einen Nenner zu bringen ist, wie das Gericht es erwartet. Der unvermittelte Zusatz in der Antwort ist nicht von ungefähr im Protokoll unterstrichen. Sauter hat dieses ›Bekenntnis‹, daß seine Antworten nicht widerspruchsfrei sind, natürlich nicht von sich aus abgelegt, sondern es ist ihm vom Gericht in den Mund gelegt worden. Der Inquisit soll selber sagen, daß er als Aussagesubjekt diskreditiert ist.

> Int: 51.
> Auf die 41te Frag habt ihr untern Anderem
> auch geantwortet, daß ihr auf Reiszen ge-
> wesen seyt, sagt nun das nähere warum ihr
> gereist seyt?

> R: Ich hab diese Reisze vorgenommen um
> einen Dienst zu finden, den ich aber nicht
> gefunden habe.

Das Gericht schlägt ein neues Thema an: die Reise nach Salmanschweil – also die erste Reise Sauters, auf die er sich bald nach seiner Entlassung begeben hat, und von der er vor dem Mord zurückgekehrt ist. Wieder ist es eine Frage nach Handlungsmotiven, die sich ohne weiteres beantworten läßt. Sauter hat sich also sehr bald nach seiner Entlassung nach einem neuen Dienst umgesehen. Der Mißerfolg des immerhin schon 52 Jahre alten Mannes wird ihm seine Schieflage an seinem langjährigen Arbeitsplatz noch unbarmherziger vor Augen geführt haben.

Wieder hat sich das Gericht mit seiner Frage die Möglichkeit eröffnet, sich Zugang zur Befindlichkeit des Inquisiten zu verschaffen. In dieser Hinsicht müßte eine folgerichtige Fortsetzung des Verhörs als nächstes die sich aus dem Mißerfolg ergebende Gefühlslage erfragen. Wie zuvor erweist aber die Folgefrage, daß das Gericht an einer derartigen Beziehungsarbeit nicht interessiert ist:

> Int: 52.
> Wann seyt ihr von dieser Reiße zurükge-
> kommen?
>
> > R: Am lezten Mitwoch nach 3. Uhr.
>
> Int: 53.
> Wie habt ihr die Zeit hier nach zugebracht,
> und besonders was habt ihr allenfalls in
> dem Spital für Geschäfte vorgenommen?
>
> > R: Als ich an diesem Mitwoch in die Stadt
> > und sohin in den Spital hereinkam, gieng
> > ich in die Werkstatt um dem Ermordeten
> > das auf dem Weeg erkaufte Tuch zu zei-
> > gen, Verließ aber die Werkstatt gleich wi-
> > der ohne darin etwas zu thun, gieng zu
> > dem Spitalschneider, welcher mir das Kleid
> > machen sollte, und nach hin spaziren, war
> > auch bey dem Schmidknecht in den Spital
> > über Nacht. Wir beyde waren allein in dem
> > Zimmer.

Gefragt wird also wieder nach dem nachprüfbaren Geschehnisablauf. Da es aber um den Tag *vor* dem Mord geht, fällt dem Konstituten die sachgemäße Antwort noch leicht. Nebenbei versucht Sauter durch ein Detail sein Verhältnis zu Fromlet wieder in einem günstigeren Licht erscheinen zu lassen. Im übrigen sind die hier berichteten Umstände durch Zeugen nachprüfbar; und da das Gericht keine Einwände gegen die Darstellung erhebt, stimmen sie auch mit den eingeholten Zeugenaussagen überein.

> Int: 54.
> Was habt ihr auf euer Reisze nach Salman-
> schweil für Kleider bey euch gehabt?
>
> > R: Eben das nämliche was ich wirklichen an
> > meinem Leib trage. Eben so auch den Stok,

den Huth und die Kappe, welche ich bey
mir habe, welch leztere ich beym Eintritt in
die Stadt von dem Kopf herab in den Sak
stekte.

Nachdem schon nicht ganz klar war, warum festgestellt werden mußte, wie
der Inquisit den Mittwoch abend verbracht hat, scheint nun die Frage nach
seiner Bekleidung erst recht überflüssig. Sauter verweist zur Antwort auf
das, was er auch jetzt auf dem Leib trägt. Der Zusatz, der sich auf das
Abnehmen der Kappe bezieht, verdankt sich – da er an und für sich nicht
zur Frage gehört – offenbar einer eigens gestellten Zwischenfrage. Denn auf
die Kappe wollte das Gericht über diesen Umweg zu sprechen kommen:

Int: 55.
Habt ihr diese Kappe an dem Mitwoch al-
lenfalls, wie ihr von dem Glaß Wein in den
Spital seyt, nicht wider aufgesezt?

R: /: Nach ziemlich langem Staunen :/ Ich
weiß nicht, hab ich sie wider aufgesezt oder
nicht, aber bey mir in dem Sak hab ich sie
gehabt.

Mit der Kappe auf dem Kopf ist der Inquisit am Mittwoch abend gesehen
worden. Das Gericht stellt hier nicht etwa Vermutungen an, sondern bezieht
sich auf eine Zeugenaussage: Von dem Glas Wein, bei dem Sauter am Mittwoch abend gesessen ist, war in seinen eigenen Aussagen bislang nicht die
Rede. Es ist nun bezeichnend, daß das ›ziemlich lange Zögern‹ (womit man
das ›Staunen‹ sich übersetzen muß) im Protokoll vermerkt wird. Die Auffäl-
ligkeit des Verhaltens, die die Gebärdenbemerkung rechtfertigen soll, steht
in keinem erkennbaren Verhältnis zu einem Ernst der Lage. Die Kappe ist
zu diesem Zeitpunkt ein unverfänglicher Gegenstand. Es ist durchaus nicht
unwahrscheinlich, daß Sauter tatsächlich nicht mehr weiß, ob er die Kappe
wieder aufgezogen hat oder nicht. Das legt den Schluß nahe, als solle mit
der Gebärdenbemerkung vor allem die ganz unspezifische Verdächtigkeit
des Inquisiten und seine allgemeine Unglaubwürdigkeit als Aussageperson
hervorgehoben werden. In diesem Sinne läßt sich auch das Gericht mit
seiner nächsten Frage vernehmen:

Int: 56.
Warum er bey dieser so gar gleichgültigen
Frage wider so lang gestaunt habe?

> R: Ich weiß keine andere Ursach zu sagen,
> als weil ich es nicht gleich wußte, ob ich sie
> bey dem Heimgehen aufgehabt habe oder
> nicht. In meinem Schlafzimmer aber weiß
> ich gewiß, daß ich sie aufgehabt habe.

Mit dieser Frage drängt das Gericht den Inquisiten zurück auf jene unhaltbare Position, in der er sich am Tag zuvor im ersten Verhör schon einmal befunden hat. Ganz deutlich wird dies durch die unnötige Ergänzung ›wieder‹. Es wiederholt sich aber eben nicht nur, daß der Konstitut mit der »Sprach nicht heraus« will (wie es in Int. 13 hieß), sondern vor allem wiederholt sich die metadiskursive Thematisierung dieses Sachverhaltes durch das Gericht. Abgesehen von der Zumutung des ›wieder‹ ist die Thematisierung noch vergleichsweise harmlos, weil sie nur ein immerhin noch erklärbares Verhalten betrifft und insofern nicht unmittelbar zur Blockade führen muß. Wenn das Gericht konzediert, daß es sich um eine ›gleichgültige Frage‹ handelt, so könnte man ja gerade daraus wohlwollend schließen, daß auch das Zögern nicht signifikant ist. Das übelwollende Gericht macht sich aber den Umkehrschluß zu eigen, daß es umso bezeichnender ist, wenn der Konstitut schon bei einer so harmlosen Frage aus dem Gleichgewicht gerät. Schließlich kommt es dem Gericht nicht auf die Erklärung an, die der Inquisit für sein Verhalten gibt (und die natürlich nur eine Explizierung der schon zum Ausdruck gekommenen Unschlüssigkeit sein kann), sondern auf die allgemeine *Verunsicherung*, die durch derartige Vorhalte ausgelöst wird. Seit dem ausgehenden 18. Jahrhundert bis heute wird ein solches Vorgehen denn auch immer wieder empfohlen (Claproth 1808, 824; Inbau / Reid 1962, 32). Es liegt gewissermaßen in der Logik der Verhörsituation, daß sich die Rechenschaftspflichtigkeit, der der Inquisit zunächst bezüglich des in Frage stehenden Delikts unterliegt, jederzeit auf sein gesamtes Aussageverhalten ausdehnen kann.

Da Sauter auf die Frage ohne weiteres Zögern antwortet, ist anzunehmen, daß er noch nicht weiß, was auf ihn zukommt – obwohl er es wissen könnte:

Int: 57.
Wißt ihr euch noch zu erinnern, was ihr
gestern auf die 10te Frag: was habt ihr in
der Werkstatt gethan, geantwortet habt?

> R: Ja, ich habe gesagt, ich habe eine Kappe
> abgeholt.

Diese »10te Frag« bezog sich auf den Morgen der Tat, an dem Sauter noch einmal in die Werkstatt gekommen sein wollte, um eine Kappe zu holen, und anscheinend kann er sich dieser Antwort auch erinnern. Spätestens jetzt müßte ihm aber klar geworden sein, daß das Gericht das Verhör mit Bedacht auf diese Kappe gelenkt hat, daß es mit dieser Kappe eine besondere Bewandtnis hat.

> Int: 58.
> Ihr habt nicht nur gesagt, daß ihr eine Kap-
> pe abgeholt habt, sondern noch beygesezt,
> es seye die nämliche Kappe, die ihr noch
> wirklich bey euch habt. Nun bekennet ihr,
> daß ihr eben diese Kappe auf der Salman-
> schweiler Reisze und am lezten Mitwoch
> bey euch die ganze Nacht durch gehabt
> habt; reimt nun diese eure Antwort zusam-
> men?
>
> R: /: Ad Instantias multas und mit ganz er-
> schrokenem Angesicht :/ ich habe gelogen.

Natürlich ist das richtig. Die Kappe, die Sauter tags zuvor zur kurzatmigen Evidenz-Erzeugung als die am Morgen der Tat in der Werkstatt geholte vorgezeigt hat, kann er nicht zugleich bei seiner Reise aufgehabt und später in der Tasche gehabt haben. Er muß also, wenn er denn überhaupt etwas sagen muß, zugestehen, daß er gelogen hat. Dieses Zugeständnis erfolgt erst nach vielen ihm gemachten Vorstellungen (»Ad Instantias multas«), deren Wortlaut und Tonfall kaum freundlich gewesen sein werden. Es kommt ihm also nicht leicht über die Lippen. Der Schrecken, der sich dabei auf seinem Gesicht malt, wird als weitere Gebärdenbemerkung im Protokoll vermerkt. Was macht diese Lüge so schwerwiegend? Sie zeigt dem Inquisiten zum einen erneut, daß er nicht in der Lage ist, eine widerspruchsfreie Geschichte zu erzählen, in der er nicht als Täter vorkommt, daß er die Folgen seiner Aussagen nicht überblicken kann. Dies hatte er allerdings bereits am Vortag erfahren. Was diese Lüge im Verhältnis zu den Unwahrheiten des Vortags schwerwiegend macht, ist vor allem der Effekt, mit dem sie entlarvt wird. Die Lügen des Vortages waren eher *leicht erkennbare* Ausflüchte, die vom Gericht sogleich aufgedeckt wurden. Hier aber wird die Aufdeckung langsam vorbereitet und überfällt den Inquisiten, der in diesem Moment *nicht wußte*, daß er sich widersprochen hatte. Und zum dritten ist diese Lüge schwerwiegend, weil mit ihrer Aufdeckung der Grund wegfällt, aus dem Sauter am

Donnerstag morgen die Werkstatt betreten haben will. Bevor das Gericht darauf zu sprechen kommt, stellt es auch hier noch die unbeantwortbare Zwischenfrage:

Int: 59.
Warum habt ihr gelogen?

> R: Ad itteratas Instantias konnt man nichts aus ihm herausbringen, als folgende Antwort: ich habe nicht gewußt, ob ich die Kappe gehabt oder nicht.

In den Augen des Gerichts würde die korrekte Antwort auf die gestellte Frage etwa lauten: ›weil ich verheimlichen wollte, daß ich den Fromlet erschlagen habe‹. Die korrekte Antwort wäre also das *Geständnis*. In den Augen dessen, der das Geständnis hören möchte und belogen wurde, ist das immer die korrekte Antwort. Die Frage nach dem Grund der Lüge ist ein Versuch der Motivierung zum Geständnis über kommunikativen Zwang. Ein Ersatz für das Geständnis wäre allenfalls eine Erklärung von ungleich höherem Komplexitätsgrad als diejenige, die mithilfe der Lüge erfolgte. Es müßte ja nicht nur die Lüge erklärt werden, sondern darüber hinaus, wie es um die Wahrheit bestellt ist. Eine solche Erklärung ist hier außer Reichweite. Es bleibt die Blockade, die das Protokoll unfehlbar ins Protokoll aufnimmt.

Daß »man nichts aus ihm herausbringen« konnte, »als folgende Antwort«, ist eine angemessene Formulierung. Die Antwort Sauters ist entweder keine oder eine unvermutet formale Antwort. Gelogen ist ja nicht das, was er heute über die Kappe gesagt hat, sondern die Auskunft vom Vortag, er habe die Kappe in der Werkstatt geholt. Daher kann die Erklärung, er habe nicht gewußt, ob er die Kappe gehabt habe oder nicht, höchstens besagen, daß ihm am Vortag, als er seine Lüge vorbrachte, nicht klar war, daß er dieser Lüge überführt werden konnte. Anders formuliert, lautet Sauters formale (kindliche) Antwort also: Ich habe gelogen, weil mir nicht klar war, daß diese Lüge kurze Beine haben würde. Das Gericht ist an einer Vertiefung dieses Komplexes nicht interessiert. Es will mit seiner nächsten Frage ein Geständnis oder eine neue Lüge hören:

Int: 60.
Warum seyt ihr also in die Werkstatt?

> R: Ich habe Tabak geholt. /: nach dem der Konstitut mehr als 10. mal so befragt wurde, erhielt man erst diese Antwort.

Viele Vorstellungen, *instantias multas*, waren nötig, um den Konstituten zu seiner vorletzten Antwort zu bewegen; wiederholte Vorstellungen, *iteratas instantias*, waren nötig, um bei der letzten Frage zu einer Antwort zu gelangen, zehnmal muß nun die Frage wiederholt werden, bis man eine Antwort erhält. Das Verhör ist nahe am Nullpunkt vollkommener Antwortverweigerung.

Auch hier ist notwendig, sich vor Augen zu führen, wie *außerordentlich* es ist, daß sich dieser Nullpunkt in einer derartigen Weise im Verhörprotokoll abzeichnet. Gebärdenbemerkungen sind in den Verhörprotokollen des Inquisitionsverfahrens eine Seltenheit, was unter anderem damit zu erklären ist, daß sie in der Regel als Schuldzeichen zu lesen sind und damit einen vorverurteilenden Charakter haben. Das untersuchende Gericht soll aber nicht urteilen (Mittermaier 1816). Wenn die Gebärdenbemerkungen hier im Falle Sauter so reichlich zu lesen sind, so liegt das an der in Konstanz üblichen besonders genauen Protokollierungsform *und* an der besonderen Lage des Falles. Weil aus der Sicht des Gerichtes hier nichts weiter fehlt als das Geständnis des Inquisiten, verweisen sämtliche Gebärdenbemerkungen letztlich auf dessen Verweigerung. Vor allem aber liegt es an der Verhörführung, die in der willentlichen Herbeiführung der Blockade offensichtlich den Königsweg zum Geständnis erblickt, und an der Eigenart des Inquisiten, dessen Schicksal es ist, diese Blockade zu erleiden. Aus diesen Besonderheiten erwächst das Paradigmatische: Im Herzen des Verhörs schläft stets der Nullpunkt des Verhörs.

Mit seiner letzten Auskunft ersetzt der Konstitut die Lüge des Kappe-Holens durch die Lüge des Tabak-Holens, da denn überhaupt etwas gesagt werden muß. Das Gericht hat sich nun auf diese neue Ausflucht zu stürzen, um ihre Kurzatmigkeit zu erweisen:

> Int: 61.
>
> Es ist ganz unglaublich, denn ihr wart ja vorhin schon 14 Tag abgedankt, habt euch um die Spitalwagnergeschäfte gar nichts mehr angenommen, seyt vorhin einige Tage auf der Reiß gewesen, wie könnt ihr also noch Tabak in der Werkstatt aufbewahrt haben, und wenn es auch wäre, hättet ihr nicht gleich bey euer Rükkehr von der Reiß, welcher ihr dem Tabak aufgebraucht haben

werdet, am Mittwoch Nachmittag einfüllen
sollen?

> R: ja ja! am Mitwoch. - - Nein Nein! am
> Donnerßtag.

Die Ausflucht mit dem Tabak ist also ganz und gar unglaubwürdig. Das
enthebt aber nicht der Notwendigkeit, sie zu widerlegen. Um diese Widerlegung durchzuführen, muß man zunächst einmal die Möglichkeit zugestehen. Das Gericht muß also gegen den Inquisiten *argumentieren*. Da sich in
den bisherigen Aussagen des Inquisiten nichts findet, was dieser Ausflucht
widerspricht, genügt es nicht, einen Widerspruch *aufzuzeigen*. Man muß sich
klarmachen, daß erst die auf ihre sprachliche Verfaßtheit zurückgeworfenen
Verhöre nach dem Außergebrauchkommen der Folter durch diesen Argu-
mentationszwang charakterisiert sind. Solange das untersuchende Gericht
zunächst allenfalls die Sachverhaltsdarstellung des Inquisiten einsammelte,
um ihm dann im artikulierten Verhör die Beweisführung gegen ihn vorzulegen, entfällt die Notwendigkeit, sich mit seinen Ausflüchten methodisch
auseinanderzusetzen.

In seiner Argumentation ersetzt das Gericht die ›Unglaublichkeit‹ der
Ausflucht durch ihre Unwahrscheinlichkeit. Das heißt, es referiert nicht
auf den Aussagemodus, sondern auf den Aussageinhalt. Es erklärt zum
Beispiel nicht, einer solchen Antwort sei schon deshalb nicht zu glauben,
weil der Inquisit dann ja gleich hätte sagen können, daß er Tabak geholt
hat usw. Eine solche Vorgehensweise würde die Frage letztlich *ad absurdum*
führen, weil sie auf jede Antwort angewendet werden könnte, die nicht das
Geständnis ist. Zwar will das Gericht das Geständnis hören, aber es muß
dem Inquisiten gleichwohl stets die Möglichkeit zu einer anderen Antwort
lassen.

Es muß also eine Kette von wahrscheinlichen Schlußfolgerungen aufgebaut werden, derzufolge ein Tabakkonsument den Tabak im entsprechenden
Fall schon zuvor aus der Werkstatt mitgenommen hätte, und, wenn dies
auch nicht der Fall wäre, ihn sich doch gleich bei der Rückkehr von der
Reise am Mittwoch geholt hätte und nicht erst am Donnerstag früh. Gegen
diese Schlußfolgerungen ließe sich nun schon deshalb etwas einwenden, weil
sie in die Topik gehören und daher bloß auf Wahrscheinlichkeit beruhen.
Sie sind *bei Lichte besehen* leicht umzustoßen (Sauter könnte zunächst noch
auf andere Vorräte zurückgegriffen haben; er könnte den Tabakvorrat in
der Werkstatt zunächst vergessen haben usw.). Der Inquisit ist aber nicht in

der Lage, sie bei Lichte zu besehen. Insofern ist die Stegreif-Argumentation des Gerichts der Situation angemessen. Schon die *Topik* des Aristoteles sieht beim dialektischen Disputieren eine auf den jeweiligen Gegner berechnete Beweisführung vor (Aristoteles 1992, 156b).

Die schwankende Antwort des Inquisiten verrät, daß er zu keiner vernünftigen Überlegung mehr in der Lage ist. Sie ist nämlich völlig sinnlos. Er ist nicht nur unfähig, die Ausflucht mit dem Tabak wenigstens noch ein Weilchen aufrecht zu erhalten, indem er sie weiter ausbaut, er ist auch unfähig zu begreifen, worauf die Frage eigentlich geht, und unfähig, sich auf irgendeine Position zu besinnen. Das Gericht benützt nun diesen Zustand der Verwirrtheit, um zu einem Schlag auszuholen:

> Int: 62.
> Sehet hier wider eine neuerliche Lüg; oder
> wenigst eine Unbeständikeit im Reden, wel-
> che ihren Grund nur in einem sich schuldig
> wißenden Herzen haben kann: was sagt ihr
> zu diesem Vernunftschluß?

Am Vortag war das Gericht mit einem anderen »Vernunftschluß« gescheitert, als es nämlich nach und nach seine Beweisgründe vorgelegt hatte, um dem Inquisiten nur noch das Zugeständnis zu lassen, der Täter zu sein. Diese Beweisgründe waren nicht aus dem verdächtigen Aussageverhalten Sauters geschöpft, sondern aus den Umständen der Tat, aus den Indizien. Dem Inquisiten aber fiel es nicht schwer, der Beweisführung beizuwohnen, und dennoch beim Schluß auf ihn selbst als dem Täter seine Zustimmung zu verweigern. Das Eingeständnis der Schuld blieb aus.

Der jetzige »Vernunftschluß« erfolgt vom entgegengesetzten Grund aus: Vom Aussageverhalten des Inquisiten wird auf seine Schuld geschlossen. Daß dies nur ein ganz unspezifischer Schluß sein kann, wird schon in der Formulierung des Vorhaltes deutlich. So werden die Lüge und die Unbeständigkeit im Reden – in der frühneuzeitlichen Terminologie die *variatio*, das Schwanken im Aussageinhalt, und die *vacillatio*, das Schwanken in der Aussageform (Farinacci 1622, 793) – ohne weiteres in einen Topf geworfen. Es bleibt beim Explizitmachen des Schlusses, der als Unterstellung schon dem gesamten Vorgehen des Gerichts zugrunde gelegen hat: dem Schluß von den unspezifischen Schuldzeichen auf die Schuld. Mit einer spezifischen Beobachtung, daß etwa der Inquisit *genau* beim Präsentieren des Mordwerkzeuges aus der Fassung geraten wäre, kann das Gericht ja gerade nicht aufwarten.

Das ist aber auch nicht weiter ausschlaggebend. Denn in jedem Falle ist der »Vernunftschluß« etwas, was das Gericht dem Inquisiten *vorlegen* muß. Das heißt, es adressiert ihn notwendigerweise als ein Subjekt, das Vernunftschlüsse anerkennen kann, weil es selber vernünftig ist. Damit wiederum distanziert es das Subjekt von der Situation, in der es sich befindet.

Anders wäre es nur, wenn die Aufforderung zum Geständnis unmittelbar, ohne Umschweife erfolgen würde: *Wir sehen, daß du schuldig bist! Gestehe!* Dies aber darf in keinem ordentlichen Verfahren gesagt werden (sondern nur in der Sphäre der Erziehung). Das heißt zumindest: Es darf nicht im Protokoll stehen. Und so steht es denn auch nicht im Protokoll. Dem befragten Subjekt wird daher die Möglichkeit eingeräumt, den *Schluß* auf sich selbst als Täter *abzulehnen*. Dazu benötigt es kein Argument. Die Ablehnung erfolgt dann vielmehr *kategorisch*. Damit hat das befragte Subjekt gewissermaßen ausgenutzt, daß es nach den Regeln vernünftigen Argumentierens angesprochen wurde, die es selbst nicht befolgt. Darum ist es als *hartnäckig* zu betrachten. Sauter antwortet:

> R: Ich weiß zwar nichts dagegen zu sagen,
> aber ich bin einmal an diesem Todschlag
> nicht schuldig.

Damit ist der zweite Versuch fehlgeschlagen, den Inquisiten so unmittelbar wie möglich zum Geständnis zu motivieren. Nun stellt sich die Frage, wie man weiter gegen jemanden mit Worten vorgehen kann, der sich auf diese Weise als hartnäckig erwiesen hat. Wie tags zuvor kann die Fortsetzung, wenn sie die Motivierung zum Geständnis nicht mit der bloßen Drohung vertauschen will, nur eine Antiklimax sein - allerdings eine Antiklimax unter veränderten Vorzeichen. Da Sauter jetzt keiner vernünftigen Überlegung mehr fähig scheint, da er nicht mehr in der Lage ist, sich auf eine Aussage festzulegen, ist es auch nutzlos, ihm weiterhin vorzuhalten, daß er sich widerspricht. Da es aber sonst überhaupt nichts mehr zu sagen gibt, bemüht sich das Gericht um einen neuen Anlauf:

Int: 63.
Wer, ihr oder der Ermordete war zuerst am
Donnerstag in der Früh in der Werkstatt?

> R: Ich!

Int: 64.
Das muß nun wider eine Lüg seyn, denn
auf die 14te Frag habt ihr gesagt, der From-

let sey schon in der Werkstatt gewesen, als
ihr dahin gekommen seyt. Was sagt ihr wider hiezu?

R: Am Donnerstag war er vor mir darin;
Nein er war am Donnerstag nicht vor mir
darinn.

Int: 65.
Das ist keine Antwort. Also bestimmt es!

R: Ja er war vor mir darinn.

Int: 66.
Wie könnt ihr diese abermalige Lüge entschuldigen?

R: Ich kann nichts dazu sagen.

Man sieht, daß ein Verhör auf dieser Grundlage unmöglich ist. In seiner
ersten Antwort stellt Sauter eine Behauptung auf, in der zweiten Antwort
behauptet er zugleich das Gegenteil, in der dritten behauptet er nur noch
das Gegenteil, in der vierten erklärt er sich außerstande, sich zu diesem
Schwanken zu äußern. Hatte Sauter zuvor – wie die Verhaltensbemerkungen
zeigten – noch gestockt und die Aussage aus Angst vor Widersprüchen
beinahe verweigert, so kommen ihm die Widersprüche nun ohne weiteres
über die Lippen und zu neuerlichen Verhaltensbemerkungen besteht kein
Anlaß mehr.

Auch an dieser Sequenz ist aber zu erkennen, daß das Gericht selbst Sauter in diese Position gebracht hat. Die Frage, wer zuerst in der Werkstatt
war, wird ja nicht zum ersten Mal gestellt. Wenn der Inquisit nun das Gegenteil dessen sagt, was er zuvor behauptet hat, so kommt er dem Gericht
damit in gewissem Sinne entgegen. Denn das Gericht ist ja gerade darauf
aus, daß sich der Inquisit widerspricht. Es vermeint über die Widersprüche
des Inquisiten zur Wahrheit gelangen zu können. Da aber der Widerspruch
sogleich zugestanden wird, gibt es kein Fortkommen. Bei jeder Behauptung
kann dem Inquisiten vorgehalten werden, daß er sich widerspricht, entweder unmittelbar oder durch Verweis auf früher gegebene Antworten. Da das
Gericht keine Aussage gelten läßt, erreicht es nur, daß Sauter jedem Einspruch stattgibt. Wenn das Gericht dem Inquisiten seine Lügen vorwirft,
so wirft es ihm damit im Grunde vor, dem Gericht nach dem Munde zu
reden, dem Gericht – außer im entscheidenden Punkt natürlich – ›gefällig‹

sein zu wollen (um den Ausdruck aus dem ersten Verhör noch einmal aufzunehmen).

> Int: 67.
> Man will es also einsweilen annehmen, daß
> ihr am Donnerstag in der Früh Tabak ge-
> holt habt, wie viel Zeit habt ihr dazu ge-
> braucht?
>
> > R: 5. 6. Vatterunser.

Das Gericht macht nunmehr noch einen letzten Versuch, als sei es jetzt
noch möglich, *zur Sache* zu kommen. In der gewählten Formulierung tritt
die Ambivalenz dieses Versuchs klar zutage. Um sich überhaupt mit dem Inquisiten austauschen zu können, muß das Gericht von der ›Unglaublichkeit‹
der Ausrede mit dem Tabak absehen und die Behauptung des Inquisiten hypothetisch für wahr nehmen. Doch schon weil es gleichzeitig signalisiert,
daß es dies nur vorläufig – »einsweilen« – zu tun gewillt ist, ist diese *An-
knüpfung* zum Scheitern verurteilt. Der Inquisit mag ein wenig beschränkt
sein, aber er weiß genau, daß sein Gegenüber das Tabakholen nur als festen
Pflock in den Grund rammen möchte, um daran eine Kette festzumachen,
die zum nächsten Widerspruch führt und ihm so den Grund entzieht. Der
Inquisit müßte eine ebenso hypothetische Einstellung einnehmen können,
wenn dies gelingen sollte. Seine Auskunft über die Dauer seines Aufenthalts in der Werkstatt ist noch befriedigend, weil bestimmt (fünf bis sechs
Vaterunser entsprechen etwa drei bis vier Minuten). Bei der nächsten Frage
aber geht alles ins alte Gleis, und auch die letzte kurzatmige Anstrengung
zur Bestimmtheit ist für diesmal vorbei:

> Int: 68.
> Habt ihr die Werkstatt sohin gleich verlas-
> sen?
>
> > R: ja!
>
> Int: 69.
> Habt ihr die Werkstatt allein verlassen?
>
> > R: ja! der Fromlet war noch darinn.
>
> Int 70.
> Zuerst wurden ihm seine Außage auf die 19.
> 20. und 21te Frag verleßen, und nachhin be-
> fragt :/ Liegt nun nicht wider eine offenbare
> Lüge da?

R: Ja! denn der Fromlet ist vor mir hinaus.

Es folgen die Unterschriften unter das Protokoll. Bevor das Verhör jedoch am Nachmittag, *post prandium*, fortgesetzt wird, gibt das Gericht noch zu Protokoll, daß das Verhalten des Inquisiten ein Nachspiel hat in Form einer besonderen *Maßnahme*, die man ihm angedeihen läßt: »Die gar zu vielen unverschämten Lügen welche den Konstitut so sehr mit Inzichten beschwehren müßen veranlaßten das Gericht nicht nur allein ihm über den Mittag nur Waßer und Brod zukommen zu laßen, sondern auch sich seiner Person durch Anlegung der Ketten an Hand und Fuß noch beßer zu versichern.«

Diese Erklärung bedarf des Kommentars. Das Gericht ordnet also – zumindest vorübergehend – verschärfte Haftbedingungen an (unklar bleibt, ob es diese Maßnahme vorher angekündigt oder auch bereits im Zusammenhang der an Sauter ergangenen ›Wahrheitserinnerungen‹ damit gedroht hat). Es handelt sich hierbei um eine milde Form der sogenannten *Ungehorsams*- oder *Lügenstrafen*, wie sie nach der Abschaffung der Tortur in Gebrauch kamen (Mauß 1974, Bruns 1994, 143–156) und diskutiert wurden (Hohbach 1831). Schließlich war dem Beschuldigten mit dem Ende der peinlichen Frage keineswegs schon ein Zeugnisverweigerungsrecht in eigener Sache eingeräumt worden (Rogall 1977). Sauter muß ja lügen, weil er nicht schweigen darf. Würde er die Aussage durch sein Schweigen verweigern, wäre er *offenbar* ungehorsam. Aber die *offenbaren* Lügen, deren er sich befleißigt und die er eingestehen muß, trifft das gleiche Verdikt, da jeder Inquisit dem Gericht die Wahrheit schuldet.

Das Gericht operiert aus einer Perspektive, in der die Lüge dem Ungehorsam gleichgesetzt werden kann. Das ist aber nicht selbstverständlich, sondern eine Folge der Auffassung des Verhörs als kommunikativer Situation. In der *Theresiana* von 1769, einem Gesetzbuch, das nicht nur wegen seiner berühmten Illustrationen zur Tortur anachronistisch anmutet, wird über die Ungehorsamstrafen folgendes bestimmt: »Wollte aber der Inquisit auf die ihm vorgehaltene Fragen ganz, und gar nicht antworten, oder nach Gestalt des Verbrechens den Ort, wo das ihme bewußt seyn müssende *corpus delicti* zu finden, nicht offenbaren, oder keine deutliche und eigentliche Antwort von sich geben, so kann das Gericht ihn gar wohl mit Bedrohung darzu anhalten: und wofern auch diese nicht verfangete, solle ein solches mit Beyschliessung der bis dahin verführten Inquisitions-Acten dem Obergericht angezeiget, und von dortaus die Belehrung: welchergestelten der hartnäckige Inquisit zur gemessenen Antwortgebung anzustrengen

seye? eingehohlet werden.« (Theresiana 1769, Art. 31, § 33) Man sieht, noch
die *Theresiana* sieht die Maßnahmen nur für ein Verhalten vor, das *manifest
ungehorsam* ist und mit dem lateinischen Wort *pertinax* belegt wird (vgl. zu
diesem Terminus ausführlich Niehaus 2003b). Auch bleibt die förmliche
Verhängung dieser Maßnahmen – durch die Zwischenschaltung der Akten-
versendung – einer Instanz vorbehalten, die von dem durch dieses Verhalten
beleidigten Gericht kategorial unterschieden ist. Die Strafe für den Ungehorsam ist in diesem Falle nicht die formlose Fortsetzung der Kommunikation
mit anderen Mitteln.

Daher ist von der *Lüge* in der *Theresiana* überhaupt nicht die Rede. Denn
die Lügen bringen das Verhör nicht zum Scheitern. Sie werden in der Theresiana unter der Rubrik *Leugnen* verbucht; und hier gilt: »[W]enn der Inquisit auf die an ihn gestellte Fragstücke gleichförmig, obschon negative mit
Laugnung der Missethat, oder der in die That einschlagenden Umständen
antwortet, und nichts weiter auszuforschen übrig ist, solle ohne weiter wi-
derrechtlichen Zwang über die solchergestalt vollführte Inquisition sofort
rechtlicher Ordnung nach mit einem Bey- oder Endurtheil fürgegangen
werden.« (Theresiana 1769, Art. 31, § 32) Freilich: Wie läßt sich der Zeitpunkt bestimmen, an dem »nichts weiter auszuforschen übrig ist«, wenn
der Inquisit einmal damit beginnen mußte, seine Lügen *einzugestehen?*

Im Grunde sind die Strafen, die das Gericht für die unverschämten Lügen verhängt, dasselbe wie die Fragen, in denen es das lügenhafte Verhalten
zur Sprache bringt. Sowohl die Unterschreitung des Redens zur Sache im
Zugriff auf den Körper wie auch die Überschreitung des Redens zur Sache
im Metadiskurs beziehen sich auf die Ebene kommunikativen Handelns –
auf die Ebene der Beziehung – und implizieren *zugleich* ein Gewaltverhält-
nis. Das Gericht kann auf der einen Seite einen Metadiskurs aufzwingen
und auf der anderen Seite durch Sanktionen kommunizieren, daß es darauf
beharrt, zur Sprache zu bringen, was zur Sprache zu bringen ist.

Schon dies zeigt, daß Lügenstrafen grundsätzlich einer ganz anderen
Logik gehorchen als die Folter, wie sie im gemeinrechtlichen Inquisitions-
prozeß konzipiert war (auch wenn – oder gerade weil – sie sich in gewisser
Weise als Fortsetzung der Folter *mit anderen Mitteln* begreifen ließ). Weil die
Instanzen der Untersuchung mit der Lügenstrafe ungebührliches Verhalten
ihnen gegenüber ahnden, ist diese eigentlich kein unmittelbares Mittel der
Wahrheitserforschung, sondern richtet sich zunächst gegen den *Widerstand,*
der der amtlichen Wahrheitserforschung entgegengesetzt wird. Neben der
Verschärfung von Haftbedingungen bestanden die Lügenstrafen vor allem

in der Verabreichung von Schlägen. Auch das Konstanzer Kriminalgericht hat bisweilen Ordnungsstrafen in Gestalt von Stockstreichen verhängt und ist dazu in einer Verordnung von 1790 noch einmal eigens autorisiert worden (Kühne 1979, 44 f.).

Die Folter wird von einem Gericht nach Maßgabe der gegen den Inquisiten sprechenden Indizien förmlich verhängt, und ihr Grad wird dabei genau bestimmt. Die Durchführung der peinlichen Befragung ist insofern die Abarbeitung eines zuvor festgelegten Programmes. Die Folter konnte nicht nach Gutdünken verabreicht werden. Ihrer Idee nach war die gerichtliche Folter ein Entscheidungsinstrument, das den Gang der Untersuchung zum Abschluß brachte. Das Gericht setzte mit der Durchführung der Folter die Indizien (oder »Inzichten«) aufs Spiel, die es gegen den Inquisiten in der Hand hatte - in der Relation zur Untersuchung gegen Sauter wird beinahe bedauernd bemerkt, daß die (seit zehn Jahren abgeschaffte) Tortur in diesem Falle nach den Vorschriften der *Theresiana* wegen der überaus schweren Indizien »mit dem Delinquenten bis auf den äußersten Grad hätte vorgenommen werden müssen« (fol. 219r).

Der klassischen Doktrin zufolge - die freilich von Anfang der Erosion ausgesetzt war - mußte der Inquisit freigelassen werden, wenn er die Folter durchstand. Ganz anders bei der Lügen- und Ungehorsamstrafe. Hier soll nicht auf formelle Weise eine *Entscheidung* herbeigeführt, sondern auf informelle Weise eine *Verhaltensänderung* bewirkt werden. Die geschmälerte Kost, die Ketten und Stockstreiche sind als *Argumente* zu verstehen, die den Inquisiten zur *Einsicht* bringen sollen, daß es *so* nicht weitergeht. Wenn die Schläge fruchtlos bleiben, so ist das nur ein weiterer Beweis der *Hartnäckigkeit*. Neu ist ein solches Vorgehen keineswegs. Letztlich ist es eine Folge des Instituts der *Untersuchungshaft* selbst, die schon im kirchlichen Inquisitionsverfahren gegen die Ketzer im 13. Jahrhundert entsprechend gehandhabt wurde. Die gewalttätigen Schläge, bei denen allerdings darauf geachtet werden sollte, daß dem Inhaftierten keinesfalls »an seiner Gesundheit Nachtheil erwachsen kann« (Meijer 1810, 50), sind eine Art Konzentrat des Gewaltverhältnisses, das die Untersuchungshaft begründet.

Innerhalb dieses Gewaltverhältnisses kommt der Inquisit nicht als Rechtssubjekt in Frage. Er kann zum Beispiel nicht wissen, ob er gegebenenfalls mit einer Lügenstrafe oder mit Fragen traktiert wird, in denen ihm die Lügen vorgehalten werden. Ob das eine in das andere übergeht, ist dem Gutdünken der Amtsinhaber anheimgestellt, die über den Körper des Inquisiten verfügen.

Ihrer Logik nach sind die formlosen Lügen- und Ungehorsamsstrafen daher keine *Strafen*, sondern *Züchtigungen*, die die vom Inquisiten verschuldeten *Kommunikationsdefekte* heilen sollen. Sie beziehen sich nicht wie die Strafen auf die Vergangenheit, sondern auf die Zukunft, und haben folglich eine erzieherische Funktion. Der Inquisit rückt in die Position eines unmündigen Zöglings, der keine Rechte geltend machen kann, sondern auf diese Weise diszipliniert werden muß, *wenn er keine andere Sprache versteht.* Von daher versteht sich das Argument, mit dem die Lügenstrafen begründet werden: »Man bestraft ja die Lügen bey Kindern, warum nicht bey Erwachsenen?« (Kleinschrod 1799, 81) Entsprechend kann man in einem Büchlein mit dem Titel *Allgemeiner Unterricht über die Rechte und Verbindlichkeiten der Unterthanen in wohleingerichteten Staaten* nachlesen: »Wer hartnäckig ist, oder sich ungebührlich gegen den Richter beträgt, verlängert sich die Zeit seiner Gefangenschaft, und zieht sich wohl überdem seines Betragens wegen, Strafe zu.« (Tittmann 1800, § 370)

Freilich sind sich die Juristen darüber im Klaren, daß die Inquisiten (wie die Kinder) die Sprache möglicherweise mißverstehen, die dergestalt zu ihnen gesprochen wird. Bei der Züchtigung dessen, der »seine Verbindlichkeit, vor dem Gericht die Wahrheit zu sagen übertretten hat«, müsse man sich daher »sehr hüten, daß nicht der Beschuldigte glauben könne, er werde gezüchtigt, um das ihm angeschuldigte Verbrechen einzugestehen« (Grolman 1798, 450).

An der Befragung Sauters kann man unschwer erkennen, wie man sich davor hütet. Ein bloß unterstelltes Lügen unterscheidet sich vom *Tatbestand* der unzweifelhaften Lüge dadurch, daß der Inquisit nicht umhin kann, diese Lüge einzugestehen. Hat der Inquisit den Tatbestand der Lüge eingestanden, so kann der Gezüchtigte nicht mehr glauben, man züchtige ihn, um das Verbrechen einzugestehen. So lernt der Verhörte, daß es auf die Widerspruchsfreiheit ankommt. Wenn aber einem Lügner wie Sauter überdies keine Erklärung der Lüge gelingt, so rückt deren Eingeständnis im nachhinein in eine unmittelbare Nachbarschaft zum Geständnis des Verbrechens. Daher der Hinweis des Gerichtes auf die schweren »Inzichten«, mit denen sich Sauter belastet habe.

Wenn die Lügenstrafe, die Sauter über sich ergehen lassen muß, als Fluchtgefahr etikettiert wird, so wirkt das in diesem Zusammenhang wie ein etwas heuchlerisches Zusatzargument, als benötige die Lügenstrafe trotz allem einen Deckmantel. Hierfür kann man drei Gründe angeben. Erstens wurden die Lügenstrafen nicht unbedingt verhängt, wenn es um wirklich schwere Delikte ging. Denn bei ihnen war – aus einer ›naturrechtlichen‹ Perspektive – besonders nachvollziehbar, daß der Inquisit mit Lügen den Kopf aus der Schlinge zu ziehen versuchte. Zweitens wurden die Lügenstrafen eher an jugendlichen Inquisiten vollstreckt (vgl. Kühne 1979, 44 f.), bei denen die Analogie zur Erziehungsfunktion eher auf der Hand lag. Und drittens wurden sie eher gegen Subjekte vollstreckt, die bereits einschlägig bekannt waren und nicht bis dato unbescholtene Bürger wie Jakob Sauter. Daß im übrigen Fluchtgefahr als Begründung herhalten muß, ist nicht allzu weit hergeholt: Aus den Konstanzer Gefängnissen – vor allem aus dem als besonders unsicher geltenden »Seelhaus« – gelang Untersuchungshäftlingen immer wieder die Flucht. (Kühne 1979, 41)

Drittes Verhör

Teilgeständnis

Es ist fraglich, ob sich Jakob Sauter über die Mittagszeit vom vormittäglichen Verhör so weit erholt hat, daß er einen *klaren Gedanken* fassen kann. Das Gericht jedenfalls macht ihm mit seiner ersten Frage klar, daß er die Zwischenzeit dazu genutzt haben sollte, über seine Lügen nachzudenken:

> Int: 71.
> Seyt ihr noch nicht in euch selbst gegangen,
> und nunmehr entschloßen, statt so viele Lü-
> gen die eure Gefangenschaft nur erschweren
> müßen, nunmehr die Wahrheit rein einzu-
> gestehen?

> R: Ich erkenne zwar, daß ich das Fasten und
> die mir angelegte Ketten durch mein unver-
> schämtes Lügen wohl verdient habe; allein
> der Thäter der Mordthat bin ich nicht.

Die Formulierung, die das Gericht für seine Frage wählt, ist geeignet, die Logik der Lügenstrafe ins rechte Licht zu rücken. Wenn dem Inquisiten zugemutet wird, *in sich zu gehen*, so wird der *erzieherische* Charakter dieser Maßnahme explizit. Die Lehre, die der Inquisit aus seiner Behandlung ziehen soll, kann im Verhör thematisiert werden. Die Aktualisierung des Gewaltverhältnisses in der Lügenstrafe und der Diskurs bilden ein Kontinuum. Beides gehört untrennbar ins Reich der Kommunikation. Das mag trivial erscheinen, aber man muß sich klar machen, daß dies bei der gerichtlichen Folter streng genommen nicht der Fall ist. Auch wo es *de facto* anders gewesen ist, war die Folter *de iure* nichts, woraus der zu ihr Verurteilte etwas *lernen* sollte.

Und noch ein Zweites – nicht minder Allgemeines – läßt sich an der Wortwahl des Gerichtes ablesen. Die Frage hört sich an, als sei es nicht das Gericht, das die Erschwerung der Gefangenschaft angeordnet habe, vielmehr sind es grammatikalisch unmittelbar die Lügen selbst, die die Maßnahme ins Werk gesetzt haben. Gerade *weil* die Lügenstrafe ganz in die

Willkür des Gerichtes gestellt ist, wird sie als eine automatische, gewissermaßen naturgesetzliche Folge der Lüge statuiert. Gemeinhin wird dieser
Sachverhalt in die Wendung gebracht, man sei *gezwungen*, die entsprechende Maßnahme zu ergreifen. Eine derartige Wendung hat eine *legitimierende*
Funktion. Und als solche ist sie kein bloßer Deckmantel, auch wenn sie
eine Leerstelle verdeckt. Die Folter wird unter Verweis auf die gesetzliche
Beweistheorie von einem Dritten verhängt, während diese Form der Gesetz-
lichkeit bei der Lügenstrafe ausfällt. Die Notwendigkeit der Legitimierung
aber bleibt bestehen und ist unhintergehbar. Sie haust etwa in den sprachlichen Wendungen, die in der Sphäre der Erziehung unablässig hervorge-
bracht werden. Immer dort, wo ein Subjekt bekundet, es sei gezwungen, auf
eine bestimmte Weise zu agieren, handelt und spricht es nicht im eigenen
Namen, ohne jedoch über einen anderen Namen zu verfügen.

Bisher, so insinuiert das Gericht, hat der Inquisit nur Lügen eingestanden, jetzt soll er die Wahrheit eingestehen. Es ist aber wohl zu bemerken,
daß hier die beiden verschiedenen Verwendungen des Wortes *gestehen* bzw.
eingestehen vermischt werden – denn das Gericht ist ja darauf aus, daß das
eine in das andere übergeht. Eine Lüge eingestehen heißt sagen, *daß* man
gelogen hat. Die Wahrheit eingestehen hingegen heißt *die Wahrheit sagen*.
Sauter *muß* eben nicht im selben Sinne die Wahrheit sagen wie er die Lügen
hat eingestehen *müssen* (sonst müßte er ja auch glauben, »er werde gezüchtigt, um das ihm angeschuldigte Verbrechen einzugestehen«). Und so fällt
denn auch seine Antwort aus. Folgsam erkennt Sauter an, daß er die Lügenstrafe durch seine Selbstwidersprüche verdient hat. Aber ein Schluß auf
seine Täterschaft als der materiellen Wahrheit findet dadurch nicht statt.
Geht jetzt alles wieder von vorne los?

> Int: 72.
> Ihr habt einbekannt mit dem Tabakholen
> nur etwa 5. bis 6. Vatterunser lange Zeit ge-
> braucht zu haben, eben so auch daß ihr erst
> nach dem Fromlet aus der Werkstatt gegan-
> gen seyt, was habt ihr also in der übrigen
> Zeit allda gemacht?
>
> R: Nichts!

Das Gericht hält sich an die letzten Angaben, die der Inquisit am Vormittag zum besten gegeben hat. Ein anderer Anknüpfungspunkt bleibt ihm
auch kaum übrig. Es muß also, in seinen eigenen Worten, »einsweilen

annehmen«, daß die Ausflucht mit dem Tabakholen und die damit zusammenhängenden Zeitangaben den Tatsachen entsprechen. Die Antwort
ist freilich wenig ermutigend. Aber immerhin ist es möglich, nichts zu tun.

Int: 73.
Wißt ihr euch noch zu erinnern, um welche
zeit ihr die Unterstube des Spitals verlaßen
und wohin ihr euch sohin begeben habt?

> R: Ja! es ist etwas vor 7. Uhr gewesen, als ich
> die untere Stube verlaßen habe, von wo aus
> ich sogleich zum Spital hinaus zu meiner
> Landsmänin zu dem Nagler im Lindwurm
> gegangen bin.

Auf eine etwas behutsamere Weise als in den vorangegangenen Verhören
bereitet das Gericht den neuen Durchgang vor. Indem es sich an das Erin-
nerungsvermögen Sauters wendet, läßt es zumindest die prinzipielle Möglichkeit zu, daß er sich eben nicht genau erinnern kann. Sauter schlägt
diesen Weg (dessen Folgen auch nicht ohne weiteres abzuschätzen sind),
allerdings nicht ein und versucht die schon in den früheren Verhören angegebenen Versionen des zeitlichen Ablaufs zu restaurieren. Diese krankten
aber aus der Sicht des Gerichtes daran, daß es zu viel Zeit gab, und zu
wenig, was sie füllte:

Int: 74.
Man hat aber Nachricht, daß ihr nach 7
Uhr noch unter dem Spitalthor gestanden
seyt, wie reimt ihr nun dieses mit eurer
Außage überein?

> R: Ich bin einmal von der untern Stube
> gleich zu dem Spital hinaus.

Int: 75.
Man will euch noch mehr sagen, ihr sollt
mit jemand unter dem Spitalthor geredt haben.

> R: Ich weiß mich nicht zu erinnern.

Int: 76.
Dieses soll der Spital=Hofmeister gewesen
seyn, könt ihr euch noch nicht besinnen?

> R: Ja! ich weiß, daß ich ihm gesagt habe,
> ich gehe den Termin Schulden einzuziehen,
> dieses ware Ein Viertel nach 7. Uhr.

Nach der bewährten Methode – unter Verweis auf ungenannte Gewährsmänner, die bei Bedarf ein Gesicht erhalten – wird der widerstrebende Konstitut dazu gebracht, seine Zeitangaben *selbst* zu korrigieren. Sauter kann nicht umhin einzugestehen, daß eine Viertelstunde fehlt:

> Int: 77.
> Ihr sehet nach eurer Rechnung selbst, daß
> ihr euch über eine Viertel Stund hier auszu-
> weisen habt; wo seyt ihr also in dieser Zeit
> gewesen?

> R: /: ad multas Instantias :/ ich war in mei-
> ner Kammer daroben.

Der Nachweis, daß eine Viertelstunde fehlt, kann mehr oder weniger unwiderruflich erbracht werden. Bei der Frage aber, wie diese Leerzeit aufzufüllen ist, kann dem Inquisiten immer wieder *etwas Neues* einfallen. Wie die verstockten Kinder hat er immer wieder eine neue Ausrede, der niemand Glauben schenkt – um so mehr, als sie auch diesmal erst *ad multas instantias*, nach vielfacher Wiederholung der Frage erfolgt. Die Kammer erscheint Sauter als eine gangbare Ausflucht, weil seine dortige Anwesenheit zwar nicht bestätigt, aber eben auch nicht widerlegt werden kann.

> Int: 78.
> Man hat euch nun in Ketten geworfen, fa-
> sten lassen, und das Versprechen auf dieses
> hin diesen Nachmittag erhalten, daß ihr das
> Gericht mit so schändlichen Lügen nicht
> mehr hintergehen wollet. Hier habt ihr nun
> wider eine eben so schändliche Lüge vorge-
> bracht, da ihr vorhin sagtet, daß ihr von der
> untern Stuben sogleich zum Spital hinaus
> seyt, und nun da man euch die Unmöglich-
> keit dieses Vorgebens gezeigt hat, bekennet
> ihr in der Zwischenzeit in eurer Kammer
> daroben gewesen zu seyn. Womit wollet ihr
> nun diese neuerliche Lüge rechtfertigen?

Das Gericht pariert die neuerliche Ausflucht mit einer *Tirade* (und wieder ist es bemerkenswert, daß diese Tirade so ausführlich ins Protokoll aufgenommen worden ist). Aus der zu Beginn des Verhörs verlautbarten Einsicht Sauters, er habe durch sein *bisheriges* Verhalten die Lügenstrafe verdient, ist dabei unversehens das Versprechen geworden, das Gericht *in Zukunft* nicht mehr mit schändlichen Lügen zu hintergehen. Als explizit performativer Akt ist ein solches Versprechen freilich nicht vorhanden. Die Folgerung, daß die Einsicht in die Richtigkeit der Züchtigung ein solches Versprechen impliziere, ist dem Schluß vom Eingestehen der Lüge auf das Eingestehen der Wahrheit analog. Tatsächlich hat Sauter nichts versprochen, sondern nur gewissermaßen vorweg in die Sanktionierung der nächsten Lüge eingewilligt. Darin liegt eher ein Zug der Resignation.

Die Tirade des Gerichtes entzündet sich nun nicht an der Unglaubwürdigkeit der neuen Ausflucht, daß Sauter plötzlich in seiner Kammer gewesen sein will, sondern daran, daß er *bisher* nichts von diesem Aufenthalt hat verlauten lassen. Mit dieser neuen Mitteilung bekennt Sauter eine »neuerliche Lüge« ein. Die Frage, ob die neue Ausflucht selbst glaubhaft ist, steht überhaupt noch nicht zur Diskussion. Selbst bei der Ausflucht des Tabakholens im letzten Verhör folgte aus der namhaft gemachten Unglaubhaftigkeit ja gerade nicht, daß man diese Ausflucht ohne weiteres beiseite schieben konnte. Ebenso wie dort muß die Behauptung eines Aufenthaltes in der Kammer ja in der Folge vielmehr als Ausgangspunkt für die Fortsetzung des Verhörs dienen. Es handelt sich daher sozusagen um eine ›formelle‹ Tirade, die im Grunde genommen - auf der kommunikativen Ebene - in sich widersprüchlich ist: Einerseits hält sie die Verfahrensform ein und richtet sich nur auf das, was durch Eingeständnis erwiesen ist; dazu stimmt es aber nicht zusammen, daß das Gericht sich andererseits über die Lüge zu *ereifern* scheint, als gebe es eine durch sie verletzte persönliche Beziehung. Schließlich hat es selbst auf dieses Eingeständnis hingearbeitet und dem Inquisiten vorgehalten, daß es sich um eine Lüge handeln *muß*. Die Tirade wird dem Inquisiten also in dem Moment zuteil, in dem er etwas eingestanden hat, als sei dies gewissermaßen die Belohnung für das Geständnis, gelogen zu haben. Dadurch wird ein fragwürdiges Muster etabliert. Auf die an die Tirade sich anschließende Frage ist freilich keine Antwort möglich:

> R: Man konnte hierauf gar keine Antwort
> erhalten, - Endlich ad itteratas Instantias
> ich weiß nichts zu meiner Rechtfertigung
> zu sagen.

Wieder führt der Metadiskurs in die Blockade, und es bedarf eines Neu-
ansatzes, der nur im hypothetischen Ernstnehmen der letzten Ausflucht
bestehen kann:

Int: 79.
In welcher Gegend des Spitals ist euere
Kammer?

> R: Im ersten Stok, die ebene Erde nicht
> dazu gerechnet; es ist in einem Erker, wo-
> von zwey Fenster gegen den Salmanschwei-
> ler Hof, und eines gegen dem Adlerwirths-
> haus gehet.

Int: 80.
Zu welcher Kleidung seyt ihr beym Morgenessen erschienen?

> R: Ich war in der nämlichen Kleidung wie
> izt, hatte Huth und Stok bey mir, weil ich
> willens war sogleich meine Reiße anzutret-
> ten.

Int: 81.
Was hat euch denn verleitet nochmalen in
euere Kammer zu gehen?

> R: Ich hab noch 2. Thaler Geld geholt.

Int: 82.
Wo habt ihr euer übriges Geld verwahrt?

> R: Ich hab vor ungefähr 14 Tagen Hundert
> etlich Siebenzig Gulden dem Spitalmeister
> aufzuheben gegeben. In meinem Zimmer
> hab ich keines mehr.

Das Gericht greift die Ausflucht auch hier nicht unmittelbar an, sondern
nimmt den Umweg über die unverfänglichen Bestandteile der Detaillierung.
Erst als drittes kommt die erwartbare Frage nach dem Motiv für Sauters
behauptete Rückkehr in die Kammer zu einem Zeitpunkt, da er schon rei-
sefertig war. Es dürfte für Sauter eigentlich nicht sonderlich schwierig sein,
die Ausrede entsprechend fortzuspinnen. Unter Umständen wäre auch das
Vorgeben, noch Geld geholt zu haben, eine vielversprechende Möglichkeit
– aber anscheinend nicht in diesem Fall: Schon in der folgenden Nachfrage
stellt sich heraus, daß Sauter sein Geld nicht in seiner Kammer aufbewahrt.

Int: 83.
Man kann dieses Vorgeben, als hättet ihr 2.
französische Thaler in euerm Zimmer geholt, für nichts anderes als eine Lüg halten,
gehet also in euch selbst, und zwingt das
Gericht nicht wider euch zuerst die Ursachen wider vorzustellen, welche dasselbe zu
dieser Muthmaßung veranlaßt?

R: Ja es ist eine Lüg.

Direkter und – möchte man sagen – in einem etwas andern *Ton* als bisher
schreitet das Gericht zur nächsten Überführung des lügenhaften Konstituten. Es fehlt nurmehr wenig bis zum völligen Verlust der Verfahrensmäßig-
keit des Vorhaltes – bis zum einfachen formlosen Anwurf: *Du lügst.* Die
verbleibende Form liegt in der Formel, das Gericht *könne* nicht anders als
dies für eine Lüge zu halten, und in der Aufforderung, der Verhörte möge
das Gericht nicht *zwingen,* die Gründe für diese Mutmaßung anzugeben.
Die Überführung selbst hingegen fällt aus, die Argumentation zur Sache
wird als überflüssig gekennzeichnet, die Angabe von Gründen wird erspart.
Gerade deshalb ist die Frage erlaubt, ob denn die Widerlegung der Ausflucht tatsächlich so problemlos hätte vonstatten gehen müssen. In Rücksicht auf das, was das Verhör bis zu diesem Zeitpunkt zu Tage gefördert
hat, kann man das bezweifeln. Einem erfindungsreichen Lügner wäre es
wohl möglich gewesen, die Ausflucht durch eine Erklärung dazu, weshalb
die besagten Taler ausnahmsweise doch in seiner Kammer gewesen wären,
weiter auszugestalten. Aber es übersteigt die Fähigkeiten Sauters, sich etwas
Fernliegendes einfallen zu lassen, wenn ihm die Notwendigkeit der *inventio*
vor Augen steht.

Und so wird die sogenannte Inhaltsebene ganz zugunsten der sogenannten Beziehungsebene getilgt. Sie wird in den bloßen *Appell* überführt: Wir
wissen doch beide, daß das nicht wahr ist. Nur die Formelhaftigkeit bewahrt
das Gericht davor, unmittelbar in den Diskurs der Erziehung zu verfallen
(was man daran erkennt, daß der Diskurs der Erziehung sich ohne weiteres
ebenfalls dieser verfahrenshaften Formeln bedienen kann). Mit seiner folg-
samen Antwort gibt Sauter einmal mehr dieser Beziehungsdefinition nach.
Er ist schon lange nicht mehr in der Position dessen, der fordern kann,
man möge ihm beweisen, daß er gelogen habe.

Int: 84.
Warum lügt ihr uns nun wider an?

> R: /: Beyde Hände in die Höhe hebend,
> nach langem Zaudern :/ ich weiß die Ur-
> sache nicht zu sagen.

Wieder läuft der gleiche Schematismus ab: Die metadiskursive Frage führt
zur Blockade, die in einer Gebärdenbemerkung festgehalten wird. Auch hier
zeichnet sich in der Formulierung der Frage allerdings eine erneute *Forcie-
rung* ab, die zum Wegfall der Sachebene in der vorangegangenen Frage paßt.
Erstmals expliziert sich das Gericht mit dem Signifikanten »uns« unmittelbar als den Adressaten der Lüge. Man könnte mithin etwas überspitzt sagen,
daß es dem Inquisiten gelungen ist, das Gericht aus seiner dritten Person zu
locken und es zum Eingeständnis zu zwingen, daß es nicht nur als Instanz
spricht.

Int: 85.
Was hat euch dann nochmal in euere Kammer zu gehen verleitet?

Wenn die eine Lüge widerlegt ist, muß das Verhör, da es sich von den Lügen ernährt, auf die nächste Lüge dringen. Der Konstitut muß folglich dazu
veranlaßt werden, die vorangegangene Ausflucht durch eine neue Ausflucht
zu ersetzen, gewissermaßen eine neue Ausflucht auszuprobieren. Dieser Vorgang kann fortgesetzt werden. Denn es gibt ein Meer von Lügen, aber nur
eine Wahrheit. Aber auch die Fortsetzung kann auf sich warten lassen. Denn
der Verhörte muß aus dem Meer der Lügen die vielversprechendste auswäh-
len. Sauter antwortet erst auf insistierende Nachfragen, weil bislang keine
Lüge gehalten hat, was sie zu versprechen schien:

> R: /: Nach noch längerem Warten und
> öfters widerholter Frage :/ ich hab das
> Schnupftuch geholt.

Wie schon zuvor - und seinen Geisteskräften entsprechend - ist Sauter
schließlich bei der Suche nach einer Ausflucht auf Naheliegendes verfallen.
Mit Eifer macht sich das Gericht nun daran, dieses Naheliegende als einen
Fehlgriff zu erweisen und dem Inquisiten damit vor Augen zu stellen, daß
er unrettbar in jener Position des *Dummen* ist, in die ihn das Verfahren
immer schon versetzt hat.

Int: 86.

Ihr seyt ein Tabakschnupfer, seyt schon am Donnerstag um 6 Uhr aufgestanden und bey denen Kappuzinern in der Meß gewesen, habt sogar, wie man es euch einsweilen angenommen hat, nachhin in der Werkstatt Tabak geholt, seyt beym Frühstüken gewesen, habt ihr nun in dieser Zeit einmal ein Naßtuch gebraucht?

R: Ja!

Die Widerlegung erfolgt auf empirischer Basis, auf der Grundlage alltagsweltlicher Erfahrungen mit den ›regulären‹ Gewohnheiten der »Tabakschnupfer«. Ihnen zufolge kann ein Tabakschnupfer auch schon die erste Stunde am Morgen nicht ohne Tabak auskommen. Das Gericht zählt die vielen Stationen dieser ersten Stunde betont ausführlich auf, um die Schwäche dieses topischen Arguments zu verdecken. Daß es dabei auch die Ausflucht vom Tabakholen in der Werkstatt gerne in Anspruch nimmt, erinnert daran, daß diese Legende noch nicht aus der Welt ist – und solange sie noch nicht aus der Welt, ist es noch möglich, auf sie zu referieren.

Wer schon ein Schnupftuch gebraucht und benutzt hat, muß nicht mehr in die Kammer gehen und sich eines holen. Wäre Sauter dieser einfache Sachverhalt bei seiner Antwort klar gewesen, hätte er die Frage nur verneinen müssen. Auch nach der Bejahung gäbe es zur Not noch gangbare Fortsetzungsmöglichkeiten (Sauter könnte sein erstes Schnupftuch etwa verloren haben). Vielleicht wählt das Gericht deshalb einen kleinen Umweg, um die Widerlegung festzuzurren.

Int: 87.

Wo ist also dieses Naßtuch?

R: Ich hab es hier in meinem Rock.

Int: 88.

Wo ist dasjenige, welches ihr aus der Kammer geholt habt?

R: es ist in einem Kamisol in der Werkstatt.

Int: 89.
Wann habt ihr das Naßtuch in das Kamisol
gethan?

R: Am Mittwoch.

Die Dummheit, die Sauter hier begeht, hängt mit der Dummheit seiner
Ausrede mit dem Schnupftuch nur lose zusammen. Er durfte natürlich keinesfalls angeben, daß das aus der Kammer geholte Tuch nunmehr in einem
Wams in der Werkstatt steckt, da er die Werkstatt nachher nicht mehr betreten haben konnte. Zwar kann man dem Protokoll natürlich nicht entnehmen, zu welchem Zeitpunkt er dies erkannt hat, aber der letzten Antwort
darf man wohl die Einsicht entnehmen, daß er einen späteren Termin als
Mittwoch unmöglich nennen konnte und darum die Widerlegung unmittelbar bevorstünde. Zur Beantwortung der letzten Frage bedurfte es ohnehin
einigen Nachdenkens (oder sogar unprotokollierten Nachfragens), da die
Zuordnung einer so alltäglichen Verrichtung zu einem bereits einige Zeit
zurückliegenden Wochentag in jedem Falle nicht so einfach ist.

Int: 90
Man will euch nun euer unverschämtes Lügen und die Unmöglichkeit das Naßtuch,
welches ihr erst am Donnerstag abgeholt
habt, schon am Mittwoch in das Kamisol
gethan zu haben, nochmal vor Augen stellen und fragt euch also, was euch auch sogar zu dieser Lüg bringen konnte?

Damit ist es dem Gericht also gelungen, dem Inquisiten einen lupenreinen
Selbstwiderspruch nachzuweisen, der ohne empirische Beimengung hinsichtlich der Gewohnheiten von Tabakschnupfern auskommt. Die daraus
resultierende Frage freilich ist wiederum die gewöhnliche nach dem Grund
der Lüge, die nur mit einem Geständnis befriedigend beantwortet werden
könnte. Bei der Reaktion des Inquisiten darauf verzeichnet das Protokoll
an dieser Stelle jedoch eine bemerkenswerte Variation:

R: /: lächelnd :/ Nichts, außer daß ich die
Wahrheit nicht gesagt habe.

An einem Punkt, an dem das Gebärdenprotokoll ansonsten das erschrocke-
ne Antlitz oder das ziemlich lange Zaudern des Inquisiten feststellt, wird

ihm nun ein *Lächeln* zugesprochen. Dieses Lächeln ist natürlich *fehl am Platze*. Folglich stellt sich Frage, von welcher Beschaffenheit es ist. Denn diese Beschaffenheit versteht sich nicht vollständig vom Kontext her. Ist es – da es ein freundliches Lächeln kaum sein wird – ein spöttisches, ein verächtliches, ein heuchlerisches, ein gequältes oder ein verzweifeltes Lächeln? Das Protokoll schweigt sich hierüber aus. In gewisser Weise folgt es mit diesem Interpretationsverzicht der Parole, die Carl Joseph Anton Mittermaier in seinen maßgeblichen Überlegungen zum Gebärdenprotokoll knapp dreißig Jahre später ausgeben sollte – nämlich nur Beobachtungen und nicht (voreilige) Schlüsse zu Papier zu bringen (Mittermaier 1816). Zugleich freilich führt es die Unmöglichkeit dieser Parole vor Augen: Wenn alle Spezifikationen entfallen, dann bleibt eben das *deplazierte Lächeln* als eine unhintergehbare Spezifikation übrig, die ebensowenig Gutes verheißt wie das »erschrokene Angesicht«, das bei Interpretationsverzicht überhaupt nicht zu Protokoll zu bringen ist. Vor diesem Hintergrund läßt sich die Kargheit des Eintrags »lächelnd« auch anders lesen – nämlich als Verweigerung jeglicher Anteilnahme.

Eine weitere Bemerkung läßt sich anschließen: daß es sich nämlich vermutlich um ein *schiefes* Lächeln gehandelt hat, weil das schiefe Lächeln als das Kennzeichen des Lügners gilt. Es ist ein *falsches* Lächeln. Man solle, so Mittermaier, sein besonderes Augenmerk auf die Mundpartie der Verhörten richten, »theils weil sie glauben, daß man vorzüglich ihre Augen beobachten« werde, »theils weil die Verstellung gerade in dieser Muskelbewegung so schwierig ist« (Mittermaier 1816, 334). Und ein Psychologe an der Landespolizeischule Niedersachsen erklärt, der »gute Lügenentlarver« habe »eine starke Waffe im asymmetrischen Lächeln, weil der Lügner es zumeist nicht unterdrücken« könne (Füllgrabe 1996, 115). Sauters Lächeln zeigt, daß das falsche Lächeln keineswegs mit der Vorstellung verknüpft sein muß, man sei gerade dabei, sein Gegenüber hinters Licht zu führen. Es erscheint hier eher als eine *unwillkürliche Begleiterscheinung* der Lüge, wenn der Lügner *an sich hält*. Er kann also als Lügner längst überführt sein und sogar – wie hier – unmittelbar eingestehen, daß er die Wahrheit nicht gesagt hat. In diesem Falle ist das Lächeln so etwas wie die letzte Form des Widerstandes, ein letztes Festhalten an der Falschheit.

Das Lächeln erscheint aber noch einmal in einem veränderten Licht, wenn man weiß, daß der Inquisit Jakob Sauter bei der Frage Int. 90 etwas anderes gehört hat als das Protokoll verzeichnet. In der Akte sind nämlich zunächst einige Zeilen gestrichen, bevor die Frage mit den nachträglich

eingefügten Worten »Man will« anhebt. Genauer: Diese Zeilen sollten nicht
einfach *gestrichen*, sie sollten *unlesbar* gemacht werden mittels einer über
die Schrift gelegten Schicht von mit kräftiger Feder ausgeführten Ringeln.
Dieser *Tatbestand* bedarf einer genauen Kommentierung.

Während das einfache *Streichen* einer Passage in einem Dokument deren *Gültigkeit* betrifft, greift ihr *Unlesbarmachen* in die Ordnung des *Wissens*
ein. Für eine solche Operation kann es in diesem Zusammenhang folglich keinen rechtlichen Grund geben. Der rechtliche Grund einer Unlesbarmachung könnte nur in einer *Zensurmaßnahme* bestehen, bei der unlesbar gemacht wird, was nicht gelesen werden darf. Auf das Verhörprotokoll
übertragen hieße das, daß sich unterhalb dieser Schicht von Ringeln eine Prozeßordnungswidrigkeit verbirgt. Freilich versteht es sich von selbst,
daß ein derartiges Tilgen einer Prozeßordnungswidrigkeit selber eine Prozeßordnungswidrigkeit darstellt. Ganz abgesehen davon, daß die Tilgung im
Protokoll die Widrigkeit nicht ungeschehen macht, darf natürlich an einem
einmal geschriebenen Protokoll, »nichts ausgestrichen, radirt oder geändert
werden« (Tittmann 1806–1810, IV 464).

Nun trägt aber das Verhörprotokoll die Tatsache, daß in ihm eine Passage nachträglich unlesbar gemacht wurde – übrigens nur diese einzige –,
gewissermaßen offen zur Schau. Zur gründlichen Vertuschung dieses Vor-
gangs hätte der Kanzlist Rosenlächer etwa das ganze Blatt entfernen und
die Seiten noch einmal schreiben können. Das hat man offenbar für nicht
notwendig erachtet, im Vertrauen darauf, daß in dieser Sache keine Einwendungen vom urteilenden Gericht zu erwarten seien (wie denn auch die
Akten keine Spur von diesbezüglichen Einwendungen enthalten). Anders
gesagt: Die Sache erschien wohl als nicht gravierend genug, um Maßnahmen zu veranlassen, mit denen sich das Kriminalgericht selber kriminelle
Energie hätte attestieren müssen.

Dafür spricht auch die Tatsache, daß es sich um etwas gehandelt haben muß, was man nicht als *offenbare* Prozeßordnungswidrigkeit einschätz-
te – denn so etwas hätte man sicherlich nicht zu Protokoll gebracht, um
es nachher zu tilgen. Der nachmalige Verfasser von Kriminalerzählungen
Jodocus D. H. Temme zum Beispiel erinnerte sich in seinen Memoiren an-
läßlich seiner Zeit als preußischer Untersuchungsrichter in den dreißiger
Jahren des 19. Jahrhunderts in Litauen an das merkwürdige Gebaren seines
Protokollführers, der sich beim Verhör mit »verstockten Inquisiten« beide
Ohren zuhielt und, darüber befragt, erklärte, seine Vorgänger »hätten der
Verstocktheit der Inquisiten [...] durch Ohrfeigen, Treten auf die Fußzehen

oder dergleichen abzuhelfen gesucht, und um sein Gewissen als Protokollführer, der Alles, was er wahrnehme, getreu verzeichnen müsse, nicht zu
verletzen, habe er nichts gehört und nichts gesehen« (Temme 1883, 158).

Von solchen Zuständen ist hier nicht die Rede. Vielmehr erschien es den
Richtern wohl lediglich *nachträglich* opportun und zweckmäßig, einen Teil
der richterlichen Frage verschwinden zu lassen. Da die Unlesbarmachung
überdies nicht radikal ist – keine ins Auge springende Einschwärzung wie
bei einer Zensurmaßnahme – konnte man hoffen, daß sie unauffällig blieb.
Für den wohlmeinenden Blick unterscheidet sie sich nicht allzusehr von
den (wenigen und kurzen) bloß durchgestrichenen Stellen im Protokoll,
von deren Harmlosigkeit man sich bei näherem Hinsehen ohne weiteres
überzeugen kann.

Eben weil das so ist, kann man die unlesbar gemachte Passage bei gründ-
lichster Betrachtung doch noch entziffern. Ursprünglich war die folgende
Frage zu Protokoll gegeben worden:

> Int: 90
> Diese Antwort verdienet mehr nicht, als
> daß man euch mit Streichen züchtigen soll-
> te, man will aber euch noch verschonen,
> und euch nun euer unverschämtes Lügen
> und die Unmöglichkeit das Naßtuch, wel-
> ches ihr erst am Donnerstag abgeholt habt,
> schon am Mittwoch in das Kamisol gethan
> zu haben, nochmal vor Augen stellen und
> fragt euch also, was euch auch sogar zu die-
> ser Lüg bringen konnte?

Was Sauter mit einem schiefen Lächeln oder dümmlichen Grinsen quittiert,
ist also die Drohung mit einer verschärften Lügenstrafe. Allerdings wird
diese Drohung sogleich auf ein unbestimmtes Nachher verschoben. Man
könnte sogar sagen, es sei gar keine eigentliche Drohung, sondern eher eine
Klassifizierung des Antwortverhaltens von Sauter. Dieses Antwortverhalten
wird *vorerst* noch nicht mit den Maßnahmen quittiert, die es eigentlich
verdient. Der in die Jahre gekommene Sauter wird hier sehr viel expliziter
als zuvor als das verstockte Kind behandelt, bei dem die austeilende Ge-
rechtigkeit vorerst Gnade vor Recht ergehen lassen möchte. Die Drohung
mit Schlägen stellt nicht nur eine Steigerung der bisherigen Lügenstrafe
(der geschmälerten Kost und des Ankettens) in Aussicht, sondern eine neue
Qualität – die manifeste Ausübung von Gewalt. Damit hängt zusammen,

daß die Schläge nicht in derselben Weise als die institutionell vorgesehene
Folge eines Verhaltens erklärt werden können. Vor allem aber ist die Drohung mit den Schlägen auf eine ganz neue Weise in den kommunikativen
Vorgang des Verhörs integriert. Die vorherigen Maßnahmen erfolgten nach
Beendigung des Verhörs, ohne daß zuvor entsprechende Drohungen *ausgesprochen* wurden. In das Verhör werden sie nur nachträglich mit der Frage
eingebunden, ob der Inquisit seine Lehren daraus gezogen habe. Wenn das
Gericht nun statt dessen die Möglichkeit von Stockstreichen in den Raum
stellt, erhofft es sich einen unmittelbaren Effekt auf das Antwortverhalten
– umso mehr, als es sich für einen älteren und bislang nicht vorbestraften
Bürger um eine im höchsten Maße entehrende und degradierende Maßnahme handelt. Auch dies, darf man vermuten, ist in das Lächeln eingegangen.

An und für sich enthält der unlesbar gemachte Passus kein rechtliches
Problem. Der Grund, aus dem er nachträglich unlesbar gemacht wurde,
ergibt sich erst aus dem Späteren, aus dem Geständnis.

> Int: 91.
> Es muß also auch eine Lüge seyn, daß ihr
> ein Naßtuch geholt habt?
>
> R: Ja es ist eine Lüge.
>
> Int: 92.
> Was habt ihr also in euerer Kammer ge-
> than?
>
> R: Nichts.
>
> Int: 93.
> Nun kann das Gericht nicht glauben, daß
> ihr jemal in euer Kammer gewesen seyt;
> wollt ihr daßelbe noch mehr herumführen,
> biß man auch auf die Wahrheit hierinn
> kommt?
>
> R: /: nach längerm Stillschweigen :/ Nein
> ich bin nicht darinn gewesen.

Nachdem sich Sauter bei der ersten Detaillierung der Ausrede mit dem
»Naßtuch« widersprochen hat und eingestehen mußte, die Unwahrheit gesagt zu haben, wird nun zunächst der Schluß auf die Erlogenheit der Ausrede selbst gezogen. Das Naßtuch verschwindet von der Bildfläche, weil es

ebenso eine Lüge war wie das Geld, das Sauter zuvor in der Kammer geholt haben wollte. Folglich wird nach einer dritten Ausrede, einem dritten *Topos* gefragt. Sauter hat aber keinen mehr zu bieten, er hat keinen Zugang zum unerschöpflichen Meer der Lügen. Das »Nichts« ist Eingeständnis seiner Niederlage, die das Gericht dazu autorisiert, im Stammbaum der Ausreden eine Ebene zurückzugehen. Der erschöpfte Inquisit läßt sich nach längerem Zögern auf diese Abkürzung des Verfahrens ein. Auch die Kammer verschwindet als Ort, wo man sich hätte aufhalten können, da es dem Gericht zufolge nur eine Frage der Zeit ist, bis man ihm »auf die Wahrheit hierinn kommt«.

Int: 94.
Wo seyt ihr also sonst wehrend dieser Viertl
Stund gewesen?

> R: Auf diese Frage hat man unendlich zerschiedene Antworten erhalten, welche der Konstitut, nachdem man ihn die Unwahrscheinlichkeit derselben zeigte, nicht wollte zum Protokoll nehmen lassen. Unter anderen war aber die merkwürdigste Antwort: ich bin die Stiege herabgekommen. Wohl zwanzigmal wurde er gefragt, woher er von der Stiege gekommen seye? Allein immer war er wie stumm, und aller Instanzen ungeacht erhielt man keine Antwort. Man sah sich also veranlaßt folgende Frage zu stellen.

Int: 95.
Getraut ihr euch den Ort, woher ihr die
Stiegen heruntergekommen seyt, nicht zu
benennen?

> R: /: nach länger Pause :/ ja ich getraue mir es. – eine Weile darauf – Nein! ich getraue es mir nicht.

Die Antwort auf die abermalige Frage nach dem Ort, an dem sich der Inquisit in jener fehlenden Viertelstunde aufgehalten hat, wenn er nicht sofort das Spital verlassen haben und wenn er nicht in seiner Kammer gewesen sein kann, ist einer der entscheidenden Punkte des Verfahrens. Sie zeitigt den Zusammenbruch Sauters als Subjekt, das *verantwortlich* antworten kann. Das formale Merkmal dieses Zusammenbruches besteht darin, daß die Verhaltensbemerkung auf einer anderen Ebene ansetzt. Zuvor war hier vor allem protokolliert worden, daß der Konstitut nicht zu einer Antwort zu bewegen war und Zeichen einer Blockade zu erkennen gab. Dann aber wurde die schließlich doch geäußerte Antwort zu Protokoll genommen, auch wenn sie kaum mehr war als eine bloße Wiederholung. Jene toten Punkte des Verhörs waren etwas ganz anderes als dieser Zusammenbruch, bei dem nun im Gegenteil die geäußerten Antworten selbst zum Teil der Verhaltensbemerkung werden. Sie werden augenscheinlich nicht mehr protokolliert, weil sie *unverantwortlich* sind. Die Rede Sauters ist nurmehr Symptom, Anzeichen. Von seinen Antworten wird nurmehr festgehalten, daß es »unendlich zerschiedene Antworten«, daß es *unsinnige* Antworten gewesen sind. Und am bloßen Unsinn ist das Verfahren offensichtlich nicht interessiert. Mehr noch als bei den vorangegangenen ›Verknotungen‹ wird hier deutlich, daß das Protokoll das Verhörgeschehen nicht einfach aufzeichnet. Wie viel ist hier gesprochen worden, ohne daß man davon lesen könnte? Wie lange hat es gedauert? Gewiß länger als die fragliche Viertelstunde, in der man einen Mord begehen kann.

Nachdem ihm der Gang des Verhörs die Kammer als Aufenthaltsort verschlossen hat, gibt es keinen Platz mehr auf dieser Welt, an dem sich Sauter hätte aufhalten können, gibt es keinen *Topos* mehr, mit dem er der Frage begegnen könnte. Die Zusammenfassung, auf die sich das Protokoll beschränkt, ist eine Beschleunigung des Verfahrens. Das Meer der Lügen zieht gleichsam in einer Reihe sich verzehrender Antworten vorbei, deren Unhaltbarkeit so unmittelbar einleuchtet, daß ihre Widerlegung nicht mehr der Rede wert ist. Jede dieser Antworten »verdienet mehr nicht«, als daß man Sauter »mit Streichen züchtigen sollte«. Sogar hier aber – und das ist eine bedenkenswerte Paradoxie – ist es der unverantwortlich Antwortende selbst, der das entscheidende Kriterium für die Unverantwortlichkeit abgibt. Gerade hier, wo das Protokoll den Mantel des Schweigens über die unhaltbaren Aussagen breitet, soll der Befragte darüber bestimmt haben, was es im Protokoll zu lesen gibt. Er hat die Wahl, ob die Unverantwortlichkeit seiner Antworten in der protokollarischen Darstellung ausgebreitet werden soll oder ob er deren Unverantwortlichkeit lieber gleich selber bescheinigen möchte.

Man kann sich (der methodologischen Unhaltbarkeit eines solchen Vorgehens freilich eingedenk) in etwa ausmalen, wie diese Anweisung zum Nichtprotokollieren zustande gekommen ist. *Sollen wir das im Ernst aufschrei-*

ben? Wollt Ihr uns zum Narren halten? Zwar spricht das Protokoll lediglich von der ›Unwahrscheinlichkeit‹ der einzelnen Antworten – was aber vor allem zählt, ist schon der bloße Tatbestand ihrer Austauschbarkeit, ihrer Reihung. Jede Antwort ist schon deshalb unhaltbarer als die Vorangegangene, weil sie – sich zunehmend überstürzend – an deren Stelle tritt. Das war es natürlich, was das Gericht schon zuvor bei den verschiedenen Ausflüchten Sauters gedacht hat. Die nunmehrige Kurzform des Protokolls dient dazu, den Zusammenbruch der Verteidigungsstrategie des Inquisiten zu *signifizieren*. So kann es nicht weitergehen.

Es hat sich aber nicht bloß die Verteidigungsstrategie des Inquisiten erschöpft, dieser selbst bricht erschöpft zusammen. Die Position des Inquisiten im Verfahren ist gerade so beschaffen, daß das eine mit dem anderen zusammenfällt. Das ist die *ultima ratio*. Lieber wäre es dem Gericht natürlich, wenn der Inquisit aus der *Einsicht* in die Aussichtslosigkeit der Verteidigung die nötigen Schlüsse ziehen würde (das hat man die »künstliche Behandlungsmethode« genannt) oder aber wenn er sich *erschüttert* eines Besseren besönne und das Geständnis ablegte (das hat man die »natürliche Behandlungsmethode« genannt). (Snell 1819) Was statthat, wenn diese beiden ›Verfahren‹ konvergieren, ist mit dem ›pneumatischen‹ Modell des Geständnisses als »Abflußrinne des seelischen Überdruckes« (Hentig 1957, 377) nur unzureichend umschrieben. Man sieht das an der letzten Ausflucht, die das Protokoll als die »merkwürdigste« und also wegweisende Antwort zu unterstreichen nicht unterlassen hat: »ich bin die Stiege herabgekommen«.

In dieser Antwort bleibt der Tatort nurmehr auf der *sprachlichen* Ebene *ausgespart*. Wer die Stiege herabgekommen ist, muß *zuvor* irgendwo gewesen sein, wenn mit diesem Faktum keine neue Zeitrechnung anfängt. Mit dieser *logischen* Schlußfolgerung wird der Inquisit in unablässig wiederholten Nachfragen konfrontiert. Allein der Konstitut hat nur noch diese Äußerung tun können, die zwar als Satz noch vollständig ist, die aber keinen Topos mehr beherbergt. Damit wird manifest, daß er keine Ausflucht mehr hat, daß ihm das Geständnis nur noch nicht über die Lippen kommen kann. Es bleibt jetzt nichts mehr übrig, als daß sich *seine Lippen zum Geständnis formen*.

Hat man sich mit dieser Beschreibung nicht *unwiderruflich* für die *Schuld* des Inquisiten entschieden? Hatte man sich *de facto* nicht schon längst für seine Schuld entschieden? Unwiderruflich ist der Schuldspruch keineswegs. Es wurde bereits gesagt, daß diese methodologische Frage mit der Frage nach dem Beweiswert des Geständnisses selbst verknüpft ist. Und wenn man überhaupt vom Beweiswert des Geständnisses spricht, so ist darin schon die Möglichkeit enthalten, daß das Geständnis *falsch* sein kann. Schon die *Carolina* von 1532 schreibt in Artikel 54 vor, daß das Geständnis *überprüft* werden muß (Kleinheyer 1979, Niehaus 2003b, 203 f.). Auch wenn sich die Lippen des Inquisiten zum Geständnis formen, kann er die Unwahrheit sagen. Wie sollte ihm aber – so möchte man einwenden – die Wahrheit noch schwerer über die Lippen kommen können als das Geständnis, gegen das er sich mit allen Kräften sträubt? Die Antwort auf eine solche Frage läßt sich nicht *allgemein* geben; sie könnte nur in einer (vielleicht unglaublichen, aber wahren) *Erzählung* bestehen (und mithin nur in einem *anderen* Geständnis). Mag sein, daß wir davon überzeugt sind, daß es eine solche Erzählung (wie man sie aus Kriminalromanen kennt) nicht gibt, und daß wir *de facto* von seiner Schuld überzeugt sind. *Entschieden* haben wir uns damit noch nicht, da wir zu einer (widerruflichen oder unwiderruflichen) Entscheidung nicht aufgerufen sind. Die Feststellung, nach der bloßen Aussparung des Tatorts bleibe jetzt Sauter nur noch das Geständnis, impliziert *streng genommen* nicht, daß ihm nur noch die Wahrheit bleibt.

Weil Sauter, dem man sicherlich mit einiger Intensität zugeredet hat, »wie stumm« bleibt, wechselt das Gericht die Ebene. Mit der Erkundigung, ob er sich den »Ort« zu sagen nicht *getraue*, ersetzt es die Frage nach dem wahren Ort durch die Frage nach dem Grund, aus dem der wahre Ort nicht über die Lippen will. Der Übergang zum Metadiskurs hat aber eine andere Form und Funktion als etwa die Nachfrage im ersten Verhör (Int. 13), warum er mit der »Sprach nicht heraus« wollte. Dort war der Übergang eine Aufforderung, zu einer Anomalie in der vorangegangenen Aussage Stellung zu nehmen, und er zeitigte eine entlarvende Blockade des Aussagesubjekts. Hier hingegen ergeht die Aufforderung, über eine subjektive Verfassung zu sprechen, um die entscheidende Blockade zu lösen. Daher schwingt in der Form der Frage so etwas wie Anteilnahme mit dem Inquisiten und seinem Zustand mit. Dem gegenüber ist es letztlich zweitrangig, in welchem *Ton* diese Frage gestellt wurde. Sie involviert in jedem Falle die ›Beziehungsebene‹, um einen Widerstand zu überwinden und dem Inquisiten zu ›helfen‹. Allerdings wird die Beziehungsebene nicht unmittelbar angesprochen. Es wird eben *nicht* gefragt: »Getraut ihr euch den Ort *uns* nicht zu sagen?« Wenn sich also der Inquisit den Ort zu sagen nicht traut, so wird das nicht auf die *Situation* zurückgeführt, in der er sich befindet, sondern auf die inkriminierende Qualität dieses Ortes selbst. Weil das Gericht sich selbst ein blinder Fleck zu bleiben hat, kann die pädagogische Dimension des Verhörs nicht zum

Beispiel in dem Zusatz expliziert werden: »*Vor uns* brauchst du doch keine Angst zu haben«. Auf der anderen Seite ist die Indirektheit der Frage gerade deshalb erwünscht, weil sie es ermöglicht, sich - unter Vermeidung des unerlaubten Sprechaktes: *Gestehe!* - noch näher an den Akt des Gestehens heranzutasten.

Welcher Art sind die Alternativen, vor die die Frage stellt? Ihr entscheidender Zug besteht ja gerade darin, dem Inquisiten eine Interpretation seiner Kommunikationsverweigerung vorzulegen: Seine Stummheit lasse sich nicht als Antwortverweigerung, sondern als Anzeichen dafür verstehen, daß er sich nicht »getraut«, eine Antwort zu geben. Wenn Sauter diese Interpretation nicht gelten lassen will, muß er etwas sagen. Wenn er *sagt*, daß er sich traut, muß er in der Folge auch *wirklich getrauen*, den Ort angeben, der nur der Tatort sein kann. Weil Sauter, die erste Antwort, daß er sich getraut, nicht in die Tat umsetzen kann, wechselt er zur zweiten Antwort über, daß er sich nicht getraut. Damit kommt er freilich dem Geständnis erst recht näher. Denn er hat sich damit die vorgeschlagene Interpretation der Kommunikationsverweigerung zu eigen gemacht. Das Eingeständnis, daß man sich nicht getraut, den Ort zu nennen, wo man war, ist nicht mehr weit von dem Eingeständnis entfernt, daß man sich nicht getraut, ein Geständnis abzulegen. In dieser Richtung geht es weiter:

> Int: 96.
> Warum er denn sich nicht getraue diesen
> Ort nahmhaft zu machen?
>
> R: /: aller Instanzen ungeachtet :/ könnte
> man keine Antwort von ihm erhalten.

Die neue - ebenfalls aus erzieherischen Verhören bekannte - Drehung an der Schraube der Thematisierungen ist für sich betrachtet zwecklos. Wer sagt, daß er sich nicht getraut, wird auch nicht explizieren, warum er sich nicht getraut. Also gibt es keine Antwort. Der Zweck der Frage kann nur darin bestehen, die Deutung dieser - durch Unterstreichung verdeutlichten - Antwortverweigerung als Vorboten des Geständnisses zu befestigen.

> Int: 97.
> Eben dieses Stillschweigen sagt ausdeutlich,
> daß der Ort, wo ihr gewesen seyt, nicht der
> erlaubteste seyn müßte und es ist also ge-
> wiß, daß ihr euch eben wegen dem Aufent-

halt an diesem Ort eines Verbrechens schuldig wißt. Was sagt ihr hiezu?

> R: /: post multas Instantias :/ ja ich hab ge-
> fehlt. Jedoch nämlich nur in dem Verstand,
> daß ich den Ort nicht angeben will.

Mit seiner Frage präsentiert das Gericht dem Inquisiten die bisher unausgesprochene Voraussetzung, vermeidet es aber seinerseits, den inkriminierten
Ort ›namhaft‹ zu machen. Der Tatort wird statt dessen nur umschrieben,
und es ist auch nur von der Tat als von *einem* Verbrechen die Rede (als käme
ein anderes als das in Frage Stehende in Frage). Auf diese Weise wird Sauter
notgedrungen wiederum in die Position desjenigen versetzt, der *Schlußfolgerungen* zustimmen oder ablehnen kann. Aus diesem Dilemma kommt kein
Versuch zur Geständnismotivierung heraus. Der unmittelbare Erfolg dieser
Frage ist deshalb auch nicht größer als beim letzen Versuch in dieser Richtung am Vormittag, als Sauter (in Int. 62) der »Vernunftschluß« vorgelegt
wurde, daß seine Lügen »nur in einem sich schuldig wißenden Herzen«
gründen könnten. Den Schluß auf sich als Täter macht er seiner Erschöp-
fung ungeachtet nicht mit. Daraus, daß er den Ort nicht angeben will, folgt
eben nicht *logisch*, daß er den Mord begangen hat. Gleichwohl darf das Gericht zuversichtlich sein. Denn die Lage ist eine andere als am Vormittag.
Sauter ist inzwischen mit seinem Zusammenbruch so nahe an den Ort
der Tat geführt worden, daß er das Geständnis nicht mehr durch Lügen,
sondern nur noch durch Schweigen vermeiden könnte.

Int: 98.
ist euch der Ort aus dem gestrigen Verhör
noch bekannt, wo man den Ermordeten gefunden hat?

> R: Ja! Es ist die Wagnerdille.

Int: 99.
Führet nicht allenfalls die Stieg, worunter
ihr gekommen zu seyn einbekannt habt,
auf die Wagnerdille.

> R: Ja!

Was das Gericht vom Inquisiten hören wollte, führt es nun in aller Form
selbst aus. Es gibt nur die Stiege, die zum Tatort führt. Der Zusammenbruch, der den Inquisiten von der Stiege sprechen ließ, hat dem Gericht das
entscheidende Mittel an die Hand gegeben, ihn wieder zurückzuzwingen.

Int: 100.
Diesem nach müßt ihr auf dem Ort, wo
der Ermordete gefunden worden ist, selbst
gewesen, und von daher gekommen seyn?

R: Ja! /: dieses Ja hat er dreymal widerholt.

Damit ist das erste Ziel erreicht: Der Inquisit konnte nicht umhin einzugestehen, daß er sich zur Tatzeit am Tatort befunden hat. Der Weg dorthin ist ein Lehrstück darüber, wie jemandem am Schluß ›nichts anderes
übrig bleibt‹. Insofern entspricht der Ablauf dieses Verhörs genau demjeni-
gen, das Wilhelm Snell ein Vierteljahrhundert später als die »künstliche
Behandlungsmethode« beschreibt, bei der der Untersuchungsrichter »dem
reflectirenden Sinnenmenschen nach und nach alle Auswege« (Snell 1819,
40) versperrt, bis am Ende nicht das Geständnis »aus freyem Entschlusse« dessen steht, der »keine Lügen mehr begehen will«, sondern das notgedrungene
Geständnis dessen, der »sie nicht länger begehen kann« (Snell 1819, 42).
Ein solches Geständnis bietet uns Snell zufolge den traurigen »Anblick der
starren Bosheit, die sich in ihren eignen Werken vor der Consequenz der
Wahrheit vernichtet fühlt« (Snell 1819, 42). Mit der künstlichen Behandlungsmethode wird derjenige traktiert, der »der einfachen Beredsamkeit des
allgemeinen Menschengefühls« nicht zugänglich ist; »mit der ganzen Über-
legenheit des wissenschaftlich gebildeten Geistes« (Snell 1819, 41) steht der
Untersuchungsrichter hier vor dem Inquisiten, der seinerseits am Ende eben
dumm dasteht.

Ein von der künstlichen Behandlungsmethode erzieltes Geständnis wird
nicht als ein *wirkliches* Geständnis aufgefaßt, sondern letztlich als ein bloßes
Eingeständnis, zu dem es nur eines *Ja* bedarf. So ist auch hier die drei-
malige Wiederholung des *Ja!*, die das Protokoll festhält, keine Bekräftigung
des Geständnisses, sondern eher die trotzige Reaktion dessen, der das *Ja*
nur vorbringt, weil ihm ›nichts anderes übrig bleibt‹. Und gerade an diesem Punkt führt die Untersuchung gegen Jakob Sauter vor Augen, wie weit
sich ein solches notgedrungenes Eingeständnis streng genommen allenfalls
erstrecken kann – nämlich zwar auf den *Ort* und die *Zeit*, nicht aber auf das
Tun.

Int: 101.
Seyt ihr allein da gewesen oder nicht?

R: Nein!

Int: 102.
Wer ist denn bey euch gewesen?

> R: Der Ermordete Fromlet.

Nach diesen weiteren Festlegungen möchte das Gericht nun auch das Geständnis der Tat hören. Dabei gibt es aber eine Überraschung:

Int: 103.
Durch wenn wird also diese Mordthat geschehen seyn?

> R: Durch einen fremden Handwerkspursch,
> ich habe aber dazugeholfen.

Die Frage wird offensichtlich noch im vollen Gefühl der Überzeugung gestellt, daß das Geständnis der Tat sich nun als eine notwendige Schlußfolgerung von selbst ergeben werde. Notwendige Schlußfolgerungen können aber der Wirklichkeit nichts vorschreiben. Jakob Sauter kann jederzeit
einen fremden Handwerksburschen hervorzaubern und ihm den Hauptteil
der Tat andichten. Ihm die Tat ganz und gar zuzuschreiben, muß sogar
dem wenig vorausschauenden Verstand Sauters als wenig aussichtsreich erschienen sein. Das Gericht wird nur mäßig irritiert von dieser unvorherge-
sehenen Wendung gewesen sein. Schließlich handelt es sich um eine leicht
durchschaubare letzte Ausflucht. Und: So leicht es ist, einen fremden Handwerksburschen hervorzuzaubern, so schwer ist es, ihn widerspruchsfrei im
Sein zu halten – zumal für einen Inquisiten, der schon an der konsistenten
Einbindung eines »Naßtuchs« scheitert. Das Gericht möchte erst einmal
hören, wie das Ganze zugegangen sein soll:

Int: 104.
Sagt nun also die nähern Umstände von
dieser Mordthat?

> R: Als wir beyde, nämlich ich und der Er-
> mordete in einem Zimmer gefrühstükt hat-
> ten, gieng dieser Leztere in die Werkstatt,
> holte allda den mir gestern vorgezeigten
> Beuel, und gieng dann mit auf die Dille.
> Um eben diese Zeit kam der besagte Hand-
> werkspursch, welchen ich den Tag zuvor bey
> einem Glaß Wein im Fischgrat kennen ge-
> lernt hab, zu mir in den Spital und traf

> mich eben auf dem Kreuzweg bey der Mei-
> sterstube im Spital an. Ich gieng sohin mit
> ihm auf die Dille, wo der Handwerkspursch
> dem Fromlet den bey sich habenden Beuel
> aus der Hand genommen, und ihn damit
> todgeschlagen hat. Nach diesem giengen wir
> beyde wider die Dille herunter, der Hand-
> werkspursch zu der vordern und ich zu der
> hintern Spitalthür hinaus, wo ich sohin zu
> meiner Landsmänin um einen Brief abzu-
> holen gegangen bin.

Es ist abzusehen, daß dieser Version des Tatherganges keine lange Lebens-
dauer beschieden ist. Sauter hat sich dazu entschieden, den Handwerksburschen nicht nur aus dem Nichts auftauchen, sondern auch sogleich wieder
ins Nichts verschwinden zu lassen, um möglichst wenig mit ihm in Berührung gekommen zu sein. Eine rechte Geschichte kommt auf diese Weise
nicht zustande. Das reduziert auf der einen Seite die Anschlußprobleme, die
sich aus einer veritablen Geschichte ergäben, auf der anderen Seite reduziert
es aber auch die Glaubwürdigkeit dieser Ausflucht. Man muß also sagen,
daß dieser Handwerksbursche eine *verzweifelte* Erfindung ist. Er ist nichts
als derjenige, der bei der Tatausübung an die Stelle des Inquisiten tritt.

Durch die Konstruktion einer Stellvertreterschaft wird der Tathergang
selbst in ein verändertes Licht getaucht. Die Tat wirkt umso erschrecken-
der und unheimlicher, als sie gleichsam aus dem Nichts kommt. Der Mord
erscheint nun erst recht als das, was er ist - als ein unmotivierter und unvor-
hersehbarer Einbruch sprachloser Gewalt in die alltäglichen Verrichtungen
- als ein *»sprachlich entwurzeltes Tun«* (Legendre 1998, 113). Alles geschieht so
wortlos, als sei es nicht der Rede wert. Es wird nichts darüber gesagt, wor-
über man tags zuvor im »Fischgrat« gesprochen hat, es wird nichts darüber
gesagt, ob das Eintreffen des Handwerksburschen im Spital am nächsten Tag
verabredet war, es wird nichts darüber gesagt, ob dieser namenlose Fremde
für seine Tat irgendeinen Grund vorgebracht hat, es wird nichts darüber
gesagt, ob er sich zu seinem Verschwinden nach der Tat geäußert hat.

Der berichtete Tathergang ist also genau so wortlos wie er es in der
nicht berichteten Version wäre, in der Sauter die Tat allein begangen hat.
Man kann einen naheliegenden Grund dafür nennen: Sauter ist intellektu-
ell nicht dazu in der Lage, eine Geschichte zu ersinnen, in der die Tat eine
plausible Vorgeschichte erhält, in der sie eingebettet wird in einen interaktio-

nellen Kontext, in der sie ausgeschmückt wird mit begleitenden Umständen. Man könnte auch hinzufügen: Er ist nicht dazu in der Lage, sich allzuweit von der Wahrheit zu entfernen, und deshalb scheint in seinem dürren Bericht die Tat durch als das, was sie *für ihn* sein muß – nämlich etwas, was so wenig mit seinem Leben zusammenhängt, daß es ihm vorkommt, *ein anderer* habe sie verübt (eine solche, auf das Unbewußte zurückgreifende Erwägung setzt die faktische *Schuld* Sauters freilich tatsächlich voraus).

In Anbetracht des Zustandes, in dem sich der erschöpfte Inquisit befindet, ist es ohnehin erstaunlich, daß er zu diesem späten Zeitpunkt, nachdem er die Tat *so gut wie gestanden* hat, noch die Kraft zu einer derartigen Gegendarstellung findet. Wahrscheinlich ist es unrichtig, wenn man Sauters letzte Antwort als eine zwar völlig unglaubwürdige, aber doch wenigstens in sich geschlossene Darstellung liest. Es ist nicht anzunehmen, daß dieser Bericht ohne weitere Einreden und Nachfragen von Seiten des Gerichts zustande gekommen ist. Erst das Protokoll hat der letzten Ausflucht Sauters wohl jene minimale Kohärenz verliehen, die man für's erste *stehenlassen* kann. Denn damit begnügt sich das Gericht und beendet nun endlich das Verhör, das schon am Morgen begonnen hatte.

Sauter hat sich am Vormittag als ein unverschämter Lügner erwiesen. Er ist dafür in der mittäglichen Unterbrechung mit geschmälerter Kost und Ankettung gezüchtigt worden. Am Nachmittag wurde er, als all seine Ausflüchte gescheitert waren, wegen seines Aussageverhaltens mit Stockstreichen bedroht. Er hat einen Zusammenbruch erlitten und sich dabei mit einer Äußerung an den Rand eines Geständnisses gebracht. Schließlich hat er zur Nachtzeit ein Teilgeständnis abgelegt, dessen Widerlegung abzusehen ist. Ein Eintrag ins Protokoll vom nächsten Tag erklärt, warum man sich die Widerlegung für ein späteres Verhör aufgehoben hat: »Wegen gar zu vielfältigen Zögeren und Staunen des Delinquenten mußte man mit dem gestern Nachmittag aufgenommenen Verhör bis spaten Abend zubringen, wodurch es geschehen ist, daß man es bey einer ganz summarischen Erzehlung der Mordthat bewenden lassen mußte.« Das Aussageverhalten des Inquisiten – der hier übrigens gleich nach seinem Teilgeständnis zum ersten Male »Delinquent« genannt wird – ist also schuld daran, daß sich das Verhör bis in die Nacht hingezogen hat. Aber ebenso besagt das Aussageverhalten umgekehrt etwas über den Zustand, in den das Verhör den Inquisiten versetzt hat. Der Verlauf des nachmittäglichen Verhörs – der Zusammenbruch Sauters, seine unzusammenhängenden Reden und sein beharrliches Schweigen – kann die Frage aufkommen lassen, ob sein Teilgeständnis nicht damit

zusammenhängt, daß ihm das Gericht auf eine vielleicht nicht unrechtmä-
ßige, aber doch bedenkliche Weise zu Leibe gerückt ist. Es ist zu vermuten,
daß der Vorsitzende Richter von Albini derartige Erwägungen angestellt
und – um über das Ergebnis des Verhörs keinen Zweifel aufkommen zu
lassen – nach dessen Beendigung jene Stelle unlesbar gemacht hat, die von
der handgreiflichen Bedrohung Sauters handelt.

Viertes Verhör

Das umfassende Geständnis

Tags drauf, am Morgen des 29. November, wird »sogleich mit dem Verhör fortgefahren, nachdem der Delinquent seiner Ketten entlediget, und Ernstlich zur Bekenntniß der Warheit erinnert wurde«.

Int: 105.
Sagt uns nun etwas mehreres von dem
Handwerspursch, welchen ihr nach eurer
gestrigen Einbekenntniß in dem Wirthshauß zum Fischgrat habt kennen gelehrnt?

> R: Ich weiß weiters von ihm nichts zu sagen,
> er ist ein Landfahrer, tragt ein ganz blaues
> Kleid, einen geflochtenen Zopf und Haar-
> loken, ist mittlerer Statur, schwarzen Ange-
> sichts seiner Profession ein Schneider, und
> hat ein kleines Bündtele in einem Schnupf-
> tuch bey sich gehabt.

Wie zu erwarten, beginnt die Befragung mit der Detaillierung des gestrigen Berichtes. Die erste Frage ist relativ ungenau und erlaubt dem Inquisiten, die ebenso plastische wie unbestimmte Beschreibung zu reproduzieren, die er sich vermutlich über Nacht zurechtgelegt hat.

Int: 106.
An welchem Tag habt ihr diesen Handwerkspursch in dem Fischgrat angetroffen?

> R: Am leztern Mitwoch, beyläufig um 7.
> Uhr abends.

Nun geht die Befragung zu den konkreten Bestandteilen der letzten Ausflucht Sauters über, also zu jenen Bestandteilen, die mit anderen Angaben in Widerspruch stehen können. Die Rede ist zunächst vom Vorabend der Tat.

Int: 107.

Ihr werdet euch noch zu erinnern wissen
auf die 53te Frage geantwortet zu haben, daß
ihr an besagtem Mitwoch nämlich gestern 8
Täg, nachdem ihr bey dem Spitalschneider
waret, spaziren gegangen seyt?

> R: Ich bin um den hiesigen Stadtgang her-
> um, und sohin zu der sogenannten Damp-
> bürlin und habe allda ein Glaß Wein ge-
> trunken.

Das Gericht konfrontiert den Inquisiten mit einer Aussage vom Tag zuvor,
wo Sauter auf seine Beschäftigungen am besagten Mitwoch ausführlich eingegangen war. Von einem Besuch des »Fischgrat« war dort natürlich nicht
die Rede gewesen. In seiner Antwort auf diese Frage unterläßt es Sauter ohne
erkennbaren Grund, die damaligen Angaben so zu modifizieren, daß ein zu-
sätzlicher Besuch im »Fischgrat« noch Platz darin fände. Statt dessen macht
er es dem Verhörführer leicht und bestätigt seine damalige Darstellung:

Int: 108.

Wie lang habt ihr euch allda aufgehalten?

> R: Bey läufig 2. Stund, von wo aus ich so-
> gleich in den Spital gegangen bin.

Die nächste Frage weist auf Unvereinbarkeit dieser beiden Darstellungen
hin und erzielt damit sogleich einen durchschlagenden (und wohl eher
unvermuteten) Erfolg:

Int: 109.

Sehet nun, daß ihr euch schon wider vergessen habt, kurz vorhin sagt ihr, ihr seyt im
Fischgratwirthshauß gewesen, und zwar um
7. Uhr; nun bekennet ihr ein, daß ihr gleich
von dem Spitalschneider hinweg in ein anderes Wirthshauß, nämlich zu der Dampbürlin gegangen seyt, und euch von hier aus
sogleich in den Spital begeben habt; Eines
oder das andere ist gelogen.

> R: Das Erstere nämlich daß ich im Fischgrat
> gewesen bin, ist verlogen.

Die Formulierung der Frage hat dem Inquisiten noch die Wahl gelassen, seine alte Darstellung für eine Lüge zu erklären und damit die neue Darstellung, nach der er im »Fischgrat« den Handwerksburschen kennengelernt hat, vorerst zu retten. Daß Sauter diesen Versuch nicht unternimmt, ist mit seinem beschränktem Verstand und seinem mangelnden Vorausblick allein nicht zu erklären. Es sieht so aus, als habe Sauter an seine Geschichte vom Vorabend – wie man sagt – ›selbst nicht mehr geglaubt‹ und sie nurmehr halbherzig aufrechterhalten, in der Gewißheit, daß sie ohnehin zum Scheitern verurteilt sei. Letztlich, so zeigt sich, hat die Entscheidung zum Geständnis schon am Abend zuvor stattgefunden.

> Int: 110.
> Was habt ihr hierbey für eine Absicht ge-
> habt?

> R: Ich weiß hierauf nichts zu sagen.

Das Gericht stellt eine Variante der Frage »Warum habt ihr gelogen?«, die an dieser Stelle und in Anbetracht der augenblicklichen Verfassung Sauters nicht sonderlich zweckmäßig ist, da sie die Gefahr erneuter Blockaden birgt. Offensichtlich rechnet das Gericht damit, auf dieselben Widerstände zu stoßen wie an den beiden vorangegangenen Tagen. Es weiß noch nicht, daß Sauter *resigniert* hat.

> Int: 111.
> Da ihr nun also diesen Handwerkspursch
> in dem Fischgrat nicht kennen gelernt habt,
> so sagt nun an welchem Ort es dann gesche-
> hen ist.

> R: Nirgends.

Auch hier hatte das Gericht wieder angenommen, nach der Erledigung der ersten Ausflucht die zweite zu hören zu bekommen, um sie ebenfalls abzuarbeiten, und so schlußfolgernd voranzuschreiten. Aber es kommt keine neue Ausflucht mehr. Umso ungehinderter zieht das Gericht die nächste Schlußfolgerung:

> Int: 112.
> Aus diesem folgt, daß ihr entweder die-
> sen Handwerkspursch bey der geschehenen

Mordthat nicht könnt bey euch gehabt haben, oder daß ihr hiebey einen anderen
Gehülfen zuzoget, was sagt ihr hiezu?

> R: Ich hab Niemand bey mir gehabt.

Das Gericht präsentiert dem Konstituten sogar die logische Möglichkeit
einer weiteren Ausflucht: Sauter könnte einen Ersatzkandidaten für das
nunmehr verschwundene Phantom des Handwerksburschen aufstellen. Aber
Sauter verzichtet auf dieses Angebot. Es gibt niemanden mehr, der auf der
Bildfläche erscheint. Jetzt ist er ganz allein; jetzt ist er derjenige, der am
Tatort zur Tatzeit übrigbleibt. Und jetzt ist er bereit, die Schlußfolgerungen
daraus zu *übernehmen*:

> Int: 113.
> Durch wen geschah also die Mordthat?

> R: Durch mich.

Dies also ist ›das Geständnis‹. Es wirkt nunmehr ganz unscheinbar – eben,
als sei es (wie auch das »also« in der Frage andeutet) eine bloße Schlußfolgerung, als habe sich Jakob Sauter am Ende einfach treiben lassen, als habe
er nur noch gesagt, was *zu sagen* war. Als sei das Geständnis, mit anderen
Worten, im Grunde genommen *kein Akt* gewesen. Gleichwohl wird das Geständnis auf der anderen Seite als ein ausgezeichneter Sprechakt vorgestellt.

Daraus kann man schließen, daß nicht so *ohne weiteres* zu sagen ist, worin
ein Geständnis eigentlich besteht und was es damit auf sich hat (das kann
erst der Verlauf dieses Kommentars erhellen). Wenn man das Geständnis als
Sprechakt betrachtet, muß man zunächst einmal festhalten, daß sowohl derjenige, der das Geständnis ablegt, wie auch derjenige, der es entgegennimmt,
wissen müssen, daß es sich um ein Geständnis handelt. Der Vorsitzende
Richter von Albini und Jakob Sauter wissen, daß *dies* das Geständnis als
eine ›institutionelle Tatsache‹ (Searle 1971) ist. Zum ersten Male teilt Jakob
Sauter mit, daß *er* es ist, der die in Frage stehende Tat begangen hat. Freilich sagt er damit nicht unbedingt etwas Neues, sondern etwas, was sein
Gegenüber ohnehin bereits zu wissen glaubte. Mit dem Geständnis Sauters,
der es wissen muß, wird sein Gegenüber in dem, was er zu wissen glaubte,
lediglich *bestätigt*. Wenn Sauter weiß, daß er mit dem Äußern der Worte
»Durch mich« ein Geständnis ablegt, so impliziert dies weiterhin eine Anerkennung: Das, was hiermit gestanden wurde, soll *als wahr gelten*. Denn es

wird von seinem Gegenüber als das, was *als wahr gelten* soll, aufgenommen. Und schließlich beinhaltet der Akt des Geständnisses ein Wissen von seinen institutionellen Folgen. Das Geständnis betrifft nicht diese oder jene Handlung, sondern etwas, an das derjenige, an den das Geständnis gerichtet ist, bestimmte Folgen zu knüpfen berechtigt wird. Wer einem anderen seine Liebe gesteht, berechtigt ihn dazu, ihn fortan - und zwar aufgrund des Geständnisses - anders zu behandeln als zuvor. In der Regel hängen die Folgen des Geständnisses damit zusammen, daß das Geständnis eine verbotene Handlung betrifft. Wenn Jakob Sauter die Worte »Durch mich« äußert, so weiß er, daß er damit unter das Gesetz fällt.

Jacques Derrida hat einmal erklärt, von einem Geständnis könne man erst dann sprechen, »wenn ich über die bloße Mitteilung meiner Täterschaft hinaus bekenne, daß ich schuldig bin« (Derrida 2003, 25). Es ist aber fraglich, was dieses ›bekennen, daß ich schuldig bin‹ genau besagt. Es sieht dann nämlich so aus, als setze das Geständnis eine bestimmte innere Einstellung voraus, einen seelischen Zustand, der in der Anerkennung einer Schuld besteht. Gerade die Umstände, unter denen Jakob Sauter sein Geständnis ablegt, zeigen, daß dies nicht der Fall sein muß, um ein *regelgerechtes* Geständnis hervorzubringen. Man kann den Worten Sauters nicht entnehmen, von welchem inneren Zustand sie begleitet sind. Aber sie gehen sicherlich mit dem *Wissen* einher, daß sie innerhalb des Verfahrens *als* Schuldbekenntnis wirksam werden.

Derrida sagt weiterhin, durch das dem Geständnis innewohnende Bekenntnis der Schuld vollziehe sich »eine Veränderung meiner Beziehung zum anderen«, an den ich das Geständnis adressiere, und damit zugleich eine Veränderung meiner selbst (Derrida 2003, 25 f.). Im Sprechakt des Gestehens liegt zumindest, könnte man sagen, eine *Anerkennung* des Adressaten. Und zwar handelt es sich niemals bloß um die Anerkennung einer *Person*, sondern immer auch um eine Anerkennung als *Instanz*. Aber auch damit bleibt noch ganz unklar, wie es um diese Anerkennung bestellt ist. Welcher Art ist die Beziehung, die Jakob Sauter im Geständnis installiert? Welche Art von Anerkennung seines Gegenüber liegt darin, daß er diese Worte spricht? Diese Fragen scheinen irgendwie ins Leere zu laufen. Wenn es stimmt, daß das Geständnis wesentlich der *Resignation* entspringt, dann ist damit lediglich ein Minimum an Beziehung und Anerkennung verknüpft. Sauter sieht in seinem Gegenüber zunächst einmal denjenigen, der berechtigt ist, sich um sein Geständnis zu bemühen und an dasselbe die verfahrensmäßigen, institutionellen Folgen anzuschließen (insbesondere gibt es keinen

Anhaltspunkt dafür, daß er hofft, sein Gegenüber mit diesem Geständnis für sich zu gewinnen oder etwas ähnliches). Die im Geständnisakt implizierte Anerkennung bleibt folglich ganz auf der Ebene des Regelwissens um die Berechtigungen und Verpflichtungen, die konventionell mit ihm verbunden sind. Und das hieße, daß sich Sauter nicht verpflichtet und nicht gebunden *fühlt* (und diese Kategorie des Sich-verpflichtet-*Fühlens*, des Sich-gebunden-*Fühlens* ist etwas, was einer sprechakttheoretischen Beschreibung der Vorgänge notwendig entgehen muß).

Dennoch läßt sich auch dieses Geständnis nicht auf das Wissen um die Konventionen reduzieren, die für das Gelingen des Sprechaktes erforderlich sind. Darauf zielt letztlich auch Derrida, wenn er vom »*Ereignis*« spricht, das »auf diese Weise *gesprochen* wird«, das die »Dimension der Information, des Wissens, der Kognition übersteigt« und einer »Ordnung angehört, die mit der Ordnung des Wissens nichts mehr zu tun hat« (Derrida 2003, 26). Sauters Worte »Durch mich« verändern die Beziehung zu seinem Gegenüber notwendiger Weise zumindest insoweit, als sie durch ihr bloßes Gesprochensein die Möglichkeit einer veränderten Beziehung eröffnen. Es steht dahin, wie das Gericht – jenseits der vorgesehenen institutionellen Folgen – dieses Geständnis *aufnehmen* wird. Das heißt: Es steht dahin, in welcher Weise der Adressat das Geständnis in der gegenwärtigen Situation *beantworten* wird. Erst in dieser Dimension der Antwort wird sich erweisen, *was das Geständnis gewesen sein wird*.

> Int: 114.
> Wie habt ihr denn diese Mordthat angegangen?

Sauters Worte »Durch mich« waren in einen Zusammenhang eingebettet, in dem sie zweifelsfrei als Worte des Geständnisses identifizierbar waren. Es war daher nicht notwendig und nicht zu erwarten, daß sie sich unter Verwendung der explizit performativen Wendung »ich gestehe« als *das Geständnis* deklarierten. Überhaupt wird beim Vollzug der sogenannten illokutionären Akte von den explizit performativen Formeln weit weniger häufig Gebrauch gemacht als man vielleicht vermuten möchte. Gerade im Fall des »ich gestehe« wird deutlich, daß das performative Verb in der Regel *nicht* innerhalb eines Verfahrens ausgesprochen wird – also dann, wenn sich *keine* institutionellen Folgen daran knüpfen und also *nicht* in einem *eigentlichen* Sinne von einem Geständnis die Rede sein kann. In diesem Sinne ist das

»ich gestehe« (etwa: »Ich gestehe, daß ich an derartigen Geständnissen nicht sonderlich interessiert bin«) bloß das *Zitat* eines Geständnisses.

Daraus folgt aber, daß das Geständnis noch nicht als solches *bezeichnet* worden ist. Zwar wissen beide Seiten, daß die jeweils andere Seite weiß, daß die Worte »Durch mich« gestehende Worte waren, jedoch hat sich dieses Wissen noch nicht in der gemeinsamen Anerkennung der *Form* des Geständnisses ausgesprochen. Das Gericht hätte also die Frage stellen können: »Ihr gesteht also nunmehr, diese Mordtat begangen zu haben?« Mit dieser Frage, auf die es zweifellos ein *Ja* zur Antwort erhalten hätte (obwohl sie natürlich andererseits das Risiko herbeizitiert), würde das Gericht nicht nur das Geständnis *gewürdigt* und den *Einschnitt*, den es darstellt, markiert, es würde den Inquisiten damit zugleich auch auf das Geständnis verpflichtet haben. Anstatt auf diese Weise das Geständnis als *Institut* aufzurufen und das Subjekt an dieses Institut zu *binden*, schlägt das Gericht mit seiner Anschlußfrage eine entgegengesetzte Strategie ein. Es trägt nicht der Form Rechnung, sondern schreitet (der ›natürlichen‹ Tendenz des Inquisitionsverfahrens und jedes Untersuchungsverfahrens entsprechend) *formlos* voran, indem es die Fragen zur Sache ohne Unterbrechung fortsetzt, als sei nichts geschehen. Als müsse das Geständnis zunächst dadurch *gesichert* werden, daß man es zu einem *umfassenden Geständnis* ausbaut.

> R: Nachdem ich und zwar zuerst die untere Stube, wo ich und der Fromlet gefrühstükt haben, verlassen hatte, gieng ich sogleich auf die Wagnerdille, wartete allda, biß der Fromlet gekommen ist, welches sich ungefähr eine Viertelstund verzögeret hat; als ich nun den Fromlet kommen hörte, stellte ich mich hinter die Thür, welche auf die Wagnerdille führt, und als er in die Thür hereintrat, hab ich ihm von hinten her mit dem mir vorgezeigten Beuel auf den Kopf geschlagen.

Nach der *Theresiana* muß das Geständnis, das »wider den Bekennenden einen vollständigen Beweis ausmachen« soll, erstens *klar*, zweitens *umständlich*, drittens *gründlich* und viertens *gerichtlich* sein (Theresiana 1769, Art. 32, § 2). Diese Erfordernisse sind durch die Antwort Sauters allesamt erfüllt. Die von ihm gegebene Sachverhaltsdarstellung (bei deren bündiger Formulierung ihm das Gericht offensichtlich zu Hilfe gekommen ist) paßt

- anders als die bisherigen Ausflüchte - genau zu den Informationen, über die das Gericht bis zu diesem Zeitpunkt verfügt. Das ist natürlich nicht weiter erstaunlich, da außer dem Geständnis so gut wie nichts mehr zur vollständigen Erhellung des Tatbestands fehlte. Der Inquisit hat jetzt also ein umfassendes Geständnis abgelegt und genau das gesagt, was das Gericht zu hören wünschte.

Der Zeitpunkt, das Geständnis zu *würdigen*, als solches allererst *festzustellen*, ist dabei aber verstrichen. Dies wäre eben nur möglich gewesen, *bevor* das umfassende Geständnis abgelegt wurde. Offensichtlich läßt sich an diese Ausführungen nicht mehr die Frage anschließen, ob Sauter jetzt in aller Form ein Geständnis ablege. Die *inhaltlichen* Ausführungen treten eben *an die Stelle* des Geständnisses *in aller Form*. Jetzt bliebe nur noch, daß das Gericht das Geständnis würdigt, indem es die nunmehr gezeigte Bereitwilligkeit des Inquisiten mit entsprechenden Worten *honoriert*. Aber auch das ist nicht gut denkbar. Ebensowenig, wie das Gericht zuvor seinen Wunsch in den Imperativ *Gestehe!* gießen konnte, vermag es nun *als Gericht* der Tatsache Ausdruck zu verleihen, daß der Inquisit jetzt endlich das gesagt hat, was es zu hören wünschte. Das Gericht darf, auch wenn es *seine Vertreter* offenbar nach dem Geständnis verlangt, nicht die Sprache des Verlangens führen und nicht die Sprache des befriedigten Verlangens. Anders der Erzieher, der sich über das Geständnis des Zöglings freuen darf, weil es das vorausgesetzte verbindende Band erneuert.

Das Band zwischen dem Verhörenden und dem Verhörten hingegen ist nicht vorausgesetzt, sondern kann sich nur auf die kommunikative Situation des Verhörs selbst beziehen. Die Rede, die hier allenfalls geführt werden könnte, müßte daher eine Rede sein, die zwar auf den Interaktionscharakter der Situation referiert, aber nur vermittelt über eine Bezugnahme auf den Adressaten - wie etwa: »Wir freuen uns *für Euch*, daß Ihr nun endlich gestanden habt« oder »Warum habt Ihr es *Euch* so schwer gemacht und so lange gezögert«. In solchen Reden würde das Problem, das das Gericht mit dem Inquisiten hatte, ganz und gar zu einem Problem, das der verstockte Inquisit mit sich selbst hatte: Der Inquisit hat sich nun durch den Gang der Verhöre *eines Besseren belehren* lassen und das Geständnis abgelegt. Unter diesem Vorzeichen würden sich die Verhöre als Minimalform einer Erziehungssituation zu erkennen geben.

So wäre es durch die Bezugnahme auf das Geständnis möglich, den Inquisiten im weiteren Verlauf des Verhörs *als* jemanden zu *behandeln*, der *Einsicht gezeigt* und sich *gebessert* hat. Im Falle Sauter sieht das Gericht of-

fenbar keine Veranlassung dazu. Es sieht in Sauter nicht denjenigen, dessen
Verstockung sich nun gelöst hat, sondern lediglich denjenigen, der dem Gericht viel zu lange Schwierigkeiten gemacht hat. Sauter hat sich in den Augen des Gerichts keineswegs gebessert; er ist derselbe wie vorher; gestanden
hat er nur, weil ihm nichts anderes übrig blieb. Das Gericht verfügt nicht
über die grundlegende Unterscheidung zwischen der Person des Inquisiten
als solcher und seiner veränderten Subjektposition innerhalb der Kommunikationssituation des Verhörs, die durch sein Geständnis impliziert ist. Es
erkennt nicht, daß es die Kommunikationssituation verlangt, den Geständigen *als* jemanden zu *behandeln*, der sich eines Besseren hat belehren lassen –
unabhängig davon, ob dies wirklich der Fall ist oder nicht. Das liegt daran,
daß die Selbstreferentialität der Verhörsituation für das Gericht nur negativ als ein Störfall in Rechnung gestellt wird. Metasprachlich thematisiert
werden lediglich die unverschämten Lügen und die Aussageunwilligkeit des
Inquisiten. Sein Geständnis hingegen wird nicht thematisch. Insofern verhält sich das Gericht in einem doppelten Sinne nicht *situationsadäquat*. Es
kann nur *weitermachen*:

Int: 115.
War die Thür zur Wagnerdille offen oder
verschloßen als ihr hinauf gienget?

> R: Ja! ich mußte sie öffnen.

Int: 116.
Wie war dan die Thür verschloßen?

> R: Mit einem Nalschloß, wozu ich den
> Schlüssel an einem eigens bestimmten Ort
> abgelangt habe.

Int: 117.
Wo habt ihr nach geöfneter Thür das Nal-
schlössl hingethan?

> R: Ich habe es einsweilen zu mir genom-
> men, als ich aber den Fromlet tod geschla-
> gen habe, stekte ich es ihm in die Tasche.

Int: 118.
/: nach nochmal vorgelegtem Schlößel :/ be-
harret ihr darauf, daß dieses eben das nämliche Nalschloss sey, welches ihr auf die 44te

Frag schon als das Schlöl zur Thür erkannt
habt.

R: Ja!

Int: 119.
Was hat euch bewogen, das Schlössl dem
Ermordeten in den Sak zu steken.

R: Um dadurch glauben zu machen, als hätte er die Thür zuerst geöfnet.

Das ›Weitermachen‹ des Gerichts kann nur im Abgleich der Aussagen des
Inquisiten mit den weiteren bereits erhobenen Tatumständen bestehen. Alles, was das Gericht weiß, muß zu dem passen, was der Inquisit sagt. Nur
dann ist das Erfordernis der *Gründlichkeit* des Geständnisses erfüllt. Gleichwohl läßt sich eine solche Fortsetzung der Befragung auf verschiedene Weise
denken. In diesem Fall läßt sich erkennen, daß das Gericht bei der Erörterung eine bestimmte Qualität der Tat in den Vordergrund treten lassen
möchte: Sowohl das Verhalten vor der Tat wie das Verhalten nach der Tat
soll zum Geständnis *erschwerend* hinzukommen. Obwohl Sauter bereits einbekannt hat, daß er sein Opfer auf dem Speicher erwartet hat, unterstreicht
das Gericht mit der Frage nach dem eigens geöffneten Schloß noch einmal
den *vorbedachten* Charakter der Tötung. Und indem es Sauter noch einmal
betonen läßt, daß er den Schlüssel nach Vollendung der Tat dem Opfer
aus Überlegung in die Tasche gesteckt hat, stellt es ihn als einen besonders
kaltblütigen Mörder hin. Es wäre durchaus möglich gewesen, zunächst auf
andere Momente der Tat einzugehen und etwa über die auslösende Motivierung oder die Szene der Tat selbst zu sprechen. So aber bekommt die
Fortsetzung der Befragung eine Tendenz: Sauter soll *noch mehr* gestehen;
und er tut dies auch anscheinend bereitwillig.

Int: 120.
Wie viel mal habt ihr auf den Ermordeten
zugeschlagen.

R: Ich weiß nicht 3 oder 4. mal.

Int: 121.
Wenn aber an dem Ermordeten mehrere
Schläge wahrgenommen würden, vom wem
glaubet ihr, daß die übrigen geschehen
seyen?

R: Auch von mir.

Int: 122.
Man sagt euch also daß er 7. Wunden habe.
Glaubt ihr also, daß ihr ihm alle zugefügt
habt?

R: Ja sie sind alle von mir.

Die Tendenz, den Inquisiten *noch mehr* gestehen zu lassen, bekommt gerade-
dezu eine unfreiwillig komische Note. Gewiß kann man anführen, hier sei
nur ›der Vollständigkeit halber‹ nachgebohrt worden, um die Zahl der eingestandenen und der verabreichten Schläge in Übereinstimmung zu bringen.
Es hätte aber überhaupt nicht in dieser Weise nach der Zahl der Schläge
gefragt werden müssen. Es ist ohne weiteres einleuchtend, daß Sauter bei
seinem Tätlichwerden die Schläge nicht gezählt hat. Folglich erweckt das
Vorgehen des Gerichtes den Anschein, als wäre es weiterhin darauf aus, den
Inquisiten der Lüge zu überführen, um auf diese Weise zur Wahrheit zu
gelangen. Man könnte sagen: das Gericht *gefällt sich* darin. Denn das ist freilich ein eitles Spiel, insofern dem Inquisiten ohnehin nichts anders übrig
bleibt, als die vom Gericht angegebene erhöhte Anzahl der Schläge zu bejahen, die in den Augen des Gerichtes offensichtlich für eine proportional
erhöhte Mordlust und damit für eine besondere Grausamkeit spricht.
Das Gericht ist noch nicht mit der Maxime des Untersuchungsverfahrens
vertraut, die Wilhelm Snell später folgendermaßen formuliert: »Ist auch der
Untersuchungsrichter zur Überzeugung gelangt, daß dem Angeschuldigten
überhaupt ein Verbrechen zur Last falle, so lege er doch in der ganzen
Behandlung desselben die Annahme nur eines geringeren Grades der Verschuldung zur Basis, bis die ausgemittelten Umstände, eine höhere Strafbarkeit anzunehmen, nothwendig machen.« (Snell 1819, 55 f.) Als nächstes,
vermerkt das Protokoll, wird Sauter noch einmal sein Arbeits-Beil als die
Tatwaffe vorgelegt:

Int: 123.
Ist dieß das Instrument, deßen ihr euch bey
der Ermordung bedient habt?

R: Ja!

Int: 124.
Wie habt ihr ihn denn gebraucht?

R: Bald mit dem Schneidenden, bald mit
dem stumpfen Theil. Ich ließ ihn nach der
That auf der Dille liegen.

Int: 125.
Wißt ihr euch nicht zu erinnern, wie und
wohin ihr ihm den ersten Streich gegeben
habt?

R: Nein! Das weiß ich nicht; wohl aber daß
er auf den ersten Streich umgefallen ist, Jesus Marie geschrauen hat, und ich ihm die
übrigen Streiche, als er auf dem Boden lag,
gegeben habe.

Die Fragen richten sich jetzt also auf die Ausführung der Tat. Sie beschränken sich dabei aber vollkommen auf die äußeren Umstände. Beim ersten
Vorlegen der Mordwaffe zwei Tage zuvor hatte das Gericht wohl darauf
gehofft, im Inquisiten eine Erschütterung hervorzurufen, die zu einem Geständnis hätte führen können. Nunmehr, nachdem das Geständnis abgelegt
wurde, wird eine Erschütterung des Inquisiten nicht mehr in Rechnung
gestellt. Offensichtlich hat das Verhalten des Inquisiten dabei Vorschub ge-
leistet. Während dieses ganzen vierten Verhöres ist noch keine der sonst
so häufigen ›Gebärdenbemerkungen‹ protokolliert worden. Wäre das Geständnis von eindeutig codierten Zeichen der Reue oder wenigstens der
Erschütterung begleitet gewesen, so hätte man das sicherlich festgehalten.
Die Resignation Sauters hat seinem Geständnis zunächst vermutlich den
Anstrich der Teilnahmslosigkeit verliehen. Nach Beendigung aller Verhöre
hat sich das Gericht noch einmal über das Verhalten des Inquisiten insgesamt schriftlich geäußert, und dort heißt es, daß Sauter »während seines
Bekenntnißes der verübten Mordthat sich eben so unreumüthig als vor und
nach demselben aufgeführt hat«. (fol. 242r) Für das Gericht ist Sauter ›einer
von denen‹, die nur gestehen, weil ihnen ›nichts anders übrig bleibt‹, und
die anscheinende Teilnahmslosigkeit des Gestehenden hat es in der Auffassung bestärkt, ihm entsprechend ›unteilnehmend‹ begegnen zu sollen (als
müsse man ihm ›mit gleicher Münze heimzahlen‹).

Es ist natürlich müßig darüber zu spekulieren, ob dem Gericht die Zeichen der Erschütterung Sauters vielleicht entgangen sind, weil es nicht
über die erforderliche Feinheit teilnehmender Beobachtung verfügte. Die
Antworten auf die unmittelbaren Fragen zur Tat legen indessen nahe, daß

zumindest der Mord selbst für Sauter jener erschütternde Abgrund, jenes »sprachlich entwurzelte Tun« gewesen ist, als der er schon in der letzten Ausflucht mit dem gespenstischen Handwerksburschen erschienen war. Man kann das daraus schließen, daß er wahllos mit der scharfen und der stumpfen Seite des Beils zugeschlagen hat und daß er sich nicht mehr erinnern kann, wohin der erste Schlag traf.

Seiner letzten Antwort kann man aber noch mehr entnehmen. Die Mitteilung, daß das Opfer noch »Jesus Marie« geschrien hat, wurde von keiner Frage veranlaßt (jedenfalls steht im Protokoll nichts von einer Frage danach, ob das Opfer noch etwas von sich gegeben habe, bevor es starb). Und zwar ist eine solche Frage nicht gestellt worden, weil nichts in dieser Richtung zu dem vom Gericht erhobenen Tatbestand gehörte. Mit anderen Worten: Von dem, was der Konstitut hier zur Sprache bringt, *war noch nie die Rede*. Zum ersten Mal geht sein Geständnis damit über das hinaus, was er zu sagen verbunden ist. Zum ersten Mal spricht er *von sich aus*. Und es ist kaum ein Zufall, daß die Worte, die er dergestalt von sich aus vorbringt, die letzten Worte weitergeben, die sein Opfer ausgestoßen hat.

Dieses »Jesus Marie« wirkt wie ein Einspruch gegen die Tat als »sprachlich entwurzeltes Tun«. Sauter hat von vornherein den Vorsatz gehabt, seinen vormaligen Gesellen hinterrücks zu erschlagen, also ohne daß dieser noch hätte *das Wort an ihn richten* können. Das Übermaß an Tätlichkeit, das Sauter dann an dem auf dem Boden Liegenden ausgeübt hat, wird – wie man annehmen kann – seinen Grund in dem Schrecken und der Unerträglichkeit der vom Opfer unvermuteter Weise doch noch ausgestoßenen Worte gehabt haben. Sauter wollte um alles in der Welt nichts mehr hören müssen, um es endgültig zu Ende zu bringen. Und umgekehrt ist es gerade dies, was Sauter von sich aus denjenigen mitzuteilen sich gedrungen fühlt, die es zu hören verstehen.

Int: 126.
Ist euch nicht bewußt, ob der Ermordete
sogleich tod geblieben ist?

R: Ja! Er war tod als ich noch bey ihm war.

Int: 127.
Woher wißt ihr das?

R: Ich hab ihn angelupft, und hier gesehen,
daß er tod ist, denn er lag auf dem Gesicht.

Int: 128.

Aus was Ursach habt ihr ihn aufgelupft?

> R: Um zu sehen, ob er tod ist.

Auf einer gewissen Ebene antworten diese Fragen auf das, was Sauter von sich aus gesagt hatte – auch wenn sie nicht darauf aus sind. Denn wenn Sauter blindlings auf sein Opfer eingeschlagen hat, damit es nicht mehr spricht, konnte er es erst verlassen, nachdem er gewiß war, daß es nicht mehr sprechen würde. Daß Sauter den Toten angehoben (und also angefaßt) hat, ist im Grunde das erste dem Gericht noch unbekannte Detail, in dessen Kenntnis es sich durch sein Nachfragen setzt. Die Fragen und die Antworten greifen hier vor allem deshalb ineinander, weil nicht nach den äußeren Umständen der Tat gefragt wird, sondern nach dem Wissen und den Gründen des Subjekts. Nur aus diesem Grunde bringen die Fragen etwas hervor.

Int: 129.

Was hättet ihr gemacht, wenn er noch nicht
tod gewesen wäre?

> R: nichts.

Auch diese Frage zielt nicht auf die äußeren Umstände der Tat, sondern auf die Disposition des Subjekts. Aber das, was sie erfragen will, ist ungleich schwerer zu fassen. Denn die Disposition betrifft eine hypothetische Handlungsalternative. Eine klare Antwort ist hier allenfalls möglich, wenn das Subjekt in der Abfolge seines Handelns ein Programm abarbeitet, wenn es die nicht realisierte Möglichkeit vorab in sein Kalkül gezogen hat. Unter den gegebenen Bedingungen kann das aber nur heißen: Sauter will Fromlet umbringen; zu diesem Zwecke schlägt er mit einem Beil auf ihn ein; dann überprüft er die Erreichung des Zweckes; wenn er feststellt, daß der Zweck auf diese Weise nicht erreicht wurde, hat er weitere Mittel zur Erreichung des Zweckes zu ergreifen. Die Frage ist also entweder nicht zu beantworten oder sie ist eine Scheinfrage, die nur eine Anwort zuläßt. Und die Antwort Sauters ist natürlich das Gegenteil der zugelassenen Antwort.

Int: 130.

Dieß ist ganz unglaublich, und man muß
vielmehr glauben, daß da ihr dem schon
auf den ersten Streich umgefallenen noch

auf dem Boden liegend 6. Streiche gegeben
habt, diesem noch so lang mit Schlägen zu-
gesezt haben würdet, bis ihr gewiß gewußt
hättet, daß er tod ist?

> R: Ja! es ist so! /: Nach einem Zwischen-
> raum :/ nein ich hätte keine mehr gegeben.

Zum ersten Mal an diesem Tage gibt es einen manifesten Dissens. Sauter
hat nicht geantwortet, was man von ihm hören wollte. Diesen Dissens hat
sich das Gericht selbst zuzuschreiben. Denn es war ganz unnötig, diese hypothetische Alternative einzuführen. Sauter hat immerhin einen gräßlichen
Mord eingestanden. Aber nach der Devise, den Inquisiten *noch mehr gestehen*
zu lassen, wollte das Gericht hören, daß der Inquisit *fähig* gewesen wäre,
einen noch gräßlicheren Mord zu begehen. Und damit will es zu verstehen
geben, daß dieser nicht verübte gräßlichere Mord ›eigentlich‹ schon in der
verübten Tat enthalten ist.

Einerseits ist die Frage, was Sauter getan hätte, wenn sein Opfer nicht
tot gewesen wäre, unsinnig, insofern Sauter ja gerade wiederholt zugeschlagen hat, um *sicherzugehen*, daß Fromlet den Mund nicht mehr aufmacht,
der hypothetische Fall also nicht eintreten kann. Insofern verrät die Frage
ein profundes Unverständnis. Andererseits ist die Frage als Anschlußfrage
sinnvoll, weil Sauter sich darüber hinaus davon *überzeugen* mußte, daß sein
Opfer tot war, also mit der Möglichkeit zu rechnen schien, daß es noch leb-
te. Beides kommt in der Formulierung der Anschlußfrage zum Ausdruck,
die gegen Sauters verneinende Antwort Protest einlegt und dabei eine merkwürdige logische Form aufweist. Denn die Argumentation lautet ja letztlich
ungefähr: Da Ihr nun schon so lange auf Euer Opfer eingeschlagen hattet,
bis ihr sicher wart, daß es tot ist, hättet Ihr doch gewiß so lange auf euer
Opfer eingeschlagen, bis Ihr sicher gewesen wärt, daß es tot ist.

Der ihr entspringende Dissens zeigt, wie unvorsichtig die Frage war. Mit
seiner verneinenden Antwort weicht der bislang folgsame Sauter erstmals
vom Pfad des Geständnisses ab. Das Gericht kann dies nicht auf sich beruhen lassen und gibt eine Erklärung darüber ab, wie »unglaublich« seine
Verneinung ist. Aber diese Unglaubwürdigkeit ist eine ganz andere als etwa
die Ausrede mit dem Tabak oder dem Taschentuch. Es ist - wenn überhaupt
- eine ›echte‹ Unglaubwürdigkeit, nämlich etwas, was man zwar möglicherweise nicht glauben mag, aber gleichwohl möglich ist. Sauters Behauptung
darüber, was er in einem nicht eingetretenen Fall getan haben *würde*, läßt

sich schlechterdings nicht widerlegen. Zunächst scheint sich Sauter in seiner Entgegnung auf die Ausführungen des Gerichts einzulassen, kehrt dann
aber zu seiner ersten Behauptung zurück. Mag sein, daß er begriffen hat,
daß man ihn nicht widerlegen kann; mag sein, daß er sich wirklich noch
einmal in dieser Sache befragt hat. Das Gericht jedenfalls kann kaum anders
als die Sache auf sich beruhen lassen.

> Int: 131.
> Ihr müßt also wenigst eine andere Ursache
> gehabt haben, warum ihr den Ermordeten
> aufgelupft habt?
>
> > R: Nein! Ich habe keine andere gehabt.

Weil es hier nichts zu argumentieren und zu widerlegen gibt, geht das Gericht auf eine »andere Ursache« über, die eine Erklärung für das Hochheben
des Mordopfers liefern soll. Denn nach der Auffassung des Gerichtes muß
der von Sauter selbst angegebene Grund, er habe dies getan, »Um zu sehen,
ob er tod ist«, durch einen anderen ersetzt werden, der diese Handlung im
Hinblick auf mögliche Anschlußhandlungen expliziert. Denn das Gericht
ist offensichtlich bestrebt, Jakob Sauter mit Haut und Haaren in der Rubrik
kaltblütiger Mörder unterzubringen und möchte deshalb nicht hinnehmen,
daß die Tätlichkeit selbst einen Zustand hervorruft, an den die Motive
des planenden Verstandes nicht heranreichen. Es handelt sich jedoch um
einen schwachen Versuch, um einen nutzlosen und wohl auch ungefähren
Verdacht, dem Sauters Antwort, da er die subjektive Tatseite betrifft, ohne
weiteres einen abschlägigen Bescheid geben kann.

> Int: 132.
> Was habt ihr bey der Ermordung für ein
> Kleid angehabt?
>
> > R: Ein himmelblaues, welches ich volbeend-
> > ter That in der Werkstatt abgezogen, unter
> > den Hobelbank gethan, dafür jenes, welches
> > ich bey mir hab, angezogen habe, das ich
> > in der früh, wie ich aufgestanden bin, mit
> > mir herunter genommen, und ehe ich zu
> > den Kappuzinern in die Meß gieng, in der
> > Werkstatt versorgt habe.

Dem Gericht bleibt nichts anderes übrig, als zu etwas anderem überzugehen,
das zweckmäßiger Weise unter die objektive Tatseite fällt. Es ist nicht recht

ersichtlich, wieso die Wahl auf die Kleidung Sauters fällt, aber es liegt nahe, an die Spuren zu denken, die die Tat auf der Kleidung möglicherweise hinterlassen hat. Die Kleidung, könnte man sagen, ist in dieser Hinsicht verräterisch; sie war gewissermaßen ›dabei‹ und kann möglicherweise gegen den Täter zeugen, weil von der Tat etwas auf die Kleidung ›abgefärbt‹ hat.

Jedenfalls hat das Gericht mit der Frage einen neuralgischen Komplex angesprochen. Sauter gibt eine erstaunlich komplizierte Antwort: Er hat am Morgen der Tat zunächst ein himmelblaues »Kleid« angezogen; die Kleidung, die er jetzt im Verhör trägt, hat er in die Werkstatt mitgenommen und dort verstaut; dann hat er den Mord ausgeführt; anschließend ist er wieder in die Werkstatt zurückgegangen und hat sich umgezogen; die von der Tat kontaminierte Kleidung hat er in der Werkstatt versteckt. Demzufolge hat er den Kleidungswechsel nach der Tat also *vorbereitet*. Die Darstellung wirft kein günstiges Licht auf den Inquisiten, da sie die Vorsätzlichkeit und Vorbedachtheit der Tat, die ›Prämeditation‹, noch mehr in den Vordergrund rückt.

> Int: 133.
> Was hat euch bewogen ein anderes Kleid anzuziehen?
>
>> R: Es war nämlich blutig dasjenige, welches ich damalen angehabt habe.

Die Anschlußfrage kann wieder auf die subjektive Tatseite, auf Motive des Handelns zielen. Sauter will sich nach der Tat umgezogen haben, weil seine Kleidung durch Blut kontaminiert war. Frage und Antwort klingen aber nur auf den ersten Blick plausibel. Die Frage hätte ja sinnvollerweise lauten müssen: »Was hat euch bewogen, *Vorkehrungen* zu treffen, um ein anderes Kleid anzuziehen?« Und die Antwort hätte dann lauten können: »Ich *rechnete* damit, daß meine Kleidung beim Mord Blutspuren bekommen würde.« Der Unterschied liegt auf der Hand: Sauter kann sich auch umgezogen haben, *ohne* daß *tatsächlich* Blutspuren an seiner Kleidung zu sehen waren (während übrigens das Blut an Sauters *Händen*, auf das man wegen des dem Opfer nachträglich in die Tasche gesteckten blutigen Schlüssels schließen muß, *abgewaschen* werden konnte).

Es ist unklar, ob das Gericht auf diesen Unterschied nicht geachtet hat oder ob es ihn unbeachtlich fand. Jedenfalls reagiert es auf Sauters letzte Auskunft mit einem ganz ungeeigneten Vorhalt:

Int: 134.
Ihr sehet also, daß ihr das Gericht wider
einmal angelogen habt, indem ihr immer
behaupteten, als wäret ihr von der Dille sogleich hinaus gegangen, nun aber bekennet
ihr euch in der Werkstatt eingekleidet zu
haben.

R: Ja ja! Ich muß gelogen haben.

Deutlicher konnte das Gericht kaum zum Ausdruck bringen, daß es im
Inquisiten auch nach dessen Geständnis den unverschämten Lügner sieht,
und daß es ihn dem entsprechend zu behandeln gedenkt. Damit verstößt es
gegen die Klugheitsregel, daß bei »der Constituierung des geständigen Inquisiten [...] alles vermieden werden« müsse, »was denselben auf die Meinung
führen könnte, man zweifle seiner Aufrichtigkeit [...], und alles, was nur
dazu dient, den Inquisiten [...] zu quälen« (Pfister 1814–1820, Bd. 5, 559).
Es greift zu kurz (oder geht zu weit), wenn man dem Vorsitzenden Richter von Albini und seinen Beisitzern anlastet, im Inquisiten Jakob Sauter
nicht den *Menschen* gesehen zu haben. Der Befund, daß das Gericht sich
nicht *situationsadäquat* verhält, besagt vielmehr: Es hat nicht die nötigen
Konsequenzen daraus gezogen, daß die institutionelle Praxis des Verhörs
durch die Abschaffung der peinlichen Frage zugleich eine kommunikative
Situation geworden *ist*.

Um es noch einmal zu sagen: Erst durch diese Veränderung und die
damit verbundene Ausweitung und Wiederholung der Verhörtätigkeit gerät
der Inquisit virtuell und *wie von selbst* in die Subjektposition des hartnäckigen Lügners. Wer aber dem Inquisiten wie hier den Verstoß gegen die Regel kommunikativen Handelns vorwirft, den die Lüge darstellt, der müßte
umgekehrt auch sein eigenes Vorgehen den Gegebenheiten der Kommunikationssituation oder genauer Interaktionssituation anpassen. Er müßte
sich selber als der Interaktant wahrnehmen, der er ist. Als *Mensch* muß der
Untersuchungsrichter agieren, insofern er sich nicht ausschließlich als Stellvertreter einer Institution begreifen darf. Er muß in Bezug auf sich selbst
die Unterscheidung zwischen Untersuchungsrichter und Kommunikationsteilnehmer handhaben können und in Bezug auf sein Gegenüber die Unterscheidung zwischen Inquisit und Kommunikationsteilnehmer vornehmen.
Das mag die Menschenfreundlichkeit gebieten, das gebietet aber vor allem
die Klugheit. Doch diese Klugheit muß erworben werden.

Sauter wird also behandelt, *als hätte er kein Geständnis abgelegt,* als hätte er immer noch Grund zu lügen. Das ist im vorliegenden Falle umso mehr fehl am Platze, als die ihm vorgehaltene Behauptung, er habe doch bisher behauptet, vom Tatort direkt zum Spitaltor hinausgegangen zu sein, aus der Schlußphase des Verhörs am Abend zuvor datiert, als er die Tat näm-lich jenem fremden Handwerksburschen zugeschoben hatte. Das Gericht kommt also bezeichnenderweise auf eine Behauptung *vor* dem Ablegen des Geständnisses zurück – auf eine Behauptung, die am heutigen Tag nicht erneuert worden war und deshalb gewissermaßen ohnehin ihre Gültigkeit verloren hat. Entsprechend ungeduldig wirkt denn auch das wiederholte »Ja ja!« der Antwort. Und entsprechend zweideutig wirkt der Zusatz, der den Vorhalt zugleich konzediert und abschüttelt, als handle es sich um etwas längst Vergangenes.

Mit diesem unwillig gemachten Eingeständnis der Lüge endet das Ver-hör, in dem Sauter sein umfassendes Geständnis abgelegt hat. Es endet ei-nigermaßen abrupt und unvermittelt. Man kann sich denken, weshalb das Gericht für heute Vormittag Schluß machen wollte: Die blutbefleckte Klei-dung, von der Sauter soeben gesprochen hat, muß noch an Ort und Stelle sein, in der Werkstatt unter der Hobelbank. Vielleicht hat der Richter von Albini die letzte Frage so unbedacht gestellt, weil ihm dieses handgreifliche Indiz der Mordtat schon vor Augen stand, auf das er sich jetzt stürzen wird, als bedürfe es eines anderen Beweises als dem Geständnis eines Lügners.

Fünftes Verhör

Zurückweisung des Geständnisses

Bevor das Verhör am Nachmittag fortgesetzt wird, vermerkt das Protokoll, man habe auf Sauters Angaben zur blutbefleckten Kleidung hin den »Augenschein in der Wagnerwerkstatt im Spital eingenommen, dabey aber befunden, daß die Angabe des Delinquenten auf besagte Frag falsch seyn müsse«. Man beginnt daher mit der Aufforderung:

> Int: 135.
>
> Man hat sich mittlerweil erkundiget, ob eu-
> er Vorgeben nach verübtem Todschlag ein
> himmelblaues Kleid unter den Hobelbank
> in der Werkstatt gelegt zu haben, wahr seye,
> man hat aber das Gegentheil befunden; be-
> sinnt euch also über diesen Gegenstand bes-
> ser.

> R: Ich muß bekennen, daß ich nur ein blau-
> es Kamisol mit Ährmel angehabt habe.

Die Antwort Sauters ist eher eine Richtigstellung denn ein Bekenntnis. Von einem Kamisol in der Werkstatt war im dritten Verhör schon einmal die Rede gewesen, und zwar wollte Sauter das in seiner Kammer geholte Schnupftuch am Tag vor dem Mord dort hinein gesteckt haben. Dieses Schnupftuch hat wohl nie existiert, das Kamisol mit Ärmeln aber gibt es tatsächlich. Im Protokoll findet sich hier der Vermerk: »Man hat bey dem eingenohmen Augenschein auch ein solches Kamisol, jedoch ohne Blut in der Werkstatt vorgefunden.« Das läßt nun die Deutung zu, daß keineswegs das »Gegentheil« wahr ist, sondern daß der Hergang durchaus so war wie von Sauter geschildert: Das Kamisol, an dem zwar nicht im wörtlichen, wohl aber im übertragenen Sinne Blut klebte, wurde wie geplant durch die gewöhnliche Kleidung ersetzt, in der er nun auch vor seinen Richtern sitzt. Das Gericht beschäftigt sich aber nicht mit dieser Möglichkeit – das Kamisol ist, weil in der Tat kein Blut daran klebt, offensichtlich kein interessantes Objekt mehr. Es nimmt statt dessen die Richtigstellung zum Anlaß für eine ›Tirade‹ gegen Sauter als einen unverbesserlichen Lügner:

Int: 136.

Auf die 9te Frag habt ihr gesagt, ihr seyet am
lezten Donnerstag in der Früh nach der 6.
Uhrmeß bey den Kapuzinern in die Wagnerwerkstatt im Spital gegangen, auf die
10te sohin ihr habet darin eine Kappe geholt, und endlich da man euch gezeigt hat,
daß dieß eine Lug seye, habt ihr auf die 60te
Frag gesagt, ihr hättet darin Tabak geholt,
mit welcher Angabe man sich auch einsweilen begnügt hat; indeßen gestundet ihr,
nachdem ihr vorhin noch ein paarmal gelogen habt, ein, daß ihr mit diesem Tabakholen nur 5. oder 6 Vatterunser lang Zeit
gebraucht habet, und nachhin doch noch
und zwar länger als der Ermordete in Werkstatt ohne jedoch etwas anderes zu thun geblieben seyt. Man hat aber Grund genug zu
glauben, daß ihr euch noch mit etwas an-
derm beschäftiget habt.

R: Ich weiß von keiner anderen Beschäftigung.

An der Elaboriertheit der deplazierten Tirade läßt sich unschwer erkennen,
daß sie nicht aus dem Stegreif kam, sondern vorbereitet wurde. Man kann
vermuten, daß von Albini, nachdem man bei der Durchsuchung der Werkstatt nur ein unblutiges Kamisol statt eines blutigen Kleids gefunden hatte,
sich die Verhörprotokolle vorgenommen und daraus zusammengesucht hat,
was er dem Inquisiten auftischen wollte: nämlich die vielen Lügen und Ungereimtheiten bezüglich seines Aufenthaltes in der Werkstatt kurz vor der
Tat. Nun hat Sauter diese Lügen und Ungereimtheiten allesamt *vor* seinem
Geständnis geäußert. Wieder wird ihm also das verfehlte Aussageverhalten
vorgehalten, mit dem er das Geständnis umgehen wollte, das er aber inzwischen abgelegt hat. Es wird unterstellt, Sauter habe weiterhin ein Motiv
dafür, die Wahrheit zurückzuhalten. Dabei bedient sich das Gericht wieder der erprobten Figur, von Gründen zu sprechen, ohne sie zu nennen.
Auf diese Weise bleibt auch unklar, welcher Art diese Gründe sind. Sind
es wiederum Informationen, über die das Gericht verfügt, oder sind es
neue Schlußfolgerungen? Jedenfalls hält sich das Gericht mit der schließlich formulierten Frage auf eine eher vordergründige Weise zurück, um den

Inquisiten hervorzulocken (oder auch nur, um sich selbst ins rechte Licht zu setzen). Die Antwort Sauters kann mit gleich viel Recht als trotzig oder als ratlos gedeutet werden.

Int: 137.
Wißt ihr euch noch zu erinnern, mit welchem Instrument ihr die Mordthat begangen habt?

> R: Ja mit meinem Beuel.

Int: 138.
Wie seyt ihr dann zu diesem Beuel gekommen?

> R: Ich hab ihn aus der Werkstatt geholt.

Int: 139.
Um welche Zeit ist dieß geschehen?

> R: Um die nämliche wo ich Tabak geholt hab.

Das Gericht muß Sauter also ›auf die Sprünge helfen‹. Natürlich ist es aus Verfahrensgründen häufig nötig, Fragen aus formalen Gründen zu stellen – Fragen, von denen jeder weiß, daß der andere die Antwort weiß. Die Frage, ob sich Sauter noch an seine Tatwaffe erinnert, ist aber nicht durch formale Gründe gedeckt. Vielmehr fängt das Gericht geduldig noch einmal ›bei Null‹ an – scheinbar weitab von der letzten Frage, auf die Sauter keine Antwort wußte –, wie bei einem kleinen Kind, das selbst drauf kommen soll, was man von ihm wissen will: Auch dies die Modulation einer pädagogischen Situation. Wenn Sauter das Wort ›Beil‹ ausspricht, könnte ihm doch ein Licht aufgehen. Zwar spricht er das Wort auch folgsam aus, aber er ist eben dumm. Bei der zweiten Frage müßte ihm erst recht klar werden, worin die bisher noch nicht zur Sprache gekommene Beschäftigung besteht, nach der das Gericht fragt. Sauter antwortet ganz einfach auf die Frage, und nichts weiter. Wenn er die nächste Frage vorhersieht, läßt er sich nichts anmerken. Wer nur *ohne weiteres* die letzte an ihn gestellte Frage beantwortet, ist auf jeden Fall in der Position des Dummen. Mit der voraussehbaren dritten Frage wird Sauter ganz nahe herangeführt an die ›andere Beschäftigung‹, die das Gericht von ihm hören wollte.

Die präzise Antwort Sauters auf diese Frage ist nun allerdings nicht unbedingt voraussehbar und nicht ohne weiteres zu deuten. Eine erwartbare

Antwort wäre vielleicht gewesen: »Vor dem Morgenessen« oder »Nachdem ich bei den Kapuzinern war«. Denn den Tabak will Sauter ja, wie das Gericht gerade in seiner Tirade ausgeführt hat, am Morgen der Tat nach dem Besuch der Messe und vor der Morgenmahlzeit aus der Werkstatt geholt haben. Aber das Tabakholen hatte Sauter nur als zweite Ausrede vorgebracht, nachdem ihm das Holen der Kappe als unmöglich nachgewiesen und er schon zehnmal nach einer weiteren Angabe gefragt worden war. Und auch die Sache mit dem Tabak war ob ihrer Unwahrscheinlichkeit nur mit Vorbehalt, »einsweilen«, akzeptiert worden. Wenn Sauter seine Auskunft jetzt an diese Angabe knüpft, so kann man dies sehr wohl als ein *trotziges* Festhalten an der damals eigentlich unhaltbaren und nun eigentlich der Vergangenheit angehörenden Ausrede auffassen. Es kann aber auch sein, daß die Bezugnahme auf den Tabak gewissermaßen als ein Echo auf die Darstellung des Gerichtes erfolgte, das in seiner Tirade soeben diesen Nebenumstand des Tabakholens auffällig in den Mittelpunkt gerückt hatte. In diesem Falle würde sich Sauter einfach der Bequemlichkeit halber auf die Rede des Gerichts beziehen, um den Zeitpunkt eindeutig zu fixieren. Das Gericht faßt Sauters Antwort aber im ersten Sinne auf:

> Int: 140.
> Sehet nun daß ihr mit lügen noch nicht
> aufhört, denn eben durch dieß; daß ihr
> auch noch den Beuel geholt habt, ist ge-
> nugsam bewiesen, daß ihr euch nebst dem
> Tabakholen noch mit was anderm beschäf-
> tigten.

> R: Ich muß es gestehen.

Damit ist diese Angelegenheit zum Abschluß gebracht. Sauter hat wieder einmal etwas *gestehen müssen*. Das Gericht hat den Inquisiten wie ein störrisches Kind mit der Nase darauf gestoßen, daß es zu dumm ist, um vernünftige Antworten zu geben. Wenn es diesen Befund allerdings für eine neuerliche Lüge erklärt, vergreift es sich abermals in der Wortwahl. Da Sauter den Mord gestanden hat, findet er auch nichts dabei, anzugeben, daß er sich das ›Mordwerkzeug‹ beschafft hat. Das Gericht *unterstellt* einfach, daß ihm Sauter bei der Frage nach der Beschaffung des Mordwerkzeugs einen *Widerstand* entgegensetzt. Wahrscheinlich macht Sauter wirklich einen trotzigen Eindruck. Möglicherweise gibt es diesen Widerstand tatsächlich. Aber dann wird er falsch interpretiert. Denn da Sauter auf die präzisen

Fragen auch eine klare Antwort gibt, handelt es sich sozusagen um einen ›kommunikativen‹ Widerstand, der sich von der Dummheit nicht unterscheiden läßt.

Int: 141.
Könnt ihr euch noch erinnern, wohin ihr nach euerm eigenen Einbekenntniß von der Werkstatt aus gegangen seyt?

R: ja! in die untere Stube.

Int: 142.
Wo habt ihr wehrend der Zeit, als ihr in der untern Stube waret, den Beuel liegen gehabt.

R: Vor der Stubenthür der untern Spitalstube.

Das Gericht bemüht sich um die Vervollständigung der Vorgeschichte der Tat. Der Befragte gibt weiterhin bereitwillig Auskunft, sobald eine klar umrissene Auskunft genügt. Und weiterhin erstreckt sich die Bereitwilligkeit nur auf die gerade gestellte Frage. Es ist die Bereitwilligkeit einer trägen Masse.

Int: 143.
Ihr habt auf die 14te Frag geantwortet, ihr habet in der Werkstatt des Ermordeten nichts anderes geredt, als ihm die Zeit gewunschen, habt ihr nichts mehrer mit ihm geredt?

R: Nein!

Mit dieser Frage geht das Gericht einen Schritt zurück. Die ›Zeitwünsche‹ will Sauter dem Fromlet gegenüber bereits in der Werkstatt geäußert haben, nicht später in der Unterstube bei der Morgenmahlzeit. Darin deutet sich bereits das Problem dieser Frage an. Die ›Zeitwünsche‹ entstammen der allerersten Skizze, in der Jakob Sauter zu Beginn des ersten Verhörs jeden Austausch mit Baptist Fromlet auf ein Minimum reduzieren wollte. So hat er von diesen ›Zeitwünschen‹ gesprochen, bevor er überhaupt zugeben mußte, sein Opfer danach beim ›Morgenessen‹ noch einmal gesehen zu haben. Das Gericht konfrontiert den Inquisiten also mit einer ganz frühen Aussage, die durch die weitere Entwicklung der Verhöre ohnehin mehr oder weniger entwertet worden ist. Das wäre nicht weiter schlimm, da der Konstitut von seiner früheren Aussage ja jederzeit abrücken kann. Dazu bedürfte es aber einer aktiven Einstellung zum Verhörgeschehen. In diesem Falle müßte er nicht nur erzählen, was er mit Fromlet geredet hat, sondern sähe sich auch zu weiteren Erklärungen darüber veranlaßt, warum er zuvor etwas anderes gesagt hat. Sauter wirkt im Verhör wie eine träge Masse, dumpf und trotzig, weil er diese Energie nicht aufbringt. Sein Verhalten ist paradoxerweise gerade deshalb widerständig, weil er *bei jeder Frage* den Weg des geringsten Widerstandes wählt. Das Gericht macht sich nicht klar, daß es bei der von ihm gestellten Frage die Antwort vorprogrammiert, weil es *zunächst einmal* am einfachsten ist, mit Nein zu antworten.

Int: 144.
Wißt ihr nicht, warum euer Baptistle so früh auf die Dille gegangen ist?

R: Nein!

Int: 145.
Habt ihr gewust, daß er hinaufgehet?

R: ja!

Int: 146.
Woher habt ihr dieß dann erfahren?

R: Der Baptistle hat es mir in der Werkstatt gesagt.

Int: 147.
Dieß ist aus der Ursache unglaublich, weil ihr mit dem Baptist in der Werkstat nichts geredt haben wollt?

R: Ich besinne mich beßer, ich hab ihm gesagt, du kannst auf die Dille hinaufkommen.

Int: 148.
Auf welche Zeit habt ihr ihn dahin beschieden?

R: Ich hab zu ihm gesagt, er soll kommen, sobald er könne, ich gehe auch hinauf.

Am Anfang dieser Sequenz präsentiert sich Sauter als jemand, der nichts weiß, und der insbesondere nicht weiß, daß die Verneinung, mit der er antwortet, im Widerspruch zu seinem Geständnis steht. Da Sauter oben auf dem Speicher sein Opfer erwartet hat, gibt er auf die zweite Frage eine Antwort, die *genau dieser* Frage genügt. Aber damit stellt er sich in Widerspruch zur vorangegangenen Frage. Dessen wird er entweder nicht gewahr oder es ist ihm gleichgültig. Darauf in der dritten Frage aufmerksam gemacht, korrigiert er sich bereitwillig. Mehr noch: Er scheint an diesem Punkt seine Haltung ein wenig zu modifizieren und steuert *von sich aus* etwas bei. Daß Fromlet nicht von sich aus auf die ›Dille‹ gegangen ist, konnte aus dem, was das Gericht bisher zur Sprache gebracht hat, nicht zwingend abgeleitet werden. Erst hier scheint das Gericht den Inquisiten dazu gebracht zu haben, etwas sagen zu wollen, was *den Tatsachen* entspricht – das heißt aber eben nicht, daß er vorher etwas sagen *wollte*, was *nicht* den Tatsachen entspricht. Mit der Antwort auf die letzte Frage besitzt das Gericht eine präzise Auskunft zum Tathergang, aus dem es nunmehr zuverlässig auf das Tatbestandsmerkmal des *Vorsatzes* schließen kann.

Eine Merkwürdigkeit findet sich am Anfang dieser Sequenz: Das bisher nur mit dem Namen »Fromlet« bezeichnete Mordopfer wird vom Gericht unvermittelt mit dem Vornamen angesprochen, und dies sogar in der Diminuitivform »Baptistle«. Über die Gründe kann man nur Vermutungen anstellen. Auf jeden Fall nimmt das Gericht damit andere Diskurse auf. Vermutlich ist es ihm verschiedentlich zu Ohren gekommen, daß der Ermordete so genannt wurde. Will es Sauter durch diese Nennung des Kosenamens die Arglosigkeit des Opfers vor Augen führen und damit die Ruchlosigkeit seiner Tat? Will es den Kinderlosen in die Nähe eines Vaters rücken, der seinen Sohn erschlägt?

Int: 149.

Aus was Ursach habt ihr dieses gethan?

> R: Damit ich ihm daroben ein Streich könne geben.

Int: 150.

Aus dieser Antwort, und aus jener, vermög welcher ihr den Beuel mit euch für die Thür, wo ihr zu morgengeessen habt, mitnehmet, erhellet, daß ihr schon vor dem Morgenessen gesinnet ward den Baptistle zu tod zu schlagen?

R: Ja! Es ist so.

Sauter gibt den Vorsatz ohne alles Widerstreben zu. Nur der Umweg, den das Gericht gewählt hat, um das Merkmal der Vorsätzlichkeit in der Handlungsweise Sauters zu begründen, hat den Anschein erweckt, als wollte er diesen Vorsatz nicht zugeben. Tatsächlich folgte dieser Vorsatz bereits aus einem Umstand, den das Gericht offenbar übersehen hat. Sauter war laut eigener Aussage (auf Int. 132) an diesem Morgen ja schon einmal in der Werkstatt, nämlich bevor er zur Messe gegangen ist, um dort die Kleidung zu verstauen, die er sich nach dem Mord angezogen hat. Schon zu diesem Zeitpunkt hatte er anscheinend den Vorsatz gefaßt. Das Gericht fragt jetzt nach dem Zeitpunkt:

> Int: 151.
> Wann ist es euch denn das erstemal einge-
> fallen, euern Baptistle umzubringen?
>
> > R: Am Tag zuvor.
>
> Int: 152.
> Um welche Stunde und bey welcher Gele-
> genheit ist euch dieser Gedanke gekommen?
>
> > R: Um 3 oder 4 Uhr herum abends, wo ich
> > bey der Dampbürin ein Glaß Wein getrun-
> > ken hab.

Sauter gesteht ohne weiteres einen noch früheren Zeitpunkt als den vom Gericht ins Auge gefaßten. Kein aufwallender Zorn hat ihn am Morgen die Tat ins Werk setzen lassen. Die Antwort auf die Anschlußfrage verrät, daß der Vorsatz in aller Ruhe bei einem Glas Wein gefaßt worden ist. Weil der »Gedanke«, der ihm dort »gekommen« ist, in die Tat umgesetzt wurde, ist er schon der Entschluß gewesen. Die Bereitwilligkeit, mit der Sauter hier glaubhaft von seinem Entschluß berichtet, ist ihm in der Auffassung des Gerichts aber keineswegs zugute zu halten. Das Gericht würde den ›Geltungsanspruch auf Wahrhaftigkeit‹, den Sauter mit seinen Angaben erhebt, zwar nicht in dem Sinne bezweifeln wollen, daß das Gesagte unwahr sei. Auf dieser Ebene können seine zuletzt gemachten Äußerungen nicht »als unwahrhaftig kritisiert, d. h. als Täuschungen oder Selbsttäuschungen zurückgewiesen« (Habermas 1981, I 447) werden. Doch auch, wenn Sauter weder sich noch andere täuscht, würde das Gericht ihm kaum attestieren wollen, *wahrhaftig* zu sein.

Vielmehr macht gerade das Beispiel Sauter deutlich, daß Wahrhaftigkeit stets mehr ist als bloß der Vorsatz des Wahrsprechens, wie es eine Theorie des kommunikativen Handelns unterstellt. Wer etwa seinem Gegenüber die Wahrheit höhnisch ins Gesicht schleudert, darf nicht ›wahrhaftig‹ heißen. Denn es geht nicht nur darum, daß ich dem andern die Wahrheit nicht vorenthalte, sondern auch darum, daß ich ihn *anerkenne* als den, dem ich die Wahrheit zukommen lassen will, dem ich sie darbringe. Die Angaben Sauters sind keine Mitteilungen, von deren Wahrhaftigkeit sich das Gericht *angesprochen* fühlt. Auch wenn er die Wahrheit sagt, verbleibt Sauter aus der Sicht des Gerichts auf fundamentale Weise ›in der Lüge‹, weil er sich »unreumüthig« bezeigt. Seine Geständnisse sind nicht von den wahrhaftigen Zeichen der Reue oder wenigstens der inneren Anteilnahme begleitet, die das Gericht erwarten zu können glaubt.

Die Frage ist, *mit welchem Recht* das Gericht diese Erwartung hegen kann. In den früheren Verhören, als Sauter seinen Richtern die Wahrheit vorenthielt und der Lügen überführt wurde, wurde er gefragt, wie er sich für diese Lügen *rechtfertigen* könne (Int. 18, Int. 78). Er vermochte das natürlich nicht, weil das Gericht ein Recht auf die Wahrheit hat. Wenn Sauter jetzt die Wahrheit spricht, ist dem *Recht* jedoch Genüge getan. Mehr kann das Gericht nicht verlangen. Mehr verlangt das Gericht auch nicht. Während es vor dem Geständnis die unbeantwortbare metadiskursive Frage stellte, warum Sauter lüge, fragt es jetzt nicht vorwurfsvoll, warum Sauter die Wahrheit so unteilnehmend vorbringe. Es redet ihm nicht ›ins Gewissen‹. Aber das heißt nicht, daß es ihn nicht *spüren* läßt, was es von diesem Geständnis hält. Auch in früheren Zeiten konnte das Gericht seine Schlüsse daraus ziehen, daß der Inquisit sich in seinem Geständnis trotzig und unreumütig bezeigte. Das Verhör war aber nicht der Ort, an dem diese Schlüsse in Form eines *re-entry* zu veränderter Behandlungsweise führten, ohne jedoch dabei thematisiert zu werden. Es war nicht der Ort, wo das Unausgesprochene im Raume steht (das einerseits, würde es ausgesprochen, ein anderes Unausgesprochenes zeugte, das aber andererseits nicht dadurch gehegt wird, daß man es übergeht).

Einen kurzen Kommentar verdient auch der Ort, an dem Sauter eigenem Bekunden nach den Vorsatz gefaßt hat. Von der sogenannten »Dampbürin« oder »Dampbürlin« war bereits vorher einmal die Rede gewesen. Der Name dieser Gastwirtschaft war im Zusammenhang mit jener anderen Wirtschaft namens »Fischgrat« aufgetaucht, in der Sauter seiner ›letzten Ausflucht‹ zufolge den fremden Handwerksburschen getroffen haben wollte. Das Gericht hatte ihn (in Int. 107) dazu aufgefordert, sich in Erinnerung zu rufen, was er in einem früheren Verhör (in Int. 53) über seine Beschäftigungen an jenem Mittwoch nachmittag, nach seiner Rückkehr von seiner Reise nach Salmanschweil, ausgeführt hatte. Denn bei dieser Darstellung war von einem Besuch des »Fischgrat« nicht die Rede gewesen. Das war auch Sauter klar, der zu jenem Zeitpunkt natürlich noch an keinen fremden Handwerksburschen als stellvertretenden Tatausführenden gedacht hatte. Der Hinweis auf seine früheren Ausführungen genügte, damit Sauter, dessen ›Widerstandsenergie‹ erschöpft war, die Sache mit dem »Fischgrat« und dem fremden Handwerksburschen fallen ließ. Augenscheinlich war ihm aber nicht klar, daß er von dem Besuch der »Dampbürlin« bei seinen früheren Ausführungen überhaupt nicht gesprochen hatte. Nur die Verhörstrategie des Gerichts hatte ihn also zu der unrichtigen Auffassung gebracht, er habe bereits von der »Dampbürlin« geredet und sich damit durch die nunmehrige Nennung einer zweiten Wirtschaft (wie so oft) widersprochen. Die erste Nennung der »Dampbürlin« ist daher schon deshalb eine Art Vorbote des Geständnisses, weil sie – gleichsam als Wiederkehr des Verdrängten – den *Index* der Wahrheit trägt. Dafür gibt es zwei Bedingungen: Erstens hätte Sauter nicht fälschlich geglaubt, diesen Ort bei seiner ersten Darstellung bereits genannt zu haben, wenn er nicht wirklich dort gewesen wäre; zweitens hätte er ihn bei dieser ersten Darstellung nicht in Wahrheit *nicht* genannt, wenn es sich nicht um einen *signifikanten* Ort gehandelt hätte.

> Int: 153.
> Was hat euch dann zu diesem Gedanke verleitet?
>
> R: Die Mißgunst.
>
> Int: 154.
> Warum wardt ihr ihm denn so mißgünstig?
>
> R: Weil er bey dem Amt beßer daran war, als ich sein Meister.

Nachdem das Gericht den Tatvorsatz hieb und stichfest gemacht hat, wendet es sich dem Tatmotiv zu. Obwohl man die Formulierung, was Sauter zu diesem Gedanken ›verleitet‹ habe, auch anders verstehen kann, gerinnt die Frage nach dem Motiv zur Suche nach einem allgemeinen Etikett. Mit seiner Antwort gibt der Inquisit von vorn herein einen Bescheid, der sich von der konkreten *Situation* in der »Dampbürlin« löst, in der er zu diesem

Gedanken ›verleitet‹ wurde. Das Gericht ist mit diesem Bescheid zufrieden und bringt die Situation nicht mehr zur Sprache. Denn die genauere Erforschung ist insofern nicht im rechtlichem Interesse, als sie nur dazu dienen würde, den Vorsatz bis zu einem Punkt zurückzuverfolgen, an dem er seine festen Konturen verlöre und als kontingent erschiene. Man kann dies ungefähr ahnen, wenn man sich daran erinnert, daß Sauter nach der Rückkehr von seiner Salmanschweiler Reise – wie es in der Antwort des Inquisiten auf Int. 53 heißt – zunächst seine alte Werkstatt aufgesucht hatte, »um dem Ermordeten das auf dem Weeg erkaufte Tuch zu zeigen«, sie dann gleich wieder verlassen habe, »ohne darin etwas zu thun«. Allein dies wirft ein Licht auf die Ambivalenz der Beziehung zwischen Täter und Opfer, die das Gericht nicht zur Sprache bringt, die es aber in Anspruch nimmt, wenn es den Ermordeten »Baptistle« nennt.

> Int: 155.
> Sagt also näher durch einzelne Umstände,
> in was für Stüken der Baptistle besser als
> ihr daran ware?
>
> > R: Der Spitalkontroleur nämlich hat den
> > Baptistle immer vorgezogen, und mich gar
> > nicht leiden können, hauptsächlich aber
> > verdroß es mich, daß man mir als dem Mei-
> > ster aufgekündt, und dem Baptistle, wel-
> > cher nur der Gesell war, bey behalten hat.

Der Blick auf die einzelnen Umstände gilt nicht den Auslösern des Vorsatzes, sondern der Zergliederung des Motivs. Schon die letzte Auskunft des Inquisiten ließ nicht erwarten, daß bei dieser Zergliederung etwas Neues zum Vorschein kommen wird. Nun wiederholt er im wesentlichen in einer verschärften Version (vor allem, was sein Verhältnis zum Spitalkontroleur betrifft), was er schon im ersten Verhör hatte einräumen müssen, als vom Verhältnis zwischen ihm und Fromlet die Rede war.

> Int: 156.
> habt ihr geglaubt, daß es euch nach der Er-
> mordung des Baptistle besser gehen werde?
>
> > R: Ich habe nichts besseres dadurch gesucht,
> > sondern ich mordete bloß aus Zorn, und
> > aus Mißgunst.

Die Frage zielt nicht auf ein »besser gehen« im Sinne einer subjektiven Befindlichkeit, sondern fragt nach den Vorteilen, die sich Sauter von seiner Tat
versprach. Sie zielt also auf die Berechnung, auf das rationale Motiv. Sauter
bestreitet besonders mit der zusätzlichen Nennung des Motivs »Zorn«, daß
er es getan habe, um etwas davon zu haben.

> Int: 157.
> Man hat Ursach zu glauben, daß ihr noch
> eine andere Absicht bey der Mordthat ge-
> habt habet, besinnt euch also!
>
> > R: Ich weiß keinen andern.

Das Gericht hält an seinem Ziel fest und will den Konstituten einmal mehr
dazu bringen, das Gewünschte selbst auszusprechen, als sei das ein Ausweis
der Wahrheit. Der Glaube des Gerichts an eine andere »Ursache« gründet
aber nur in dem, was der Konstitut bereits gesagt hat. Daher wäre es kein
Schade, wenn man ihm dies bereits Gesagte jetzt vorsagte, damit er dazu
Stellung nehmen könnte. Mit seinem Festhalten an dieser Frageweise erweckt das Gericht den Anschein, als gehe es noch immer darum, Sauter
etwas nachzuweisen – und nicht darum, etwas zu *erörtern*. Angesichts der
Ignoranz des Befragten und der Fruchtlosigkeit seiner maieutischen Bemühungen bleibt dem Gericht einmal mehr nichts anderes übrig, als dem
Inquisiten die *anamnesis* abzunehmen:

> Int: 158.
> Auf die 51te Frag habt ihr gesagt, daß ihr
> die Reiße, von welcher ihr den Tag vor der
> Mordthat zurükgekommen seyt, vorgenom-
> men habt, um einen Dienst zu suchen, den
> ihr aber nicht gefunden habet; man muß al-
> so darauf verfallen, als hättet ihr durch die
> Mordthat gesucht, fernere Dienste in dem
> Spital zu bekommen; was sagt ihr dazu?
>
> > R: Ja es ist so, ich hab gesucht in dem Spi-
> > tal zu bleiben um so mehr als ich 27 Jahr
> > schon darinn war.

Unter Verweis auf Angaben, die der Inquisit selbst gemacht hat, gelingt es
dem Gericht, ihm eine weitere »Absicht« bei der Tat unterzuschieben. Wenn
Sauter den Fromlet aus dem Weg geräumt hat, um selber wieder in Amt

und Würden zu kommen, dann ist die Tat weniger dem Affekt geschuldet
– auf den der Zorn und die Mißgunst verweisen –, sondern dem berech-
nenden Verstand, der auf den Vorteil bedacht ist. Die Argumentation, die
das Gericht hierbei bemüht, ist freilich nicht so zwingend wie es unterstellt.
Mit der enttäuschten Rückkehr von der erfolglosen Arbeitsuche kann man
ebensogut das Motiv »Zorn und Mißgunst« untermauern. Es besteht also
keinerlei Notwendigkeit, den Inquisiten wieder einmal *noch mehr* gestehen
zu lassen.

Der *Zorn* ist im Gesetz als ein möglicher Strafmilderungsgrund vorgesehen. Die gerade elf Monate zuvor in Kraft getretene Kriminalordnung
Josephs II. bestimmt hierzu in § 95: »Zorn, Uibereilung und Gähe (Gäh-
heit) Raufhandel und Tumulte sprechen zwar den Thäter überhaupt von
der Schuld eines Mordes nicht frei. Nach Umständen aber kann in solchen
Fällen die Strafe dennoch gemildert werden.« (Patent vom 13. Januar 1787,
26) Da Sauter in erster Linie die »Mißgunst« und erst in zweiter Linie den
»Zorn« als Grund angeführt hat, muß das Gericht kaum befürchten, daß
dieser Milderungsgrund zum Tragen kommt.

Im übrigen hält der Inquisit an der affektbetonten Seite seiner Tat nicht
fest und gibt in den Augen des Gerichts zu, daß er den Eigennutz im Sinne
hatte. Dem Resignierten scheint es mehr oder weniger gleich zu sein, welches Motiv ihm untergeschoben wird. Seiner Antwort läßt sich allerdings
entnehmen, daß der Gegensatz von Affekt und Kalkül für ihn überhaupt
nicht besteht. In der aufgeladenen Gedankenwelt Sauters stand Fromlet
wohl in erster Linie seinem Wunsch im Wege, in den *Schoß der Institution* zurückzukehren, die ihn ein halbes Menschenleben lang beherbergt hatte. Ein
konkret eigennütziger Handlungsplan läßt sich Sauters Verhalten nicht ohne weiteres unterschieben, auch wenn die Tatsache, daß er einige Tage nach
dem Mord nach Konstanz zurückgekehrt ist, dafür sprechen mag, daß er die
Früchte seiner Tat zu ernten gesonnen war. Möglicherweise hat er gedacht,
er müsse sich nur zeigen, um wieder im Spital aufgenommen zu werden,
wo ja jetzt ein Mann fehlte. Sauters in dumpfer Gedankenwelt ausgebrütete
Tat läßt sich aber nicht auf diese Zweck-Mittel-Relation reduzieren, auf die
das Gericht hinaus wollte, um dem Inquisiten nun umständlich vor Augen
zu stellen, daß seine Berechnungen fehlerhaft waren:

Int: 159.
Könnt ihr euch noch erinnern, was ihr
auf die 44te Frage geantwortet habt; warum

meint ihr; daß diesem nicht auch wie euch
aufgekündet worden?

> R: Ja! Weil Er zu den Unterstüblern gezehlt
> worden, und der H: Kontroleur ihn beßer
> als mich gemocht hat.

Int: 160.
Hieraus ist aber zu schließen, daß ihr vielmehr geglaubt habt, der Baptistle seye vielmehr als Unterstübler als als Wagnergesell
beybehalten worden.

> R: Ich glaubte man werde ihn, wenn ich aus
> dem Spital weg seye, als Meister annehmen.

Auch hier wird zunächst Bekanntes wiederholt. Wie gewünscht gibt der Inquisit mit seiner ersten Antwort das Stichwort, um eine Schlußfolgerung
anzuschließen, die ebenfalls bekannt ist. Nach der von Sauter bereits refe-
rierten offiziellen Verlautbarung hat man ihn nicht deshalb entlassen, weil
sein Geselle nun seine Stelle einnehmen sollte. Das Gericht will nun daraus »schließen«, daß Sauter das auch »geglaubt« hat. Auf den - ebenfalls
bekannten - zweiten Teil von Sauters Erklärung, daß ihn der Herr Kontrolleur zumindest weniger als das Mordopfer gemocht hat, geht das Gericht
lieber nicht ein. Auf die Figur des Kontrolleurs projiziert Sauter aber das
abweisende Gesicht der Institution. Er ist der zwielichtige Stellvertreter der
Institution, dem man nicht alles glauben kann. In seinem Mißtrauen hat
sich Sauter in das Gegenteil dessen verbohrt, was er hätte glauben sollen:
daß Fromlet an seine Stelle treten würde, wenn er, Sauter, weg sei, und daß
er wieder an seine Stelle treten könne, wenn Fromlet weg sei.

Int: 161.
Warum glaubt ihr denn, daß euch und wie
ihr selbst eingestanden habt, noch mehrern
anderen aufgekündet worden ist?

> R: Weil ich gehört habe, daß im Spital alles
> aufhören soll, und die Felder ausgeliehen
> würden.

Weiterhin zieht das Gericht seine Argumente aus dem bereits Gesagten,
um dem Inquisiten nachzuweisen, daß sein Mord nicht nur niedere Beweggründe hatte, sondern überdies auf fehlerhaften Voraussetzungen beruhte.

Zu welchem Ende es dies unternimmt, bleibt verborgen. Jedenfalls darf es eine bestimmte Antwort erwarten: den Hinweis auf die Strukturreform im Spital. Bei genauerem Hinsehen bemerkt man allerdings, daß Frage und Antwort auf signifikante Weise nicht zu einander passen. Die Frage geht danach, was Sauter »glaubt«. In seiner Antwort aber gibt er nicht darüber Auskunft, was er glaubt, sondern was er »gehört« hat. Sauter befindet sich nicht in der Position dessen, der *Einsicht* hat und glauben kann; er gibt ohne Einsicht wieder, was er gehört hat.

An der Formulierung der Frage fällt übrigens die merkwürdige Verwendung des Wortes »eingestehen« auf. Inwiefern ist es ein Eingeständnis, wenn Sauter dem Gericht erklärt hat, daß außer ihm noch anderen Leuten gekündigt wurde? Denn dies ist eine Information, die der Inquisit nicht verheimlichen wollte und die ihm auch nicht zum Nachteil gereicht. Das Gericht sieht sich dennoch zum Gebrauch der Wortes »eingestehen« berechtigt, weil die damit charakterisierte Information argumentativ gegen den Inquisiten gewendet wird: Der Inquisit hat sozusagen »selbst gesagt«, daß außer ihm noch anderen gekündigt worden ist, weil Umstrukturierungen vorgenommen werden; und deshalb ist es dumm von Sauter, wenn er glaubt, er habe durch seinen Gesellen ersetzt werden sollen. In diesem Sinne fährt das Gericht auch mit seiner nächsten Frage fort, die die Konklusion enthält (und geflissentlich davon absieht, daß Sauter die gewünschte Antwort unter Vorbehalt gegeben hatte):

> In: 162.
> Ihr müst ja also selbst einsehen, daß ihr an
> dem Spital doch nimmer mehr zu verblei-
> ben gehabt hättet?
>
> > R: Es hätte doch noch eine Zeitlang dauern
> > können.

Der kleine Argumentationsgang, in dessen Verlauf der Konstitut etwas eingestehen mußte, soll ihn nunmehr zu einer *Einsicht* geführt haben, deren rechtliche Relevanz allerdings vorerst unklar bleibt. Denn letztlich soll Sauter ja einsehen müssen, daß er mit dem Mord den gewünschten Zweck auch ohne dazwischentretendes Inquisitionsverfahren nicht hätte erreichen können, daß der Mord also sinnlos war. Daraus darf aber wohl kaum geschlossen werden, daß ein zweckmäßigerer Mord weniger verwerflich ist. Folglich sollte der Inquisit eher nur zur Einsicht in seine Dummheit geführt werden. Und seine mangelnde Einsichtsfähigkeit, seinen Unverstand

stellt er auf jeden Fall mit seiner letzten Antwort unter Beweis, mit der
er sich dem argumentativen Diskurs im Grunde entzieht. Aber damit zeigt
sich in dieser Antwort noch einmal, daß Sauters Beweggründe zu kurzatmig
und zu dumpf sind, als daß sie über die Zweck-Mittel-Erwägungen zurei-
chend beschrieben werden könnten, die das Gericht in Anschlag bringt.

> Int: 163.
> Ihr seyt ja noch gut bey Kräften, habt ei-
> ne kurze Zeit her immer Reißen vorgenom-
> men, und also euch noch gar gut um ei-
> ne andere Arbeit sehen können, besonders
> auch, da ihr keinen Mangel an Baarschaft
> habt; was wißt ihr gegen diese Umstände,
> die euch euer Verbrechen erschwehren mü-
> ßen, einzuwenden?
>
> > R: Wider diese Umstände kann ich nichts
> > sagen, es ist billig und wahr.

Das ist die letzte Frage, die das Gericht an diesem Tage an den Inquisiten richtet. Mit ihr macht es gleichsam einen dicken Strich unter das, was
man die *Zurückweisung des Geständnisses* nennen könnte. Natürlich weist das
Gericht Sauters Geständnis nicht in einem rechtlichen Sinne zurück, wohl
aber auf einer symbolischen Ebene als *Gabe*. Von Anfang an hat das Gericht das Geständnis Sauters nicht als eine Gabe aufgefaßt. Es hat nicht
verstanden, daß das Geständnis, aus dem Blickwinkel des Verhörs als einer
kommunikativen Situation, als eine Gabe angenommen werden muß, auch
wenn es nicht als Gabe gemeint war. Statt dessen steht Sauter vor Gericht
nicht nur als der Schuldige, sondern auch als der *Schuldner*, aus dem es
möglichst viel herauszuholen gilt, den man *noch mehr* gestehen lassen muß.
Oder als sei er nicht ein Einfachtäter, sondern ein unverbesserlicher Mehr-
fachtäter, dem man nach und nach das Geständnis aller Manifestationen
seiner kriminellen Energie entreißen muß.

Das Gericht war mit dem Geständnis Sauters also nicht zufrieden. Erst
hat es sich bemüht, die Tat in rechtlicher Hinsicht als möglichst schwerwiegend darzustellen, den Vorsatz und die niederen Beweggründe zu betonen.
Dann aber ist es dazu übergegangen, auch die rechtlich nicht relevanten Ge-
sichtspunkte einseitig zu würdigen. Dabei wurde der Tat der vom Gericht
selbst zunächst in den Vordergrund gestellte Zweckgedanke bei der Ausführung wieder aberkannt. Die Sinnlosigkeit bzw. *Vergeblichkeit* der Tat wurde

hervorgehoben. Mit der Abschlußfrage führt das Gericht noch einmal einen anderen Gesichtspunkt ein: Dem Delinquenten wird vorgehalten, daß der Mord an seinem »Baptistle« nicht nur vergeblich, sondern auch *unnötig* war. Sauter hat Geld, er ist gesund, er ist mobil. Er war nicht darauf angewiesen, weiterhin im Spital angestellt zu bleiben. Aus dieser Perspektive erscheint der Versuch, die Anstellung durch einen Mord zu erreichen, als besonders *unverhältnismäßig*. Diese Unverhältnismäßigkeit wird vom Gericht als ein weiterer erschwerender Umstand verbucht.

Dem liegt eine sehr allgemeine Denkfigur zu Grunde, durch die einer Tat der *Grund* entzogen wird. Auch für eine schlechte Tat kann es gute Gründe geben. Gute Gründe sind aber solche, die sich *darlegen* lassen. Das Gegenteil der guten Gründe sind aber nicht etwa die schlechten Gründe, die eigentlich überhaupt keine Gründe sind. Das Gegenteil der guten Gründe sind vielmehr die Gründe, die sich *nicht* darlegen lassen oder deren Darlegung scheitert. Wenn das Gericht die guten Gründe dort erfolglos sucht, wo sie nicht zu finden sind, dann heißt das nicht, daß die Tat eigentlich grundlos und deshalb besonders verwerflich ist, sondern daß es an der falschen Stelle gesucht hat. Da die Tat geschehen ist, hat sie auch ihre Gründe. Sauter bezeichnet sie mit den Termen »Zorn« und »Mißgunst«. Die *Darlegung* dieser Gründe wird indes nicht in Angriff genommen. Sie könnte allerdings auch nur in der Prüfung bestehen, ob es gute Gründe für den Zorn und die Mißgunst gibt. In diesem Falle könnte das Ergebnis einer solchen Prüfung das Fehlen solcher Gründe sein. Damit wäre aber nicht die Tat der Grundlosigkeit überführt, sondern lediglich wiederum erwiesen, daß die Gründe nicht dort zu finden waren, wo man sie gesucht hat.

Es geht nicht darum, daß die wahren Gründe tief im Innern schlummern. Es geht vielmehr um das Problem der Darlegung. Eine Darlegung glückt nur, wenn sie akzeptiert wird. Darlegungsversuche können scheitern (das Verb »darlegen« läßt sich nicht explizit performativ verwenden). Die Wendung, daß es jemandem nicht gelungen ist, etwas darzulegen, gehört etwa zum Repertoire richterlicher Urteilsbegründungen. Das Gericht könnte Sauters Aussage, Zorn und Mißgunst hätten ihn zur Tat verleitet, durchaus als Darlegung der Gründe akzeptieren. Wenn es dies aber nicht tut, so entspringt daraus die methodologische Maxime, daß das etwaige Nichtgelingen einer befriedigenden Darlegung im weiteren Verlauf dem diskursiven Verfahren – hier also dem Verhör – angelastet werden muß und nicht als das Nichtbestehen eines Grundes gedeutet werden darf.

Man kann es noch einmal anders wenden: Eine Darlegung kann entweder als eine *gemeinsame Aufgabe* aufgefaßt werden oder als Darlegung einer *Partei*. Hier ist weder das eine noch das andere der Fall. Und dieses Weder-Noch ist ein allgemeines Merkmal aller Institutionen des Verhörs (Niehaus 2003b). Daß von Albini und Sauter das Verhör nicht als eine gemeinsame Aufgabe betrachten, hat sich schon zu Genüge gezeigt; daß Sauter denkbar ungeeignet ist, sich selbst zu vertreten und als Partei zu sprechen, ist ebenfalls überdeutlich. Aber auch dies legt dar, daß Jakob Sauter ein paradigmatisches Subjekt des Verhörs ist. Er hat den Reden und Darlegungen des Gerichts, in denen er sich nicht wiederfinden kann, nichts entgegenzusetzen und stimmt ihnen in aller Form zu.

Sechstes Verhör

Der Widerruf

Das Verhör am nächsten Tag beginnt mit folgendem Eintrag ins Protokoll: »Heut früh konnte man anderer unterschiedlichen Geschäften wegen mit dem Verhör nicht fortfahren; diesen Nachmittag aber versammelte sich das Gericht wider, und als man den Inquisit demselben vorführte, trat er mit einem Kruzifix in der Hand in das Zimmer, und fieng sogleich an in einem trozigen Thon folgender maßen zu reden: *Ich muß auch jemand mit mir bringen, der für mich redt* [...].«

Hier muß man innehalten. Zunächst einmal ist zu bemerken, daß Sauter offenbar weiterhin in seinem Gefängnis in Ketten gelegt wird. Man hatte dies nach Beendigung des zweiten Verhörs verfügt, der »gar zu vielen unverschämten Lügen« wegen, die er sich hatte zuschulden kommen lassen. Obwohl Sauter inzwischen ein Geständnis abgelegt und im letzten Verhör auch alles weitere zugestanden hat, was man von ihm hören wollte, ist man von dieser Maßnahme nicht abgerückt. Diese ungerechtfertigte Härte (deren Vorwand die bei der Verfügung der Maßnahme behauptete Fluchtgefahr sein mag) ist ein handgreiflicher Beweis dafür, daß Sauter in den Augen des Gerichts nach dem Geständnis *derselbe* geblieben ist. Was als Maßnahme zur Bestrafung der Lügen angesetzt worden war, ist zum Dauerzustand erhoben worden, weil ein *solches Subjekt* keine bessere Behandlung verdient, weil eine Erleichterung der Haftbedingungen als ein ›falsches Zeichen‹ aufgefaßt würde. Dies wird Sauter in ganz besonderer Weise als eine Zurückweisung seines Geständnisses empfunden haben, die zusätzlich dadurch verstärkt wurde, daß man es nicht für nötig befunden hat, ihm die Fortsetzung mit guten Gründen ›darzulegen‹. Denn umso mehr wird ihm auf diese Weise ›unmißverständlich klargemacht‹, was man von ihm hält. Die Thematisierung bleibt aus, weil der Metadiskurs vom Gericht ausschließlich als Ersatz für Zwangsmaßnahmen verwendet wird - nicht aber, um *sich* zu erklären. Die Lügenstrafe, mit der er bedacht werden mußte, hat Sauter ein für alle Male degradiert; jetzt ist er nicht mehr ›der Rede wert‹.

Der Satz, mit dem nun im Gegenzug der Inquisit in einem - wie es vorsorglich heißt - »trozigen Thon« zu reden anhebt, ist im Protokoll unterstrichen. Es ist ein bemerkenswerter Satz, der erste Satz in diesem Verfahren, den der Inquisit *ungefragt* äußert – jedenfalls die erste ungefragte Äußerung, die das Protokoll verzeichnet. *Ich muß auch jemand mit mir bringen, der für mich redt.* Unabhängig davon, was das Gericht mit dieser *Szene* und diesem Satz anfängt, kann man Vermutungen darüber anstellen, was es damit für eine Bewandtnis hat.

Offensichtlich hat sich Sauter auf diese Szene vorbereitet, er hat – das Kruzifix in der Hand – auf den Eintritt ins Verhörzimmer, auf seinen *Auftritt* gewartet. Das heißt, er will dem Gericht mit seiner Darbietung etwas mitteilen, er will eine Wirkung erzielen. Er will Einspruch erheben, er will sich als sprechendes Subjekt zur Geltung bringen. Dazu benötigt der Unterlegene jedoch *Verstärkung*. Bisher, so läßt sich dem Satz entnehmen, hat niemand für ihn gesprochen (und wer wollte dies bestreiten?). Bisher hat er als Einzelner dem Gericht gegenüber gestanden, das *mehr* ist als ein Einzelner. Das heißt zum einen, daß das Gericht eine Institution ist, die aus einer Mehrzahl von Subjekten besteht, aus dem Vorsitzenden Richter, den Beisitzern und dem Protokollanten (daß an diesem Ort kein *Zwiegespräch* stattfinden kann). Und es heißt zum anderen, daß das Gericht immer nur *als Institution* gesprochen hat, indem es allenfalls in der ersten Person Plural auf sich Bezug genommen hat. Die *Verstärkung* holt sich Sauter nun bei einer *anderen Instanz*. Es handelt sich also nicht um eine bloß zahlenmäßige Verstärkung. Die Relation zwischen Sauter und dem Kruzifix in seiner Hand ist vielmehr ausgesprochen (unausgesprochen) komplex.

Um die Wahrheit einer Behauptung zu bekräftigen, kann man Gott *zum Zeugen* nehmen. So hat Sauter bei der ersten direkten Beschuldigung des Gerichts seine Unschuldsbehauptung mit den Worten »das weiß Gott im Himmel« bekräftigt. Dieser Fall, bei dem der Angerufene – so Gott will – ein *schweigender* Zeuge bleibt, liegt hier nicht vor. Hier wird nicht auf *Gott*, sondern auf den *Gekreuzigten* Bezug genommen. Und der Gekreuzigte ist zwar Zeuge *gewesen*, insofern er schweigend am Kreuz für die Wahrheit Zeugnis abgelegt hat, wird aber gerade deshalb nunmehr nicht als Zeuge, sondern als *Fürsprecher* reklamiert (mit diesem Wort bezeichnet die *Carolina* den Verteidiger des Beklagten; vgl. Carolina 1532, Art. 88–90). Der Gekreuzigte soll für Sauter sprechen, er soll an seiner Statt sprechen. Denn Sauter kann sich selbst nicht zur Sprache bringen, und in den Reden und Darlegungen des Gerichts kann er sich nicht wiederfinden. Er bräuchte einen Vertreter, der imstande wäre, dem Gericht etwas *darzulegen*.

Nun kann jeder – auch der, der in Ketten liegt – das Kruzifix ergreifen und den Gekreuzigten zum Fürsprecher nehmen. Das ist eine rein symbolische Handlung. Tatsächlich muß ja das, was der Gekreuzigte an Sauters Statt vorbringen soll, statt dessen Sauter selbst vorbringen. Der doppelte Übertrag soll also die Rede Sauters gewissermaßen imprägnieren. Dies wird gewöhnlich in das Bild gebracht, daß das Ergreifen des Kruzifix dem Ohnmächtigen *Kraft* verleiht – Kraft angesichts der Anfechtungen und der Widersacher. Die Märtyrer-Rhetorik von Sauters Auftritt kann dem Gericht insofern nichts Gutes verheißen.

In den Augen des Gerichts ist diese Inanspruchnahme aber schon deswegen höchst deplaziert, weil Sauter auf diese Weise zeigen will, daß auch er über etwas *verfügt*. Als Mörder soll er vor Gott allenfalls reuig niederknien und um Vergebung bitten. Trotzdem hat die Aktion Sauters eine innere Folgerichtigkeit. *Er kann den Gekreuzigten für sich in Anspruch nehmen, weil das Gericht ihm diese Möglichkeit gelassen hat.* Es wurde schon festgestellt, daß das Gericht den Namen Gottes nicht in den Mund nimmt, daß es sich dem Protokoll zufolge an keiner Stelle auf ihn beruft. Das Gericht versteht sich offensichtlich strikt als die weltliche Institution, die es ist. Es hält dem Inquisiten vor, daß er das Gericht hier und jetzt nicht anlügen dürfe, ohne sich auf das *»Du sollst nicht lügen«* zu beziehen. Damit hat es ungewollt, aber unvermeidlich dem Inquisiten das Vorrecht eingeräumt, sich auf die höchste Instanz zu berufen. Es hat zugelassen, daß der Inquisit ihm das Kruzifix entgegenhält, als sei es nun seinerseits der Teufel, gegen den man sich wappnen muß. Ob dies *zu Recht* oder *zu Unrecht* geschieht, ist hier nicht die Frage.

Das Kruzifix soll Sauter die Kraft geben, standhaft zu bleiben und eine unbeirrbare Rede zu führen. Es soll dem Gericht zu verstehen geben, daß Sauter eine unbeirrbare Rede zu führen gesonnen ist. Aber was soll das heißen? Wer wollte ihn denn in seiner Geständnisrede beirren? Der Eintrag ins Protokoll geht nach der Wiedergabe des Ausspruches von Sauter folgendermaßen weiter: »Man nahm dem Delinquent seine Ketten ab, und stellte nachstehende Frage an ihn.« Diese nachstehende Frage ist merkwürdig formuliert:

Int: 164.
Was soll dann dieses Kruzifix mit euch reden?

Hat das Gericht sich verhört? Hat es den Inquisiten mißverstanden, da es das ›Für-mich-Reden‹ durch ein ›Mit-mir-Reden‹ ersetzt hat? Hat es geglaubt, der Inquisit habe mit dem »für« eigentlich ein »mit« meinen müssen? Auf jeden Fall wird der Auftritt Sauters auf diese Weise entschärft. Was Sauter nach der Deutung des Gerichts zu verstehen geben will, ist, daß ihm jemand Not tut, mit dem er Zwiesprach halten kann. Mit einem derartigen Kommunikationsproblem hätte das Gericht nichts zu tun. Daß der Herr von Albini für eine Zwiesprach nicht in Frage kommt, würde er wohl einsehen. Aber das Gericht hat sich getäuscht:

> R: Daß ich den nicht hab gemördet und
> nicht todgeschlagen hab.

Der Konstitut antwortet auf die Frage, als wenn sie so gelautet hätte, wie sie hätte lauten müssen (also etwa: Was soll denn der Gekreuzigte für euch reden?). Was der Kanzlist Rosenlächer hier zu Papier gebracht hat, ist reichlich holprig formuliert. Es hat den Anschein, als habe er an diesem Punkt die Notwendigkeit verspürt, die Worte in genau der Reihenfolge ins Protokoll aufzunehmen, in der sie geäußert worden sind – die Worte des Widerrufs.

Der Widerruf ist ein merkwürdiger und sogar widersprüchlicher Akt, und es ist schwer, ihn angemessen zu erfassen. Dies schlägt sich auch hier und jetzt nieder, da Jakob Sauter den Beginn seines Widerrufs in unbeholfenen Worten hervorstößt. Zunächst einmal ist der Widerruf natürlich das einzige, womit der Inquisit das Gericht ›beeindrucken‹ kann. Für das Gericht kommt der Widerruf unerwartet in einem Moment, in dem es vermeinte, den geständigen Inquisiten bis zum baldigen Abschluß der Verhöre nur noch verwalten zu müssen. Mit dem Widerruf erhebt Sauter Einspruch und verschafft sich auf eine ungeahnte Weise Gehör. Mehr als das: Er setzt sich ab von allem, was bisher gesprochen wurde, und setzt sich als ein Subjekt, dem niemand *das Recht absprechen* kann, sich zum unumschränkten Herrn über die eigene Rede zu erklären. Sauter zwingt das Gericht also, sich erneut auf ihn und seine Auslassungen einzulassen. Das Kruzifix gibt ihm die Kraft dazu, dem Gericht das Gegenteil dessen ins Gesicht zu sagen, was es hören will.

Auf der anderen Seite kann der Widerruf nichts besseres verheißen als die Rückkehr zu jenem unhaltbaren Zustand der Blockaden und untauglichen Ausflüchte, dem durch das resignierende Geständnis ein Ende gemacht wurde. Der souveräne Anspruch ist letztlich nur eine *Geste*. Er erstreckt sich lediglich auf sich selbst. Als letztes Mittel, sich zu *behaupten*, ist der Widerruf zugleich ein Zeichen jener Ohnmacht, die die Charakterisierung von Sauters Tonfall als ›trotzig‹ nahelegt. Tatsächlich wird Sauter die Kraft seines Fürsprechers brauchen, wenn es nun darum gehen wird, bei diesem Widerruf zu *verharren.*

Bis jetzt aber ist noch nicht gesagt, ob es sich überhaupt um einen Widerruf handelt. Das Gericht kann sich noch nicht sicher sein, ob es richtig gehört hat. Es obliegt ihm, den Widerruf dingfest zu machen, ihn einer klaren Formulierung zuzuführen:

> Int: 165.
> Wer ist denn der?
>
> > R: Der Fromlet; denn ich hab diese Hosen,
> > diese Strümpf, und diesen Rok angehabt,
> > und man hat kein Blut daran gesehen.

Jetzt ist der Widerruf *de facto* in der Welt. Aber damit ist noch nicht gesagt, was ein Widerruf ›eigentlich‹ ist. Ist der Widerruf denn jetzt *unwiderruflich* in der Welt? Dieses logische Problem steht auch im Hintergrund, wenn man sich der Frage zuwendet, was der Widerruf in *rechtlicher* Hinsicht besagt – was er in jener Zeit besagte, als Jakob Sauter sein Geständnis widerrief.

Christoph Stübel, der sich in seinem fünfbändigen Werk *Das Criminalverfahren in den deutschen Gerichten* besonders ausführlich mit dem Widerruf beschäftigt hat, definiert ihn zunächst einmal als die Versicherung des Inculpaten, »daß dasjenige, was er vorher, in Beziehung auf seine Strafbarkeit, ausgesaget habe, unwahr sey. Er erkläret, daß er Unwahrheiten für Wahrheiten ausgegeben habe.« (Stübel 1811–1815, § 756) An dieser Definition fällt sofort auf, daß derjenige, der widerruft, zunächst einmal als *Lügner* dasteht, als jemand, der mindestens einmal die Unwahrheit erzählt hat. Man hätte auch formulieren können, der Widerrufende erkläre, daß er das, was er zuvor *als* Wahrheit *gelten* lassen wollte, nun nicht mehr als Wahrheit gelten lassen möchte. Damit würde der Widerruf als *Rechtsakt* in den Vordergrund gestellt; der Inquisit brächte den rechtlichen Willen zum Ausdruck, daß sich das Verfahren im weiteren Verlauf nicht mehr auf ein Geständnis berufen können soll und daher selbst für den Beweis sorgen muß. Für Stübel hingegen ist die im Widerruf implizierte Unwahrheit erklärungsbedürftig und er verweist dafür auf Carl August Tittmanns Buch *Über Geständnis und Widerruf in Strafsachen und das dabei zu beobachtende Verfahren* (Tittmann 1810, § 17 f.): Daß das Geständnis nicht wahr ist, sei »eine Thatsache, deren Beweis dem widerrufenden Inculpaten oblieget«. Wäre das Inquisitionsverfahren ein Parteiverfahren, so müßte der Widerruf als solcher »den Inquirenten gar nicht beschäftigen«; er bräuchte sich bei dieser umgekehrten Beweislast bloß die Beweise für die Stichhaltigkeit des Widerrufs vorlegen lassen. Das Inquisitionsverfahren ist aber kein Parteiverfahren. Weil es dem Verfahren um die nackte Wahrheit geht, muß der Inquirent zu ermitteln versuchen, was es mit dem Widerruf auf sich hat (Stübel 1811-1815, § 756).

Dabei stellt sich nun freilich heraus, daß Widerrufende »an sich eben so wenig und noch weniger Glauben« verdienen, »als wenn sie bey der Behauptung ihrer Unschuld unverändert geblieben wären« (Stübel 1811-1815, § 758). Das Entscheidende ist hier die Formulierung ›eben so wenig und noch weniger‹. Sie bringt zum Ausdruck, daß der Inquisit niemals die Macht haben kann, sein Geständnis ungeschehen zu machen. Wo es um die materielle Wahrheit geht, kann man das, was man einmal gesagt hat, nicht mehr zurücknehmen, denn die »Gründe der Ueberzeugung, welche ein vollgültiges Bekenntniß darbietet, bestehen, wenn auch dasselbe nachher widerrufen wird« (Stübel 1811-1815, § 759). Im ›eben so wenig und noch weniger‹ spricht sich allerdings die Unsicherheit aus, wie dieser Widerruf - als die ohnmächtige Geste, die er im Inquisitionsverfahren nur sein kann - denn nun im weiteren Verlauf *behandelt* und *bewertet* werden soll.

Was die *Behandlung* angeht, macht er die Sache in jedem Falle für beide Seiten komplizierter. Zunächst einmal sind es jetzt eigentlich zwei Sachen: Die Gründe, aus denen der Inquisit verurteilt oder freigesprochen wird, sind zu unterscheiden von den Gründen, aus denen er ein möglicherweise falsches Geständnis abgelegt hat. Welche Art von Gründen kann man aber anführen, wenn man behauptet, ein falsches Geständnis abgelegt zu haben? In der Regel wird der Inquisit hierfür nur die *Umstände* geltend machen können, innerhalb derer das Geständnis abgelegt wurde. Es ist nicht zuletzt diese Behauptung, beim Geständnis sei nicht alles mit rechten Dingen zugegangen, die die Sache kompliziert macht. Denn in ihr ist letztlich die ›Beziehungsebene‹ involviert. Der Untersuchungsrichter darf sich angegriffen fühlen.

Im Hinblick auf diese Verwicklung meint Stübel: »Die Aufsuchung und Erörterung der Umstände und Gründe, welche den Widerruf der Bekenntnisse rechtfertigen und deren Kraft schwächen, oder vernichten können, liegt zwar nach der Natur des Untersuchungsprozesses sowohl dem Inquirenten, als dem Inculpaten ob; da aber dergleichen Gründe sich größtentheils auf ein fehlerhaftes Verfahren des Inquirenten bey der Aufnahme und

Erlangung des Bekenntnisses beziehen, und in dieser Hinsicht der letztere sich selbst anklagen müßte; so haben die einem Inculpaten zugeordneten Defensoren bey der Rechtfertigung des Widerrufs eines Bekenntnisses ihre Aufmerksamkeit zu verdoppeln.« (Stübel 1811-1815, § 764) Das Unlesbarmachen jener Stelle im Protokoll, in der Jakob Sauter im Vorfeld seines ersten Teilgeständnisses eine körperliche Züchtigung in Aussicht gestellt wurde, ist ein ausreichendes Indiz dafür, daß sich Herr von Albini nicht geneigt ist, sich in diesem Sinne selbst anzuklagen. Die Beiziehung eines Verteidigers im Untersuchungsverfahren war im 18. Jahrhundert zwar im Prinzip möglich, der Inquisit hatte aber kein Recht darauf. Das Konstanzer Gericht ließ generell keine Defensoren zu (Kühne 1979, 80). Und für Sauter scheint es sich auch von selbst zu verstehen, daß allenfalls der Gekreuzigte als Fürsprecher in Frage kommt.

Das Problem der rechtlichen *Bewertung* eines Widerrufs überhaupt ist damit noch nicht gelöst. Welche Wirkung soll ein Widerruf haben, »wenn der Inculpat, ohne etwas zu seiner Entschuldigung anzuführen, sein Bekenntniß zurücknimmt, oder die angegebenen Entschuldigungsgründe ganz unerheblich sind« (Stübel 1811-1815, § 764)? Diese Frage hängt unmittelbar mit der nach dem Beweiswert des Geständnisses zusammen. Wenn es in Inquisitionsverfahren ohne Geständnis (und in Ermanglung zweier unverfänglicher Tatzeugen) keinen vollständigen Beweis und also keine Verurteilung zur sogenannten ordentlichen Strafe, zur *poena ordinaria* gibt - gilt dann das widerrufene Geständnis immer noch als vollständiger Beweis oder nicht? Stübel stellt fest, daß »die Criminalisten über die Wirkungen des Widerrufs eines Bekenntnisses von jeher verschiedener Meinung gewesen sind«, fügt aber mit Anführung zahlreicher Belege hinzu, die »mehresten« nähmen »auf den Widerruf gar keine Rücksicht« und stimmten »für die Vollziehung der ordentlichen Strafe« (Stübel 1811-1815, § 764). Man kann aber auch anderer Auffassung sein.

Es kann auch etwas anderes über die Bewertung des Widerrufs *bestimmt* werden. Es kann nämlich für die Bewertung des Widerrufs darauf ankommen, *was als ein Geständnis gilt*. Die *Theresiana* - der im Falle Sauter verbindliche Gesetzestext - bestimmt über das Geständnis, daß es, um einen »vollständigen Beweis« auszumachen, nicht nur deutlich, umständlich, gründlich und gerichtlich sein muß - es muß auch »beständig seyn«. (Theresiana 1769, Art. 32, § 2) Und diese fünfte Voraussetzung eines vollgültigen Geständnisses scheint beim Widerruf nicht erfüllt.

Allerdings ist diese Voraussetzung in sich selbst problematisch. Denn ihr zufolge kann ein vollgültiges Geständnis überhaupt kein *Akt* sein. Man müßte also zu seiner Kennzeichnung das *futurum exactum* bemühen: Ein Geständnis wird nur dann ein vollgültiges Geständnis gewesen sein, wenn es nicht widerrufen worden sein wird. Daß dann jedes Geständnis gewissermaßen unter Vorbehalt stünde, verträgt sich freilich nicht mit dem Blickwinkel, unter dem *wir* (in Übereinstimmung mit dem Blickwinkel des Inquisitionsverfahrens) dem Geständnis beiwohnen: daß es sich nämlich als das Zutagetreten der Wahrheit ereignet, die nicht mehr aus der Welt geschafft werden kann. Es sei denn mit guten Gründen.

Gleichwohl läßt sich nicht verneinen, daß der Widerruf die Kraft hat, auf den Geständnisakt zurückzuwirken. In dieser Hinsicht kommt es vor allem auf die Berücksichtigung des Ortes an, an dem es zum Geständnis kommt. Handelt es sich um einen Ort, an dem sich das Geständnis *ereignet* oder handelt es sich um einen Ort, wo es *abgelegt* wird? In den Zeiten der peinlichen Befragung, der Tortur, hatte die vorgeschriebene Wiederholung des Geständnisses einen festen Platz. Das erfolterte Geständnis war ein *Ereignis*, das für sich noch keine rechtliche Gültigkeit hatte; als *abgelegt* galt es erst, wenn es hernach an einem *anderen Ort* wiederholt und damit ratifiziert wurde (vgl. Niehaus 2003b, 212 f.).

Nach Abschaffung der peinlichen Frage kann die Unterscheidung, derzufolge das zweite Geständnis als freiwillig unterstellt werden darf, weil das erste zweifellos unfreiwillig war, nicht mehr zur Anwendung gebracht werden. Wenn »nur ein *freyes* Geständniß *(confessio libera)* [...] die demselben beygelegte Wirkung hat«, hingegen die Unfreiheit das Geständnis »entkräftet« (Stübel 1811–1815, § 736), und wenn diesbezüglich ein Widerruf etwas geltend machen kann - dann ist nicht mehr recht einzusehen, warum das Geständnis dort, wo ein Widerruf in dieser Hinsicht nichts geltend machen kann, noch der Wiederholung bedarf. Auf der anderen Seite kann aber die *Situation*, in der das Geständnis erfolgte, gerade deshalb jederzeit den Verdacht hervorrufen, daß das Geständnis nicht ganz freiwillig zustande gekommen ist. Wenn zum Beispiel im Widerruf dargelegt werden kann, daß das Geständnis »auf Suggestionen beruhe; so ist dessen Aechtheit schon sehr verdächtig« (Stübel 1811–1815, § 762). Letztlich wird jeder, der sein Geständnis widerruft, etwas in dieser Art geltend machen müssen. Er wird behaupten müssen, daß sein *Willen* beim Ablegen des Geständnisses nicht so frei war, wie er es hätte sein sollen.

Aus diesem Grunde muß verlangt werden, daß das Geständnis, wie die *Theresiana* sagt, »beständig« ist. Es genügt nicht, daß der Inquisit sein Geständnis in einem besonderen *Akt* wiederholt. Denn diesem Akt der Wiederholung, diesem Akt der Bestätigung gegenüber ließe sich derselbe Verdacht formulieren. Auch er erfolgt in einer bestimmten Situation, die seine Freiwilligkeit in Mitleidenschaft ziehen kann. Fehlt es an der Beständigkeit, so verhindert dies der *Theresiana* zufolge die Anwendbarkeit der gesetzlich vorgeschriebenen Strafe, auch wenn sich weit und breit kein Grund für den Widerruf erblicken läßt. Es kann dann nur noch die *außerordentliche*, also geringere Strafe verhängt werden. (Theresiana 1769, Art. 32, § 13, 16, 21)

Eine andere Gestalt gewönne der *Akt* der Bestätigung erst, wenn er in einem anderen, nämlich einem formellen *Rahmen* vollzogen würde. Nur dort, wo das Geständnis *in aller Form* – vor einer Öffentlichkeit oder deren Surrogat – abgelegt wird, kann es *als Rechtsakt* zur Geltung kommen. In diesem Sinne läßt sich auch Stübels Ausführung verstehen, daß »die Akte der stillschweigenden, oder ausdrücklichen Bestätigung der gethanen Aussagen« von dem »Akte des ersten Bekennens« zwar »wohl zu unterscheiden« sind, daß aber das Beharren auf den Geständnissen dort, »wo den Inculpaten die auf ihre Bekenntnisse gegründeten Strafurtheile bekannt gemacht« werden, zu einem »weit höhern Grad« an »Glaubwürdigkeit« führt (Stübel 1811–1815, § 776). Innerhalb des *Untersuchungsverfahrens* wird sich das Geständnis jederzeit als unbeständig erwiesen haben können. Weil es von der Situation, in der es sich ereignet, in Mitleidenschaft gezogen ist, wird es nicht *in aller Form* von einem *Rechtssubjekt* abgelegt. Daher kommt der Widerruf im Untersuchungsverfahren umgekehrt einer Selbstsetzung des Angeschuldigten als Rechtssubjekt gleich.

Die merkwürdige *logische* Struktur des Widerrufs läßt sich auch auf sprechakttheoretischer Ebene nachvollziehen – schon deshalb, weil es sich um einen performativen Akt handelt, der in einem Widerspruchsverhältnis zu einem vorangegangenen performativen Akt steht. Vom Konventionsbegriff der Sprechakttheorie aus läßt sich überhaupt nicht erklären, inwiefern die beiden Akte von demselben Subjekt in Bezug auf dieselbe Sache überhaupt regelkonform nacheinander geäußert werden können. Jedenfalls hat der explizit performative Akt des Widerrufens in der Einteilung von John L. Austin keinen Platz gefunden. In der »Taxonomie illokutionärer Akte« von John R. Searle müßte das »ich widerrufe« zu den *deklarativen Akten* gerechnet werden (Searle 1982, 46 ff.). Diese Akte können jedoch nur regulär vollzogen werden, wenn der Sprecher dazu *autorisiert* ist, etwa eine Sitzung zu eröffnen oder jemanden schuldig zu sprechen. Eine solche Autorisierung liegt gerade nicht vor, wenn sich Jakob Sauter zum Widerruf anschickt. Man sieht, daß die Frage des Widerrufs die allgemeine Frage nach dem Verhältnis von Rechtsakt und Sprechakt involviert. Adolf Reinach, der in seiner Untersuchung *Die apriorischen Grundlagen des bürgerlichen Rechtes* von 1913 die Theorie der Sprechakte in wesentlichen Teilen vorweggenommen hat, ist auf diese Besonderheit des Widerrufs eingegangen. Er vergleicht ihn mit dem Akt des *Verzichts* und stellt fest, es sei »jederzeit möglich Widerrufsakte zu vollziehen, genau so wie Akte des Verzichts«. Während aber die Akte des Verzichts »ohne weiteres wirksam sind«, sind die Widerrufsakte »an sich unwirksam«; Reinach möchte hier zwar von einem »natürlichen Können« sprechen, nicht aber von einem »rechtliche[n] Können« (Reinach 1913, 174). Der Widerruf ist also das Paradox einer an sich unwirksamen Willenserklärung – wie sollte sie auch möglich sein, da doch das Gesagte nun einmal gesagt ist? –, die insofern einen *expressiven* Charakter annimmt, als sie dem Wunsch nach einem rechtlichen Können bloß *Ausdruck* verleiht.

Natürlich kann ein Widerrufsrecht gleichwohl *eingeräumt* werden. Wo es nicht um Geständnisse der Wahrheit, sondern um von der Lehrmeinung abweichende Meinungen und Auffassungen geht, kann der Widerruf sogar verlangt werden. Die Reformation begann, als Martin Luther vor dem Kardinal Cajetan die Wort »ich widerruffe, und bekenne, daß ich geirrt habe«, nicht über die Lippen kamen (Luther 1745, Sp. 685). Obwohl das Widerrufsrecht gewissermaßen windschief zu den Bemühungen um materielle Wahrheit steht, hatte der Widerruf auch zur Zeit Sauters in Konstanz nicht alle Kraft verloren. Das sollte sich aber bald ändern. In Österreich, Preußen und Sachsen hat man zu Beginn des 19. Jahrhunderts durch besondere Gesetze *bestimmt*, daß der Widerruf eines gerichtlichen Geständnisses, wenn nichts dagegen spricht, »dessen Kraft nichts benehme und auf dasselbe die ordentliche Strafe gegründet werden könne« (Stübel 1811–1815, § 784).

Insofern das Geständnis immer noch widerrufen werden kann, insofern dem Widerruf eine rechtliche Wirksamkeit beigemessen wird, darf sich das Bemühen der Untersuchungsrichter nicht nur darauf richten, die Motive für den *Akt des Gestehens* im Inquisiten hervorzurufen, davon untrennbar ist die Aufgabe, den *Zustand der Geständigkeit* aufrecht zu erhalten: »Der Untersuchungsrichter muß die Möglichkeit eines erfolgenden Widerrufs stets vor Augen haben, und sorgfältig alles vermeiden, wodurch dem Inquisiten Gelegenheit und Reiz dazu gegeben wird.« (Pfister 1814–1820, Bd. 5, 560) Dies ist es, worin der Herr von Albini offensichtlich gefehlt hat.

Nun macht Sauters Antwort auf Int. 165 nicht nur den Widerruf manifest, sondern fügt auch mit dem Wort »denn« eine Begründung an: »[D]enn
ich hab diese Hosen, diese Strümpf, und diesen Rok angehabt, und man hat
kein Blut daran gesehen«. Diese Begründung ist einigermaßen rätselhaft. Zunächst einmal ist ihr Status unklar. Sauter konnte sich sicher sein, daß das
Gericht ihn nach Gründen für seinen Widerruf fragen würde. Wenn er ihm
zuvorkommt und ohne weitere Nachfrage eine Begründung nachschiebt, so
ist zu vermuten, daß er sich diese vorher zurechtgelegt hat. Dann erstaunt
es aber umso mehr, daß sie so unangebracht ist. Das liegt zum einen daran,
daß sie die ›kommunikative‹ Dimension des Widerrufs vollkommen außer
Betracht läßt. In dieser Hinsicht wäre Sauter als allererstes gehalten gewesen, etwas über die Gründe für sein falsches Geständnis mitzuteilen. Erst
als zweites hätte er dann mit seinen Entlastungsgründen aufwarten können.
Zum anderen handelt es sich bei Sauters Begründung überhaupt nicht um
einen wirklichen Entlastungsgrund. Es handelt sich nur um die Zurückweisung eines speziellen Verdachtsgrundes. Überdies geht diese Zurückweisung
aber auch noch ins Leere und ist insofern trotz aller Bedenkzeit einmal
mehr überstürzt: Es war ja bislang nicht davon die Rede gewesen, daß die
Kleidung, die Sauter beim Verhör trägt, Blutflecken aufweisen könnte. Er
hatte ja vielmehr behauptet, in der Werkstatt seine von der Tatbegehung im
tatsächlichen oder übertragenen Sinne kontaminierte Kleidung gewechselt
zu haben. Sauter referiert einmal mehr nur auf das Nächstliegende, auf die
Kleidung, die er am Leibe hat.

Schon mit seinem ersten Beitrag verwickelt er sich also in Widersprüche.
Den *Sinn* dieses ersten Beitrages zum Widerruf kann man sich allenfalls
folgendermaßen übersetzen: Ganz gleich, welche Kleidung ich jetzt trage
und welche Kleidung ich beim Mord getragen haben soll - nirgendwo ist
Blut zu sehen; es gibt also keine *sichtbaren* Spuren, die mich mit dem Mord
verbinden (es gibt nur Worte); wenn ich daher mein Geständnis (das auch
nur aus Worten besteht) zurücknehme, kann ich widerspruchsfrei auf meiner Aussage beharren, daß ich diesen Mord nicht begangen habe; ich habe
mich durch diesen Mord nicht verunreinigt. Bleibt hinzuzufügen, daß das
Gericht vermutlich zur Geburt dieser Idee ganz unmittelbar beigetragen
hat. Hat es denn nicht seinerseits tags zuvor überhastet das Verhör abgebrochen, um sich dieser blutbefleckten Kleidung zu bemächtigen, als genüge
das Geständnis des Inquisiten nicht, als müsse etwas Handgreifliches her?
Hat es nicht hernach in seiner unangebrachten ›Tirade‹ seinem Ärger und

seiner Enttäuschung Ausdruck verliehen, als weit und breit kein Blut zu
sehen war?

Natürlich kann das Gericht ohne weiteres die Widersprüche im ersten
Beitrag zum Ausgangspunkt nehmen. Die Frage ist nur, ob das Aufdecken
der Widersprüche zum Fortkommen taugt.

> Int: 166.
> Warum habt ihr denn gestern in der Früh
> gesagt, daß ihr ein himmelblaues Kleid an-
> gehabt, und solches nach verübter That in
> der Werkstatt unter den Hobelbank gethan
> hab; warum habt ihr gestern Nachmittag so-
> hin, als man euch gesagt hat, dieses Vorge-
> ben stimme mit anderen eingeholten Nach-
> richten nicht überein, behauptet, daß ihr
> ein blaues Kamisol mit Ährmlen bey der
> Mordthat angehabt habt?

>> R: Ich hab nicht darauf gedacht, ich hab
>> diesen Rok angehabt, /: diese Antwort aber
>> war erst eine Folge der öftern Wiederholung
>> dieser Frage :/

Das Gericht gleicht dem Inquisiten auch hier wieder darin, daß es den
nächstliegenden sachlichen Widerspruch aufgreift. Es versteht den *Sinn* der
Widerrufsbegründung nicht und forscht ihm auch nicht nach. Und ebensowenig wie der Inquisit widmet sich das Gericht den früheren Gründen
für das nun widerrufene Geständnis, deren Thematisierung die *Beziehungsebene* zur Sprache bringen würde. Es scheint also, als wolle das Gericht ins
alte Gleis zurück, wenn es sich bemüßigt fühlt, den Widerruf zu *widerlegen*,
indem es Aussagen gegeneinander hält. Hinzukommt, daß das Gericht -
wiederum etwas überstürzt - zuviel auf einmal fragt.

Die Antwort Sauters gibt schon eine Vorstellung davon, was es heißen
wird, ins alte Gleis zurückzufallen. Jetzt beginnen wieder die Stockungen,
die Blockaden, mit denen der Konstitut die unbeantwortbaren Fragen quittiert. Dem Inhalt nach nimmt seine Antwort Abschied von jedem Anspruch
auf Konsistenz: Die Erklärung, daß er »nicht darauf gedacht« habe, soll mit
einer einfachen Geste die Aussagen der Vergangenheit mit all ihren Widersprüchen beiseite wischen. Er will nicht mehr von ihnen behelligt werden.

Int: 167.
Wißt ihr noch aus welcher Ursache ihr dem
Gericht angegeben habt, als hättet ihr in der
Werkstatt ein anderes Kleid angezogen?

> R: /: Nach 10 mal widerholter Frage :/ Ant-
> wortete er ganz trozig: Nein!

Das Gericht weiß sich freilich nicht anders zu helfen als mit einem Appell
an Sauters Wissen über seine früher erstatteten Aussagen. Indem es sich
in dieser Weise auf Einzelnes einläßt, kommt ihm der Abstand abhanden,
aus dem es einen Überblick gewinnen könnte. Das Gericht möchte Sauter zu dem Eingeständnis bringen, ausgesagt zu haben, daß er die Kleider
nach dem *Mord* gewechselt habe. Sauter soll also von sich aus auf sein
Geständnis zu sprechen kommen; die Sache mit den Kleidern dient hier
nur als naheliegender Anknüpfungspunkt. Dieses Unterfangen ist schon
deshalb müßig, weil es auch im Gelingensfalle nicht weiter hilft. Darüber
hinaus gelingt es aber auch nicht. Bedurfte es bei der vorigen Frage der
»öftern Wiederholung«, so steigert sich die Widerstandsintensität hier auf
eine zehnmalige Wiederholung, bevor dem Inquisiten dann doch die falsche
Antwort abgerungen werden kann (was die Aussichten auf einen Widerruf
des Widerrufs entsprechend sinken läßt). Die Gebärdenbemerkung, daß das
»Nein« des Inquisiten »ganz trozig« kommt, soll bedeuten, daß die Antwort
eigentlich »Ja« lautet.

Int: 168.
So wißt also, daß ihr gesagt habt, dasjenige
mit welchem ihr bey der Mordthat angezogen gewest seyt, sey blutig gewesen; was hat
euch also zur Einbekenntnis dieses ganz be-
sondern Umstands bewogen?

> R: Er gab gar keine Antwort, obschon man
> ihn mehr als 20. mal fragte.

Das Gericht hat insofern eine Niederlage einstecken müssen, als es jetzt
selbst sagen muß, was es den Inquisiten sagen lassen wollte. Es gestaltet
diese Auskunft als einen Vorhalt, der eine bei näherem Hinsehen ausgesprochen eigenartige Struktur aufweist. Denn er versucht, am Renommé
des Blutes, der sichtbaren Spur teilzuhaben, obwohl ja tatsächlich keine
Spur von Blut zu sehen war. Das Gericht wiegt sich vielleicht in der Vorstellung, der Inquisit habe sich schon mit seiner Rede von der blutigen

Kleidung sozusagen so unwiderruflich beschmutzt, daß man ihn jetzt nur
darauf hinweisen muß, damit er die Aussichtslosigkeit seines Widerrufes
einsieht. Der Inquisit gibt seinem Gegenüber aber nur in der Weise recht,
als er sich nunmehr hartnäckig weigert, über diese fiktive blutige Kleidung
noch ein Wort zu verlieren; dies scheint nicht der Weg zu sein, auf dem
man ihn dazu bringen kann, zu seinem Geständnis Stellung zu nehmen.
Wenn die Anzahl der Wiederholungen einer Frage die Widerstandsenergie
des Befragten mißt, so wird dieses Verfahren hier widerlegt. Nach der mehr
als zwanzigfachen Wiederholung muß das Gericht seine Niederlage einsehen.

> Int: 169.
> Man ist also gezwungen euch wider auf alles
> das zurükzuführen, über was man bißher
> mit euch geredt hat? So sagt dem Gericht
> nun, wo ihr euch gestern 8. Tag von Früh
> morgens bis abends aufgehalten habt?

> > R: /: ganz beredt und herzhaft:/ An diesem
> > Donnerstag bin ich zu den Kappuzinern in
> > die Meß gegangen, von der Meß in die un-
> > tere Stube, von der untern Stube schnurgrad
> > zu dem Spital hinaus zu meiner Landsmän-
> > nin im Lindwurm, von dieser zu dem Stau-
> > dinger um für 3 Xr Grünöhl zu trinken,
> > von hier zu den Spitalkiefern, welche ich
> > gesagt habe, sie möchten mir den Baptistle
> > grüßen, er möchte mir bey dem Loob und
> > dem Krautele Geld einziehen, endlich von
> > den Kiefern hinweg gieng ich zu dem Thor
> > hinaus.

Der resignative Ton in der Frage ist nicht zu überhören (was natürlich allemal heißt, daß er sich auch dem Inquisiten mitteilt). Dem Gericht bleibt
nichts anderes übrig, als wieder von vorne zu beginnen. Zu den Wirkungen
des Widerrufes gehört nach Stübel auf der einen Seite die Erörterung der
Gründe für das vormalige Geständnis. Diese, die Beziehungsebene impli-
zierende Untersuchung hat das Gericht bislang vermieden. Statt dessen hat
es versucht, den Inquisiten mit indirekten Mitteln auf das Geständnis zu-
rückzubringen. Dieser Versuch ist gescheitert. Auf der anderen Seite gehört
zu den Wirkungen des Widerrufs »die weitere Ausmittelung der vorher ein-

gestandenen Thatsachen« (Stübel 1811-1815, § 766). Dieser alles andere als vielversprechenden Aufgabe will sich das Gericht jetzt unterziehen. Der Sache nach kann sie nichts anderes beinhalten als das erneute Durcharbeiten des Ablaufs jener gut einen Stunde am Morgen der Tat. Die sich bei dieser Aussicht einstellende Unlust mag man aus der Forderung heraushören, Sauter solle sagen, wo er sich »von Früh morgens bis abends« aufgehalten habe (als interessiere sich jemand dafür, was ihm auf der Wanderschaft widerfahren ist).

In auffälligem Kontrast zum resignativen Ton des Gerichts wie auch zu seinem eigenen vorherigen hartnäckigen Schweigen antwortet Sauter jetzt »ganz beredt und herzhaft«. Wäre der Kontrast nicht auffallend gewesen, hätte die Gebärdenbemerkung nicht darauf hingewiesen; es ist aber auch auffallend, daß eine Gebärdenbemerkung darauf hinweist - denn in der Regel dienen diese Bemerkungen - bei Sauter und anderswo - nicht dazu, auf die Übererfüllung des Aussagenden hinzuweisen, sondern auf Mängel in der Aussage. Der Bereitwilligkeit Sauters kann man entnehmen, daß sich sein Widerstand auch jetzt nicht gegen das Verhör als solches richtet. Außerdem weist sie darauf hin, daß nun zur Sprache kommt, was er sich während der letzten anderthalb Tage zurechtgelegt hat. Ihm ist allerdings nichts eingefallen, als im wesentlichen zu seiner ersten Strategie zurückzukehren, die jetzt ebensowenig aussichtsreich ist wie zu Beginn der Verhöre. Im Unterschied zur ersten Darstellung (in Int. 9) hat Sauter nunmehr bei seiner narrativen Verkettung der Stationen (Messe, Stube, Lindwurm usw.) sämtliche Besuche in der Werkstatt gestrichen. Hatten sich nach seinem Geständnis die Besuche in der Werkstatt schließlich auf drei erhöht (zum Deponieren der Kleidung, zum Holen des Beils, zum Umziehen), so betont er jetzt, das Spital »schnurgrad« verlassen zu haben. Ungefragt liefert er auch eine weitere Detaillierung: die Namen derer, bei denen das Mordopfer für ihn Geld eintreiben sollte. Die Wortfülle soll vergessen machen, daß die Zeit mit diesen Angaben ebensowenig ausreichend gefüllt ist wie in den früheren Darstellungen.

Int: 170.
Um welche Zeit seyt ihr bey den Kapuzinern in der Meß gewsen?

> R: Es mag ungefähr um 6 Uhr oder nach 6
> Uhr /: nach einer Weile :/ um halb sieben
> Uhr herum gewesen seyn.

Int: 171.
Sagt noch einmal, wohin ihr von den Kapuzinern hinweg zuerst gegangen seyt?

R: In die untere Stube.

Wie vorherzusehen, beginnt das Gericht jetzt mit dem abermaligen Nachweis, daß dieser Ablauf nicht stimmen kann. Dies ist auch Sauter klar, der
nun versucht, seinen Besuch bei den Kapuzinern zeitlich nach hinten zu
verlegen (was vielleicht aussichtsreich gewesen wäre, wenn er es von Anfang
an getan hätte). Zunächst bemüht er sich um eine sozusagen unmerkliche
(dann aber auch nutzlose) Korrektur: »nach 6 Uhr« statt »ungefähr um 6
Uhr«. Mit »einer Weile« Bedenkzeit als Anlauf wagt er dann den Sprung
auf »halb sieben Uhr«. Daß er diese Bedenkzeit braucht, läßt vermuten, daß
er sich schon diese Verschiebung nicht mehr vorher zurechtgelegt hat. Daß
die Bedenkzeit zu Protokoll gegeben wird, soll offenbar zur Diskreditierung
der Verschiebung schon ausreichen.

Denn das Gericht geht mit keinem Wort darauf ein. Und das hat wohl
einen naheliegenden Grund: Das Gericht geht über diese Verschiebung hinweg, weil es ihr nichts entgegenzusetzen hätte als die früheren Angaben von
Sauter selbst. An keiner Stelle ist von einem Zeugen die Rede, der Sauter in
der Frühe (etwa in der Messe) gesehen hat. Alle Aussagen, auf die das Gericht Bezug nimmt, betreffen die Zeit *nach* der Tat. Würde das Gericht auf
die Verschiebung eingehen und sich auch nur hypothetisch darauf einlas-
sen, daß Sauter erst gegen halb sieben in der Messe war, wäre die ganze auf
der Zeitlücke basierende Beweisführung gefährdet. Man sieht, daß das Inquisitionsverfahren den Inquisiten nicht nur in die Position des Dummen
versetzt, sondern auch die Möglichkeit bietet, ihn für dumm zu verkaufen,
wenn er ausnahmsweise nicht dumm war. So verleitet das Gericht mit der
zweiten Frage den Konstituten lediglich zu der Festlegung, daß er den Besuch in der Werkstatt zu überspringen gesonnen ist, um dann fortzufahren:

Int: 172.
Warum habt ihr denn bißher gesagt, daß
ihr zuerst in die Werkstatt gegangen seyt?

R: ich hab halt dem Ding heut Nacht und
heut beßer nachgedacht.

Die Frage macht deutlich, daß sich durch den Widerruf nichts geändert
hat. Die »weitere Ausmittelung der vorher eingestandenen Thatsachen«, wie

sie von den Juristen vorgesehen ist, kann nicht erfolgen, indem man noch
einmal bei Null anfängt. Es ist nicht möglich, alles schon Gesagte beiseite
zu lassen und sich noch einmal neu an einer widerspruchsfreien Erzählung
zu versuchen. Stets mischen sich die widersprüchlichen Angaben hinein, in
die sich der Inquisit bereits verwickelt hat. Daß es diese widersprüchlichen
Angaben gibt, folgt bereits aus dem Widerruf selbst, der ja allen Angaben widerspricht, die mit der Unschuldsbehauptung nicht vereinbar sind.
Gerade im Hinblick auf den Widerruf beweist es also nichts, wenn man
Widersprüche nachweist.

Genau genommen tut das Gericht das auch nicht, da es ja nach dem
Warum fragt. Aber diese Frage geht natürlich viel weiter. Auf eine solche
Warum-Frage, die metadiskursiv dem Zustandekommen unvereinbarer Aussagen nachforscht und damit auf subjektive Begründungen zielt, hatte Sauter schon zu Beginn dieses Nachmittags (in Int. 166) mit der Formel »Ich
hab nicht darauf gedacht« reagiert. Ebenso wie dort will er jetzt mit seiner Antwort einen Schlußstrich ziehen. In einem auf Wahrheitsermittlung
ausgerichteten Verhör darf man diese Antwort allerdings als einen Affront
auffassen. Sie ist gewissermaßen Klartext, weil sie den Widerruf tatsächlich
als *rechtmäßigen* Neuanfang nimmt: Nun soll, nach reiflicher Überlegung,
das *gelten*, was ich *jetzt* sage. Das ist letztlich dieselbe Bewegung, die Sauter schon die ganze Zeit vollführt hat. Die ganze Zeit über war er ja mit
kleinen Widerrufen vergangener Aussagen beschäftigt. Der Widerruf des
Geständnisses ist in dieser Hinsicht nur die großformatige Ausgabe dieses
Bestrebens, das im Grunde eine Form der Dummheit definiert. So besteht
der Affront der Antwort auch darin, daß sich hier die Dummheit *ausspricht*.
Das ist nicht beruhigend. Denn die Dummheit ist nichts *Einfaches*. Sie ist
in mehr als einem Sinne eine *Macht* und ein *Abgrund* (van Boxsel 2001).

> Int: 173.
> Mit dieser Antwort kann man sich nicht
> begnügen, denn ihr hättet in den ersten 3.
> Verhörstagen noch weit besser wissen kön-
> nen, was ihr an diesem Donnerstag nach
> der Kapuzinermeß zuerst gethan habt. Was
> sagt ihr dazu?

> > R: Ich hab einmal nicht daran gedacht, daß
> > ich die Kappe bey mir in dem Sak gehabt
> > habe.

Wenn Sauter sich *von nun an* auf das Nachdenken gründen will, das ihn in der vergangenen Nacht und an diesem Vormittag auf den Widerruf gebracht hat, so kann ihn der Einwand des Gerichtes nicht berühren. Denn auch das (bekannte) Argument, man müsse zur korrekten Beantwortung der Frage nicht *nachdenken*, sondern sich *erinnern*, beruft sich auf die Vergangenheit. In seiner Antwort kommt Sauter nun schon zum dritten Mal an diesem Nachmittag auf sein Denken zu sprechen. Als hätte er die Frage nicht verstanden, erklärt er elliptisch, nicht daran gedacht zu haben, daß er die Kappe bei sich gehabt hätte. Zu Beginn der Verhöre hatte Sauter nämlich die Kappe als Grund dafür angegeben, am Morgen in die Werkstatt gekommen zu sein – hatte dabei aber nicht bedacht, daß er die Kappe die ganze Zeit bei sich gehabt hatte. Man kann also die Antwort so deuten, daß sich an derlei Fehlern zeigt, wie gut man bedenken muß, was man sagt. Da das freilich nur gilt, wenn man nicht bei der Wahrheit bleibt, ist diese Antwort dumm. Und dumm ist sie auch, weil sie sich im Modus des Ausweichens nun doch in die Vergangenheit hat verwickeln lassen.

> Int: 174.
> Man fragte euch nicht um die Kappe, son-
> dern um das Werkstattgehen oder nicht.
>
> R: Ich hab ja den Tabak darinn geholt.

Die Dummheit hat, wie man sieht, immer noch mehr *in petto*. Nachdem Sauter zunächst ungefragt die Kappe ins Spiel gebracht hat und darauf hingewiesen wurde, bringt er nun ebenso ungefragt den Tabak ins Spiel, der schon früher die Kappe als Vorwand zum Aufsuchen der Werkstatt ersetzt hatte. Indem er nun diesen Vorwand beim Wort nimmt, hat er zugestanden, doch in der Werkstatt gewesen zu sein. Damit hat er in diesem Dialog (der einem absurden Theaterstück kaum nachsteht) den ersten Selbstwiderspruch des heutigen Verhörs erzeugt.

> Int: 175.
> Euere Unverschämtheit ist nicht zu be-
> schreiben, kürzlich fangt ihr an so hartnä-
> kig zu läugnen, daß ihr nicht in der Werk-
> statt gewesen seyt, und nun bekennt ihr oh-
> ne daß man euch hierwegen fragt, Tabak in
> der Werkstatt geholt zu haben; sagt selbst
> könntet ihr unverschämter lügen?

R: Ja! Das ist gelogen.

Der Selbstwiderspruch gibt dem Gericht die Möglichkeit, dem überforder-
ten Inquisiten seine neuerliche Lüge vorzuhalten. Daß diese Lüge ihren
Grund in der Dummheit hat, kommt dabei allerdings nicht zur Sprache.
Vielmehr muß der bekannte Signifikant der *Unverschämtheit* bemüht werden,
womit die alte Konstellation auch terminologisch wiederhergestellt scheint.
Im Ergebnis hat sich das Gericht dadurch zwar die Folgsamkeit des Inquisiten erkämpft, zugleich aber jeden Zugang zum Inquisiten versperrt. Denn
die Folgsamkeit betrifft stets nur die jeweilige Antwort.

Es ist müßig, sich zu fragen, ob das anders gewesen wäre, wenn sich
das Gericht statt dessen auf die Dummheit bezogen hätte. Denn innerhalb
eines Verhörs ist das unmöglich. Die Dummheit ist nicht etwas, was man
dem Verhörten zugute hält, sondern etwas, das man ausnutzt. Das kann
sich aber, wenn es darauf ankommt, als großer Irrtum erweisen.

Immerhin hat sich mit der abermaligen Thematisierung der Lüge die
Aufmerksamkeit des Verhörs verlagert. Die Lüge bietet den privilegierten
Zugang zur kommunikativen Dimension.

> Int: 176.
> Mit welchem Recht könnt ihr wohl das Ge-
> richt so anzuliegen?
>
> R: Weil ich es nicht besser versteh.
>
> Int: 177.
> Ihr müßt es verstehen, daß es nicht er-
> laubt ist seinen Nächsten, viel weniger sei-
> nen Richter anzuliegen?
>
> R: Ja! Ich sehe es ein.

Mit der ersten Antwort sagt Sauter letzten Endes, daß er es nicht versteht,
Lügen vorzubringen, die als Wahrheit durchgehen können. Nur weil seine
Lügen so dumm sind, kann das Gericht die Frage stellen, mit welchem
Recht er es anlügt. Wenn man das zugleich als Eingeständnis auffaßt, daß
er lügen *muß*, daß er nicht einfach bei der Wahrheit bleiben kann, weil
er sonst gestehen müßte ein Mörder zu sein, so kommt das fast einem
Geständnis gleich. Aber dem *Schluß* auf das Geständnis wird gleichwohl die
Zustimmung versagt werden.

Auf das Angebot, das man aus der ersten Antwort extrahieren könnte,
geht das Gericht nicht ein. Warum lautet die Anschlußfrage nicht, *was*

Sauter nicht besser verstehe, oder was er mit seiner Antwort *meine*, daß er lüge, weil er es nicht besser verstehe? Zu dieser Art von Fragen ist es jetzt viel zu spät. Sie würden nur geradewegs in die Blockade führen. Auf die normative Anschlußfrage, die das Gericht (anstelle der hermeneutischen) wählt, kann wenigstens auch der Unverständige eine klare und eindeutige Antwort geben.

Int: 178.
Was sucht ihr also durch euere Lügen?

> R: Nichts, weder Nutzen noch Schaden.

Int: 179.
Diese Antwort heißt zwar in sich selbst nichts; man sagt euch aber gleichwohl, daß ihr euch durch das Lügen schaden müßt, wie es euch ja bekannt seyn wird, daß auf Lügen Strafen gesezt sind; was sagt ihr dazu?

> R: Es ist recht, wenn sie bestraft werden.

Das Verhör ist in ein Fahrwasser geraten, in dem sich Sauter mit gleichsam vorgefertigten Antworten ›über die Runden retten kann‹, allerdings um den Preis der Selbstverurteilung bzw. Selbstdisqualifizierung. Bei seiner ersten Antwort weicht er einer wirklichen Antwort mit einer Formel aus, die er sich nicht selbst ausgedacht hat, seiner Dummheit aber alle Ehre macht. Entsprechend wird er ja auch darüber belehrt, daß seine Antwort »in sich selbst« nichts heißt. Die wohlfeile Fortsetzung der Belehrung, daß er sich durch seine Lügen schadet, weil sie mit Strafen geahndet werden, ist für Sauter keine Neuigkeit. Es ist ihm ja in Gestalt der Ketten bekannt, die ihm außerhalb des Verhörs angelegt werden. Das Gericht stellt sich hier selbst dumm, indem es sich absichtlich eines falschen Anschlusses bedient: Der Zweck der Lüge ist ja nicht die Lügenstrafe. Das Gericht will damit nur bedeuten, daß das Lügen zwecklos ist. Sauter scheint erleichtert zu sein, daß er das auf der normativen Ebene wohl einsehen kann. Folgsam räumt er das Züchtigungsrecht des Gerichtes über sich ein, als sei es ein bloßer Ausfluß des Gewaltverhältnisses, das er an seinem eigenen Leibe erfahren hat.

Int: 180.
Hiedurch verrathet ihr ein verstoktes, un-
bändiges und gewissenloses Herz; denn was

soll man anders von einem Menschen, der
sich auch vor Strafen nicht förchtet, glauben?

> R: /: Nach einem gar langen Stillschwei-
> gen:/ es gibt zeitliche und Ewige Strafen.

Die Folgsamkeit Sauters läßt sich jederzeit gegen ihn kehren. Das Verhör
rührt - was die Subjektposition des Verhörten angeht - wieder an einen
entscheidenden Komplex. Nicht umsonst wird der Ton des Gerichts zunehmend ausfallend. Gerade seine Folgsamkeit macht Sauter zur uneinnehm-
baren Bastion. Wer bejaht, daß er unter die Strafe fällt, scheint sich damit
zugleich als ein Rechtssubjekt positionieren zu wollen, dessen Vergehen
durch die Strafe *abgegolten* ist. Die Strafe *fürchten* heißt aber: sich durch die
Aussicht auf Strafe von der strafbaren Handlung abhalten lassen; zumindest aber heißt es: sich die bereits verwirkte Strafe eine Lehre sein lassen.
Ein ›gewissenloses Herz‹ hingegen hat, wer die Strafe nur in einem rein
rechtlichen Sinne anerkennt, als etwas, das von außen kommt, das äußer-
lich bleibt und nicht im Innern des Subjekts Wurzeln schlägt, weil es keinen
fruchtbaren Grund in ihm findet.

Indem das Gericht dieser Sichtweise Ausdruck verleiht, verläßt es den
Rechtsstandpunkt. Ganz konkret verläßt es den Rechtsstandpunkt zum Beispiel, indem es der Ungeduld Ausdruck verleiht. Das Recht kennt keine
Ungeduld. Allgemein folgt das natürlich daraus, daß die Wahrnehmung des
Verhörs als Kommunikationssituation immer schon außerhalb des Rechts-
standpunktes stattfindet. Darüber hinaus wird hier noch einmal deutlich,
daß die Lügenstrafe insoweit keine Strafe und kein rechtliches Instrument
ist, als sie sich nicht auf eine vergangene *Tat* bezieht, sondern auf die zu-
künftige *Verhaltens*änderung.

Es fällt auf, daß das Gericht hier wie auch im vorigen Interrogatorium
nicht eigentlich eine Frage stellt, sondern zu einer Stellungnahme auffor-
dert. Das hängt unmittelbar mit dem normativen Diskurs zusammen, zu
dem es in Ermangelung anderer Fortsetzungsmöglichkeiten Zuflucht genommen hat. Diese Form des Metadiskurses ist seine Weise, die Verhörsituation selbst thematisch werden zu lassen - eine allerdings prekäre Weise,
da das normative Argument seine disziplinarische Funktion enthüllen muß.

Was Sauter nach »einem gar langen Stillschweigen« auf den Ausfall des
Gerichts erwidert, ist nun in einem sehr tiefen Sinne eine Antwort - eine
in ihren Implikationen schwer zu übersehende Antwort. Man kann sagen,

daß dem Gericht mit dieser Antwort ›Recht geschieht‹, daß es mit dieser Antwort ›in seine Schranken verwiesen‹ wird. Der normative Diskurs kehrt sich gegen das Gericht selbst, so wie dieses die Folgsamkeit Sauters gegen ihn gekehrt hatte. Wendet man die von Sauter ins Spiel gebrachte Unterscheidung an, so ist das Gericht eine Instanz, die für die zeitlichen und nicht für die ewigen Strafen zuständig ist. Mit zeitlichen Strafen werden Verstöße gegen das Gesetz abgegolten; was darüber hinaus geht, fällt nicht mehr in ihr Ressort. Wer sich dem Gesetz unterwirft – und etwa dem Gericht das Recht einräumt, Strafen für überwiesene Lügen auszusprechen –, braucht sich hinsichtlich des Gewissens nichts vorwerfen zu lassen, weil dies Sache der ewigen Strafen ist, über deren Beschaffenheit hienieden nur Vermutungen angestellt werden können.

Wenn das Subjekt auf diese Weise das Zugriffsrecht des Gerichtes auf seine Person begrenzt, entrückt es sich in gewissem Sinne und entzieht sich dem Anspruch. Der Hinweis auf die ewigen Strafen nimmt das Motiv wieder auf, mit dem Sauter schon seinen Widerruf eingeleitet hatte. Hier gibt ihm die Kategorie der ewigen Strafe, dort gab ihm das Kruzifix die Kraft, sich zu behaupten. Aber diese Deutung macht die Antwort Sauters noch nicht übersehbar. Kann denn ein Mörder – so ist man geneigt zu fragen – guten Gewissens Gott in Anspruch nehmen, um die Forderung nach einem Geständnis seiner Tat zurückzuweisen? Aber wer darf diese Frage stellen?

Int: 181:
Welche förchtet ihr dann?

R: Die Ewigen.

Int: 182.
Die Zeitlichen nicht?

R: Auch, aber nicht so wie die Ewigen.

Int: 183.
Man muß aber glauben, daß ihr die Zeitliche Strafen unendlich förchtet, denn aus allen eueren vorstehenden Antworten muß man schließen, daß ihr nur aus Forcht der zeitlichen Strafen wider auf das neue zu lügen angefangen habt; was sagt ihr dazu?

> R: /: ungeachtet aller widerholten Instan-
> zen und langer Abwartung war endlich Ant-
> wort:/ ich weiß nichts darauf.

Um das Problem der Unterscheidung zwischen zeitlichen und ewigen Strafen in den ›Griff‹ zu bekommen, bedient sich das Gericht eines Tricks
(allerdings nur mit dem Erfolg, daß das Verhör wieder an einen Nullpunkt
gelangt). Ausgangspunkt war ja, »daß auf Lügen Strafen gesezt sind«, und
nicht, daß Morde bestraft werden. Daß beides unter die von Sauter ein-
geführte Kategorie der »zeitlichen Strafen« fällt, benützt das Gericht nun
dazu, unvermittelt zu der Strafe für den Mord überzugehen, die Sauter mit
allen Mitteln zu vermeiden sucht. In Int. 180 wurde Sauter noch vorgehalten, daß er sich »vor Strafen nicht förchtet«, drei Fragen später wird ihm
vorgehalten, daß er sie »unendlich förchtet«. Das Gericht kann sich solche
Widersprüche leisten und dem Inquisiten gar nach bewährter Manier zur
Stellungnahme vorlegen, weil dieser sie zwar vielleicht dumpf ahnen mag,
jedenfalls aber nicht in der Lage ist, sie zu durchschauen. Letzten Endes
kann man nur sagen, daß Sauter die Strafe für Mord mehr scheut als die
Strafe für die Lügen, mit denen er der Strafe für Mord ja gerade zu entgehen
sucht. Das hat tatsächlich nichts mit den ewigen Strafen zu tun, ist aber
dafür auch ebenso naheliegend wie Sauters Weigerung, hierzu Stellung zu
nehmen.

Int: 184.
Man fragt euch also nochmal seyt ihr an
diesem Donnerstag nach der Kapuziner
Meß in der Werkstatt gewesen?

> R: Ja ich bin in der Werkstatt gewesen und
> habe Tabak geholt.

Int: 185.
War noch jemand ohne euch in der Werkstatt?

> R: Nein! Ohne mich nicht. /: vor dieser
> Antwort aber widerholte er die Antwort
> ganz hastig :/

Int: 186.
Warum habt ihr denn bißher gesagt, es seye
noch jemand bey euch gewesen?

R: /: nach mehrmal gestellter Frage :/ Ich
hab nicht darauf gedenkt.

Int: 187.
Das muß nun wider eine Lüg seyn, denn
ihr habt dem Gericht mit ganz besonderen
Umstanden erzehlt, wer neben euch in der
Werkstatt gewesen sey.

R: Das weiß ich izt nur nicht für gewiß /:
nach langem Staunen.

Int: 188.
Was wißt ihr nicht für gewiß?

R: Wer bey mir gewesen ist.

Int: 189
Aus dieser Antwort erhellet, daß jemand
bey euch gewesen seyn müße?

R: Ja! Der Baptist Fromlet.

Int: 190.
Was hat dann dieser Baptist Fromlet darinn
gemacht?

R: Gearbeitet.

Int: 191.
Wer war zuerst in der Werkstatt?

R: Der Baptist Fromlet.

Int: 192.
Wer ist zuerst heraus?

R: Ich!

Der verfehlte Ausflug in einen Diskurs über Geltungsansprüche und die
Regeln kommunikativen Handelns ist ergebnislos geblieben; jetzt wird wieder zur Sache gesprochen. Das Verhör kann nur weitergehen, wenn man
wieder ins ›alte Gleis‹ zurückkehrt. All dies ist schon oft genug gesagt und
gefragt, behauptet und widerlegt worden. Sauter freilich sträubt sich dagegen, wieder auf die Sachverhaltsdarstellung festgelegt zu werden, die ihn
schon einmal bis zur Schwelle seines Geständnisses getragen hatte. Wollte

er zunächst nicht zugeben, überhaupt in der Werkstatt gewesen zu sein, so will er jetzt nicht zugestehen, daß er dort mit dem Mordopfer zusammengetroffen ist. Es gibt keinen Bestandteil der Darstellung, der ihm nicht abgerungen werden müßte. Vor allem dort, wo er, nachdem er einräumen mußte, nicht alleine in der Werkstatt gewesen zu sein, nicht zugeben will, daß es sich bei dieser Person um das Mordopfer gehandelt hat, sticht die Unvernunft seiner Weigerungen ins Auge. All dies sind Sachen, die vor dem Widerruf als unbestrittene Tatsachen betrachtet werden durften. Am Ende dieser Sequenz ist das Verhör jedoch bei einer Frage angelangt, die schon verschieden beantwortet worden ist.

> Int: 193.
> Man hat euch in der 19. 20 und 21ten Frag überwiesen und ihr habt es selbst einbekannt, daß dieses eine Lug sey, aus der nämlichen Ursache muß man diese wider für eine Lüge halten? Was sagt ihr dazu?
>
> R: Es wird alles nicht alleweil gelogen seyn.
>
> Int: 194.
> Man sieht sich also gezwungen euch nochmal vorzuhalten, daß man zuverläßige Auskunft habe, der Fromlet habe die Werkstatt zuerst verlaßen?
>
> R: Nun ja! So ist er daraus vor mir.
>
> Int: 195.
> Bestimmt diese Antwort, und sagt es beßer?
>
> R: Ja! Er ist zuerst heraus.

Das Gericht verweist darauf, daß Sauter schon einmal (in der Antwort auf Int. 15) behauptet hat, er habe die Werkstatt als erster verlassen, und daß er schon einmal zugeben mußte (in der Antwort auf Int. 20), daß das nicht stimmt. Also müsse er auch jetzt gelogen haben. Dieses Argument ist zwar einfach, widerspricht aber dem Gedanken, daß die Beweisführung nach dem Widerruf noch einmal von vorn anfangen muß. Sauters unbestimmter Zurückweisung kann man entnehmen, daß ihn der unbestimmte Hinweis auf vergangene Lügen nicht zu einem Fallenlassen der Behauptung bringen wird.

Daraufhin greift das Gericht zu dem Mittel, das schon im ersten Verhör genügt hatte, Sauter einknicken zu lassen, und das auch hier wieder zum Erfolg führt: der Hinweis auf die »zuverläßige Auskunft«. Diese Informationsquelle wird an keiner Stelle konkretisiert. Überhaupt zwingt Sauter das Gericht nie, ihm die seinen Angaben widersprechenden Aussagen in Form einer Konfrontation mit dem betreffenden Zeugen vor Augen zu stellen, wie es zu jener Zeit durchaus nicht unüblich war. Seine Hartnäckigkeit (oder seine Standhaftigkeit) läßt ihn im Stich, sobald seiner Behauptung eine Unvereinbarkeit mit einer Aussage Dritter nachgesagt wird. Es ist in diesem Zusammenhang bezeichnend, daß Sauter das Abrücken von seiner ersten Behauptung beide Male unter eine Art Vorbehalt stellt. Als Signifikant dieses Vorbehaltes firmiert im Protokoll das »Nun ja«. In der Antwort auf Int. 19 hatte Sauter gesagt: »Nun ja, so ist er zuerst aus der Werkstatt gegangen«. Auch dort war er anschließend aufgefordert worden, diese Reserve fallenzulassen.

> Int: 196.
> Aus was für einer Ursache wolltet ihr denn
> nun wider behaupten, daß ihr zuerst aus der
> Werkstatt gegangen seyt?
>
> R: Aus keiner!

Dies ist eine der vielen Variationen der unbeantwortbaren Frage, warum der Inquisit gelogen habe. Hier ist sie in einer Formulierung gestellt, die Sauter immerhin die Möglichkeit einräumt, eine Scheinantwort zu geben. Dafür handelt es sich um eine Fangfrage. Denn in den bisherigen Verhören mit Sauter ist noch nicht wirklich explizit gemacht worden, warum dies ein wichtiger Punkt ist. Das Gericht will jetzt daraus Kapital schlagen, daß Sauter so tut, als er wisse er das nicht.

> Int: 197.
> Ihr habt eurem eigenen Bekenntniß nach
> um 5. oder 6. Vatterunser lang mit dem Ta-
> bakholen in der Werkstatt zugebracht, was
> habt ihr die übrige Zeit darinn gemacht?
>
> R: Nichts.

> Int: 198.
> Wißt ihr noch, was ihr gestern ferner in
> der Werkstatt gethan zu haben einbekannt
> habt?

R: Nein!

Int: 199.
So sagt man euch also, daß ihr nebst dem
Tabak auch noch einen Beuel abgeholt
habt?

R: Das ist nicht wahr.

Das Gericht hat die kleine Falle schulgerecht zuschnappen lassen. Sauter
hätte sich klar darüber sein müssen, daß er, wenn er schon zugegeben hat,
die Werkstatt nach dem Mordopfer verlassen zu haben, sich auch einen
Grund einfallen lassen muß, aus dem er länger geblieben sein will. Sauter ist
offensichtlich der Überzeugung, die Auskunft, *nichts* getan zu haben, könne
in jedem Falle nichts schaden. Dies entspricht seiner Strategie (wenn man
sie so nennen will), sich stets möglichst wenig entlocken zu lassen. In diesem
Falle ist aber gerade das Umgekehrte richtig. Wer in der Werkstatt bleibt,
obwohl er dort nichts mehr zu suchen hat, wartet anscheinend darauf, daß
der andere verschwindet, um etwas zu tun, was der andere nicht sehen darf.

Freilich muß das Gericht auch hier auf Aussagen zurückgreifen, die aus
der Zeit vor dem Widerruf datieren. Sauter weigert sich daher folgerichtig, diese Aussagen anzuerkennen. Dabei wird hier noch einmal besonders
deutlich, daß die Weigerung zunächst die Form der *Verleugnung* und nicht
der *Verneinung* annimmt. Erst im zweiten Schritt, nachdem es ihm *wiederholt* worden ist, verneint Sauter die Richtigkeit dessen, was er am Tag zuvor
gesagt hat; im ersten Schritt leugnet er, davon zu wissen. Man mag das
nun unglaublich und unglaublich dumm nennen – eine sogenannte ›Vogel-
Strauß-Politik‹, die nicht sehr weit führen kann, da doch das Verleugnete
dem Widerspenstigen jederzeit aus den Akten vorgelesen werden kann. Es
ist aber nicht unbedingt dumm, sich dumm zu stellen und die anderen die
Arbeit tun zu lassen. Hier erweist sich allerdings die Schwäche dieser Strategie. Sie hat nur aufschiebende Wirkung. Mit anderen Worten: Sauter kann
seine Lage auf diese Weise nicht verbessern. Nur mit einer vernünftigen Erklärung für sein Bleiben in der Werkstatt hätte er verhindern können, daß
seine gestrige Erklärung dazu als einzige im Raum steht.

Int: 200.
Warum habt ihr dann gestern gesagt, daß
ihr den Beuel abgeholt habt?

R: Ich hab es gesagt, es ist aber nicht war –

Int: 201.
Man will nicht wissen ob ihr dieses gestern
gesagt habt, sondern warum ihr es gesagt
habt?

> R: Aller Instanzen ungeachtet, erhielte man
> von ihm kein Antwort.

Hier sieht man, aus welchem *Affekt* heraus Sauter zunächst sein Wissen um
seine gestrigen Aussagen verleugnet: Was man nicht zu wissen behauptet,
darüber kann man auch nicht reden müssen. Ist man erst einmal bei der
Verneinung angelangt, so ist man im Diskurs (Lacan 1996, 81 f.). Dann
kommen die unbeantwortbaren Warum-Fragen, die aus der Antwortverweigerung – »aller Instanzen ungeachtet« – ein diskursives Faktum machen.

Int: 202.
Wißt ihr noch, wofür ihr nach euerm gestrigen Einbekenntniß den Beuel getragen
habt?

> R: Ja! Zu der untern Spitalstube.

Int: 203.
Was hat euch zu diesem Einbekenntniß verleitet?

> R: Wider gar keine Antwort.

Nachdem nun der Tatwaffe allen Versuchen zum Trotz eine diskursive Exi-
stenz eingeräumt werden mußte – Sauter also die Aussichtslosigkeit der
Verleugnung vor Augen geführt wurde –, hat er seine Strategie ein wenig
umgestellt. Er behauptet jetzt nicht mehr, nicht zu wissen, was er über das
Beil ausgesagt hat, verweigert aber weiterhin jede Thematisierung dieser Aussage. Unbeantwortbar ist diese (umformulierte) Warum-Frage, weil sie an die
Stelle der bislang ausgesparten und aufgeschobenen (aber noch in diesem
Verhör zu stellenden) Frage tritt, warum Sauter ein falsches Geständnis ab-
gelegt haben will.

Int: 204.
Wohin seyt ihr von der Spithal Stuben gegangen?

> R: Zu dem Spital hinaus.

Int: 205.
Um welche giengt ihr in die Spitalstube?

R: Um halb sieben Uhr.

Nachdem das Gericht bisher über das Zur-Sprache-Bringen der früher eingestandenen Umstände dem Widerruf des Widerrufs näher zu kommen
gemeint hatte, versucht es dieses Ziel nun mit der zweiten Möglichkeit zu
erreichen: Es will Sauter noch einmal beweisen, daß es eine unausgefüll-
te Zeitspanne gibt, in der er den Mord begangen haben muß. Die damit
zusammenhängenden Aufstellungen versprechen zumindest eine lebhafte-
re Diskussion. Bei näherem Hinsehen ist der Neueinsatz nun allerdings
bemerkenswert.

Das Gericht hatte ja schon zu Anfang des heutigen Verhörs eine erste
Frage zur Uhrzeit gestellt, war dann aber auf die Antwort Sauters nicht
eingegangen. Dort hatte es sich darum gehandelt, festzustellen, wann Sauter zur Messe gegangen war. Abweichend von den früheren Verhören hatte
sich Sauter auf eine Zeit »um halb sieben Uhr herum« (Int. 170) festlegen
wollen. Das Gericht war auf diese Verschiebung mit keinem Wort eingegangen, um jetzt, in gehörigem Abstand, zwar an diese Antwort anzuschließen
(und nicht noch einmal mit der Zeit des Aufstehens zu beginnen), aber
zugleich so zu tun, als hätte dieser Versuch (der die ganze folgende Beweisführung hätte zu Fall bringen können) nie stattgefunden. Tatsächlich
scheint auch Sauter völlig vergessen zu haben, daß seine jetzige Zeitangabe
der vorangegangenen widerspricht, daß er sich zu seinen eigenen Ungunsten
stillschweigend korrigiert und damit der letzten gangbaren Möglichkeit zu
einer Gegendarstellung begibt. Jetzt kommt Sauter wieder in (umgekehrte)
Zeitnot.

Int: 206.
Wie lang bliebt ihr darinnen?

R: Etwa 15. oder 20 Vatterunser lang. - -
nicht über 15. Vatterunser lang.

Int: 207.
Man fragt euch nomal, ob ihr darauf be-
harret, von der Spitalstube sogleich zu dem
Spital hinaus gegangen zu seyn?

R: Ja!

Int: 208.
Euer Zeitrechnung nach seyt ihr also schon
vor siebeuhr zu dem Spital hinaus?

> R: Nein!

Int: 209
Es muß aber seyn, denn ihr seyt ja schon
um halb sieben Uhr in die untere Stube
und nur 15. Vatterunser darinn geblieben?

> R: Es kann seyn, daß es etwas vor 7. Uhr
> gewesen ist, viel kann es aber nicht gewesen
> seyn.

Int: 210.
Man hat aber auch wirklich Auskunft, daß
ihr erst nach 7. Uhr hinaus gegangen seyn
müßet; was sagt ihr dazu?

> R: Es kann ja nicht seyn, denn um halb 7.
> Uhr ißt man schon zu morgen, und ich hab
> mich nur 15 Vatterunser lang in der Stube
> aufgehalten.

Sauter läßt sich in Int. 206 auf eine Zeitspanne von »15. Vatterunser« für
sein Frühstück festlegen, was in etwa zehn Minuten entspricht. Anscheinend geschieht dies erst auf eine (nicht eigens protokollierte) Nachfrage hin,
wofür der doppelte Gedankenstrich spricht, der der Spezifizierung voran-
geht. Entsprechend kann er jetzt umso weniger vorweisen, was er mit seiner
Zeit gemacht haben will. Frühere Ausreden (Schnupftuchholen, Geldholen)
kommen nicht mehr in Frage, weil er das Spital ja »schnurgrad« verlassen
haben will. In seiner letzten Antwort begeht Sauter, indem er den Spieß um-
drehen will, einen logischen Fehlschluß: Aus der Tatsache, daß er sich nur
so kurz in der Stube aufgehalten hat, will er schließen, daß ihn niemand
noch nach sieben Uhr im Spital gesehen haben kann. Das verweist allerdings umgekehrt darauf, daß auch die Argumentation des Gerichts einen
unbezweifelten Bezugspunkt (eine ›wirkliche Auskunft‹) braucht, an dem sie
die relativen Zeitangaben ausrichten kann.

Int: 211.
Es wird euch also eröfnet, wie man es zwar
schon einmal gethan hat, daß jemand nach

7. Uhr mit euch in dem Spital geredt haben
wolle?

> R: Der Hofmeister soll es gewesen seyn, er
> hat aber so viel gewußt als ich.

Sauter hatte bezweifelt, daß es stimmt, was der Gewährsmann sagt. Das
Gericht reagiert darauf mit dem Hinweis, daß es der Gewährsmann wissen
muß. Sauter, der schon weiß, mit wem er geredet hat (es war ja auch, wie
alles andere, schon Thema), bestreitet an dieser Stelle erstmals tapfer den
Geltungsanspruch, den das Gericht mit diesem Gewährsmann verbindet.
Sein Argument, hier stehe Aussage gegen Aussage, sieht - in den Augen des
Gerichtes - davon ab, daß auf der einen Seite eine Amtsperson steht, auf
der anderen Seite aber ein diskreditiertes Subjekt.

> Int: 212.
> Wenn aber jemand vorhanden ist, der es
> Eidlich behauptet, daß man nach 7 Uhr mit
> euch in dem Spital geredt habe, was würdet
> ihr diesem Zeugniß einwenden können?

> > R: /: Die Hand und den Kopf in die Höhe
> > hebend, nach einer Weile :/ es kann halt
> > nicht gewesen seyn.

Das Gericht bedient sich mit dem Hinweis auf den Eid eines letzten Mittels,
um die Unwiderruflichkeit der einen und die Unglaubhaftigkeit der anderen Aussage zu statuieren. Die Reaktion Sauters darauf ist symptomatisch.
Da er keine guten Gründe hat und nicht der gutbeleumundete Bürger ist,
der ebenfalls seinen Eid entbieten kann, bezieht er sich in seiner Gebärde
vage auf die Instanz, die jedem guten Christen zu Gebote steht; zumindest
wird die Gebärde vom Protokollführer in dieser Weise aufgefaßt und damit
als Geste der Ohnmacht gedeutet. An dieser Stelle wäre - vom Rechtsstandpunkt aus betrachtet - eine passende Gelegenheit, auf einer *Konfrontation* zu
bestehen, zu verlangen, daß ihm die entgegenstehende Aussage ins Gesicht
gesagt werde. Dazu ist Sauter aber nicht hartnäckig genug (abgesehen davon, daß er nicht umsichtig genug ist). Seine spezifische Hartnäckigkeit ist
mit einer Vermeidungsstrategie gepaart; er möchte dem Gericht trotz allem
›möglichst wenig Umstände‹ machen - nicht *mehr* Umstände, als er ihm
durch seinen Widerruf ohnehin schon gemacht hat.

Int: 213.
Ihr müßt hier schon wider liegen, denn auf
die 76te Frag hab ihr einbekannt, mit dem
Spitalhofmeister ¼ nach 7 Uhr unter dem
Spitalthor geredt zu haben?

> R: Nu es war ja hier auch so.

Auch bei noch so guten Gewährsmännern hilft, wenn Sauter strikt bei
seiner Behauptung bleibt, nur noch der Verweis darauf, daß das Gegenteil
schon als eingestanden im Protokoll steht. Es gelingt dem Gericht also auch
hier nicht, ohne diesen Rückgriff voranzukommen. Dafür kommt es jetzt
sozusagen überstürzt voran, da Sauter - ohne sich um den Widerspruch zu
scheren - plötzlich erklärt, er habe nie etwas anderes behauptet.

Int: 214.
Nein hier ist es nicht so, denn hier wollt
ihr ja schon vor 7. Uhr aus dem Spital gegangen seyn.

> R: nein! Ich bin ein Viertl nach 7. Uhr erst
> heraus.

Die nächste Frage nimmt die vorangegangene Antwort Sauters gleichsam als
Echo wieder auf, was einen leicht parodistischen Effekt ergibt. Das Gericht
hat natürlich guten Grund, diese *variatio* wenigstens nicht unkommentiert
hinzunehmen. Es muß befürchten, daß auch die geänderte Aussage keinen
Bestand hat.

Int: 215.
Wo seyt ihr also die übrige Zeit in dem Spital gewesen?

> R: /: Nach gar langem warten :/ Ich bin
> nicht so lang in dem Spital gewesen.

Da ist es schon geschehen. Es scheint, als hätten ›alle guten Geister‹ den
Inquisiten verlassen, als habe er die Fähigkeit des Denkens ganz eingebüßt.
Nichts war nach dem Vorangegangenen vorhersehbarer als die Frage, die
das Gericht gestellt hat. Rätselhaft ist es daher, was während dieses ›langen
Wartens‹ im Inneren Sauters vorgeht, welchen Nachhall diese Frage auslöst,
bis er sich zur Rücknahme der zurückgenommenen Aussage entschließt.

Es fällt übrigens auf, daß der protokollarische Vermerk hier einer anderen als der bisherigen Logik folgt. Der Eintrag »nach gar langem Warten« ersetzt ja offensichtlich Gebärdenbemerkungen wie: »Nach 10 mal wiederholter Frage« (in der Antwort zu Int. 167), »nach mehrmal gestellter Frage« (in der Antwort zu Int. 186) oder »nach langem Staunen« (in der Antwort zu Int. 187). Daraus kann man erstens schließen, daß das Gericht nunmehr dazu übergegangen ist, die Antwort abzuwarten statt die Frage zu wiederholen; und damit hängt zweitens zusammen, daß die dadurch entstehende Pause eher zum Bestandteil der *Situation* geworden ist als daß sie noch zur Charakterisierung des Inquisiten verwendet würde. Dies ist keine ›Gebärdenbemerkung‹ mehr, die zunächst etwas über das Verhalten des Inquisiten aussagt. Was sein Verhalten betrifft, erübrigen sich die Aussagen. Das Gericht ist es, das warten muß. Immerhin scheint das Gericht jetzt nach Möglichkeit davon Abstand zu nehmen, mit Wiederholungen der Frage in den Inquisiten zu dringen.

> Int: 216.
> Warum wiederruft ihr nun auf einmal wi-
> der, daß ihr so lang in dem Spital gewesen
> seyt?
>
> > R: Ich hab nicht darauf gedacht, daß diese
> > Frage kommen wird.
>
> Int: 217.
> Was liegt denn in dieser Frag besonderes?
>
> > R: Ich weiß nichts.
>
> Int: 218.
> Warum sie euch dan verleitet euere Antwort
> zurükzunehmen?
>
> > R: /: nach einer langen Weile :/ Ich hab ja
> > an nichts gedacht.

Forciert bringt Jakob Sauter sein Denken zur Sprache. Aber er hat nur zu sagen, daß er nichts weiß und nichts gedacht hat. Jeder Zusammenhang ist ihm abhanden gekommen. Dumm ist es nicht nur, wenn er nicht »darauf gedacht« hat, daß diese Frage kommt; dumm ist auch, daß er es sagt, insofern er damit seine Dummheit verrät. Aber andererseits ist das hier gleich, da die Dummheit längst verraten ist. Und außerdem verrät es, daß mit dieser Dummheit nichts anzufangen ist.

Int: 219.
Bleibt ihr auf euerm widerholten Einge-
ständniß, von dem Spital sogleich zu euer
Landsmännin im Lindwurm, die ihr aber
auf der Gasse ohnweit vom Haus angetroffen habt, gegangen zu seyn?

R: Ja!

Int: 220.
Um welche Zeit seyt ihr also zu dieser
Landsmänin gekommen?

R: Etwas nah 7. Uhr.

Int: 221.
Es liegt aber Auskunft da, daß es späther
gewesen seye?

R: Es kann keine Viertelstund später gewesen seyn.

Int: 222.
Nach eben dieser Auskunft soll es aber später gewesen seyn?

R: Es kann aber nicht viel zu einem Viertl
gewesen seyn.

Int: 223.
Aus diesen neuerlichen Antworten müßt
ihr sehen, daß ihr eine längere zeit in dem
Spital zugebracht habt?

R: Ja! Ich hab mich auf der Gaßen verweilt,
und mit dem Hörnle Schuhmacher geredt.

Int: 224.
Schon aus euerm Vortrag muß man wider
schlüßen, daß es eine Lüg ist?

R: /: post instantias :/ ja es ist eine Lüg.

Int: 225.
Es hat nun einmal seine Richtigkeit wie
aus den vorliegenden Auskünften und aus

euern neuerlichen Einbekenntnissen, ohne
auf die vorige zu sehen, erhellet, daß ihr
euch noch länger in dem Spital aufgehalten
habt; wo seyt ihr also gewesen?

> R: /: nach langem Warten :/ ich weiß nir-
> gends, wo ich gewesen bin, es wird keine
> Zeit mehr fehlen.

Das Gericht beharrt auf seinem müßigen Vorhaben, dem Inquisiten zu
beweisen, daß er »sich länger in dem Spital aufgehalten« hat, daß er genügend Zeit hatte, den Mord zu begehen. Seit das Gericht zu Beginn des
Verhörs von der blutbefleckten Kleidung gesprochen hat, vermeidet es allerdings jeden unmittelbaren Bezug auf die Mordtat. Es spart sie aus und
spricht mithin auch das diesbezügliche Geständnis nicht direkt an. Wie im
ersten Verhör sollen die Fragen den Verhörten Schritt für Schritt auf die
Tat selbst und die Unwiderleglichkeit seiner Täterschaft hinführen. Dieses
methodische Prinzip kommt bei der letzten Frage auch im Anspruch zum
Ausdruck, den Inquisiten mit Hilfe seiner ›neuerlichen Einbekenntnisse‹,
also ohne Rückgriff auf seine Aussagen vor dem Widerruf, bis hier hin
gebracht zu haben. Wie vergeblich es ist, den Inquisiten ›ein für allemal‹
auf einen solchen Schluß festlegen zu wollen, zeigt freilich einmal mehr die
uneinsichtige Antwort.

Int: 226
Wißt ihr euch noch zu erinnern, daß ihr,
nachdem man euch mehrer Lügen, besonders wegen dem Geld und Schnupftuchholen überwiesen hat, einbekannt habt von einer Stiege heruntergekommen zu seyn?

> R: Ja! Und ich beharre nochweils darauf,
> daß ich von einer Stiege heruntergekom-
> men bin.

Int: 227
Man will nun nocheinmal von euch wißen,
von woher ihr diese Stiege herunter gekommen seyt?

> R: Aus der Meisterstube.

Int: 228.
Was habt ihr darin zu thun gehabt?

> R: /: ad multas instantias :/ ich bin nicht
> darinn gewesen.

Int: 229.

Wo seyt ihr die Stiege daroben gewesen?

> R: Ich bin nicht weiter daroben gewesen.

Um Jakob Sauter förmlich durch die Tür zum Tatort zu schieben, geht das
Gericht über seine letzte Antwort, es werde »keine Zeit mehr fehlen«, einfach
hinweg und greift nun doch auf die früheren Einkenntnisse zurück. Sauters
Beitrag beschränkt sich weiterhin darauf, in schneller Folge die jeweilige
Behauptung zu widerrufen und dann erneut aufzustellen. Aber auch ohne
seine Mitwirkung ist das Gericht jetzt beinahe bei der Frage angelangt, auf
die dieses ganze Verhör zugesteuert hat – bei der Frage, die dieses Verhör
aufgeschoben hat und die es vermeiden wollte:

> Int: 230.
>
> Da ihr also zu gar keinem Einbekenntniß
> mehr zu bringen seyt, so sagt man euch
> denn, was ihr euern vorigen Verhören güt-
> lich einbekannt habt: namlich ihr, seyet auf
> der Wagnerdille gewesen; wollt ihr nun die-
> ses Bekenntniß zurükrufen?

> R: Ja!

Erst jetzt ist der Widerruf dabei, sich aus einem *faktischen* Widerruf in einem *formellen* Widerruf zu verwandeln. Denn erst jetzt fragt das Gericht
in aller Form, ob Sauter sein »Bekenntniß zurükrufen« möchte. Und dieser
Form scheint die Kraft zu entsprechen, mit der Jakob Sauter nun das gefe-
stigte »Ja!« spricht, das umgangen und vermieden werden sollte. Der noch
ausstehende Widerruf der *Tat selbst* wird nicht mehr lange auf sich warten
lassen. Zuvor aber gibt es noch eine Nachfrage:

> Int: 231.
>
> Was hat euch denn gestern zu diesem Ein-
> bekenntniß gewogen?

> R: Ich weiß selbst nicht, warum ich so thum
> gewesen bin.

Mit dieser Antwort hat sich Sauter nun selbst die Diagnose der Dummheit
gestellt: Er war gestern dumm, ein Geständnis abzulegen. Ist er also heute

klug genug, es zu widerrufen? Auf jeden Fall ist er heute dumm genug zu sagen, er habe das Geständnis gestern aus Dummheit abgelegt. Es ist ja noch nicht einmal eine Antwort auf die Frage; die eigentliche Antwort lautet ja, daß er keinen Grund weiß und demzufolge auch keinen Grund für einen Widerruf hat. In den Ohren des Gerichts nimmt Sauters Antwort daher die Bedeutung an: Ich war gestern dumm genug zu glauben, ich müsse am Ende die Wahrheit sagen; heute aber fühle ich mich stark genug zu lügen.

> Int: 232.
> Diese Antwort verrathet eure Boßheit; und da man nun immer mehr überzeugt wird, daß ihr aus bloßer Boßheit euer Geständniß widerruft, so sagt man euch nun noch mehr nämlich daß ihr einbekennet habt auf dieser Dille euren Baptistle tod geschlagen zu haben.

> R: Dieser Punkt ist nicht wahr.

Das Gericht fühlt sich also bestätigt: Sauter hat am Tag zuvor sein Geständnis nur abgelegt, weil er keine andere Wahl mehr zu haben meinte; das Geständnis war keine eigene Leistung; der unwiderlegliche Beweis dafür ist sein Widerruf. Das Geständnis war sozusagen die Leistung des Gerichtes und seines guten Wirkens, der Widerruf hingegen ist die Leistung des Inquisiten und seiner »Boßheit«. Wo bleibt in dieser Interpretation die Dummheit? Bedenkt man dies näher, so zeigt sich, daß die Zuschreibungen des Gerichtes nicht aufgehen, sondern eher die konstitutive Selbstverkennung des Gerichts widerspiegeln.

Für das Gericht ist - um noch einmal die Urteilsrelation zu zitieren - »Dummheit« der »gewöhnliche Gefährte der Boßheit« (fol. 220v). Das einzig *Gute* an der Dummheit wäre, daß sich durch sie die Bosheit verrät wie in der vorletzten Antwort Sauters. Was Sauter zunächst einmal verrät, sobald er sich auf eine Metaebene begibt, ist seine Dummheit, und erst die Dummheit verrät dann seine »Boßheit«. Beim Geständnis spielt die Dummheit aber offensichtlich eine andere, widersprechende Rolle. Das Geständnis kann nicht in diesem Sinne eine Ausgeburt der Dummheit sein. Wer dumm genug ist, zu gestehen, ist keinesfalls dumm genug, seine Bosheit zu verraten. Dann bleibt aber eben die Frage offen, was Sauter »gestern zu diesem Einbekenntniß gewogen« hat.

Int: 233.
Warum habt ihr dann einbekennet, diesen
Todschlag verübt zu haben?

R: Daß ich selber ein dummer Teufel bin.

Man weiß nicht, für wie vielsagend man die Wortwahl in Sauters Antwort halten soll. In der Landläufigkeit der Wendung vom ›dummen Teufel‹
scheint ja gerade die Charakterisierung der Dummheit als ›gewöhnlicher Gefährte der Bosheit‹ zum Ausdruck zu kommen. Das heißt aber nicht, daß
diese Charakterisierung im Recht ist, sondern daß die Rede vom ›dummen
Teufel‹ – wie auch die vom ›armen Teufel‹ – eine Ausschlußoperation zitiert
und subvertiert. Der Teufel ist weder arm noch dumm.

Sauter wiederholt in seiner Antwort seine Selbsteinschätzung – aber diesmal nicht als etwas, das ihn am gestrigen Tag überfiel, als er so dumm war,
ein Geständnis abzulegen, sondern als etwas, das schon zuvor am Werke
war und noch andauert, und das daher wohl eine Eigenschaft der Person
ist. Im Grunde enthält diese Antwort Sauters alles, was über ihn zu sagen
ist – er ist dumm genug, um jetzt als Teufel dazustehen.

Man darf sich die Frage vorlegen, wie dumm Sauter ›wirklich‹ ist, ob die
Dummheit, die er sich jetzt selber zuschreibt, tatsächlich eine Eigenschaft
der Person ist. Wer glaubt, daß diese Frage schon beantwortet wäre, teilt
die Auffassung des Gerichts, daß das Verhör allemal die Wahrheit an den
Tag bringt. Im Verhör hat sich die Dummheit Sauters gewiß in aller Klar-
heit erwiesen. Aber außerhalb des Verhörs? Jakob Sauter hat es trotz einer
wenig aussichtsreichen Jugend zum geachteten Wagnermeister gebracht. Er
hat sich ein kleines Vermögen angespart und ist in Geldangelegenheiten
umsichtig verfahren. Er kann auch lesen und schreiben. Daraus mag man
nun schließen, daß Sauter so dumm nicht sein kann. Zumindest hat er,
wie es aussieht, niemandem die Gelegenheit gegeben, ihn für dumm zu verkaufen oder für einen dummen Teufel zu halten. Es hat aber eben auch
in seinem gewohnten Lebenswandel keine Gelegenheit und keinen Bedarf
gegeben, die Fähigkeiten zu erwerben, mit denen man ein Verhör umsichtig
durchsteht, das es auf die Dummheit des Verhörten abgesehen hat. Im Verhör begegnen wir in Sauter einem Menschen, der – ›aus der Bahn geworfen‹
– zum ›dummen Teufel‹ geworden ist.

Int: 234.
Man fragt euch nun für heute zum lezten
mal, ob ihr zu keinem beßern Geständniß,

sondern dahin entschloßen seyt, das Gericht zu bewegen, daß es euch, so wie es
heute geschehen ist, auf alle Umstände wider zurükführen, und durch lauter Lügen
endlich die Wahrheit wider aus euch bringen muß?

R: Ich laß alles gelten bis auf den lezten
Punkt, nämlich ich bin der Todschläger des
Baptistles nicht.

Aus diesen vorläufig abschließenden Worten des Gerichtes spricht nicht
nur die erschöpfte Geduld, sondern auch ein erkenntnistheoretischer Op-
timismus, den man in Anbetracht der bisherigen Verhöre nicht unbedingt
teilen wird. Für heute wird der Versuch abgebrochen, aber morgen ist auch
noch ein Tag. Mit siebzig Fragen ist das Verhör an diesem Nachmittag und
Abend sehr viel länger gewesen als alle anderen Verhöre. Das dritte Verhör,
am Nachmittag des 28. November, das weniger als halb so viele Fragstücke
umfaßte, mußte laut Protokoll nach dem Teilgeständnis abgebrochen werden, weil es schon bis spät in die Nacht gedauert hatte. Und wie dort gab es
auch hier Phasen, in denen die Fragen vielfach wiederholt und lange War-
tezeiten hingenommen werden mußten. Es muß also auch jetzt spät in der
Nacht sein.

Aber diesmal ist Sauter am Ende nicht zusammengebrochen. Es ist dem
Gericht nicht gelungen, »durch lauter Lügen endlich die Wahrheit« ans
Licht zu bringen. Warum sollte man annehmen, daß es morgen - trotz der
impliziten Drohung, daß es immer ein Morgen gibt - anders sein wird?
Sauter ist zu dumm oder nicht dumm genug, um das mit sich machen zu
lassen. Er hat sich damit abgefunden, daß er ein »dummer Teufel« ist, dem
es in den Verhören nicht gegeben war, einen eigenen Weg zu finden, der ihn
nicht auf die Wagnerdille führte, der aber auch den Weg dorthin in keinem
künftigen Verhör mehr mitgehen wird. Unter anderem diese Auskunft darf
man seiner letzten Antwort entnehmen, in der er zum zweiten Mal von
seinem Geständnis als einem »Punkt« spricht, als wäre dieser Punkt nicht
der Fluchtpunkt am Ende des Weges, auf den alles zuläuft, sondern ein
Punkt unter anderen und getrennt von den andern zu behandeln - als
habe er, da er seinem Gegenüber in allen Punkten Recht gegeben hat, nun
seinerseits das Recht, in einem Punkte Recht behalten zu dürfen. Worauf
könnte sich ein solches Recht gründen?

Siebtes Verhör

Unterwürfige Hartnäckigkeit

Am Samstag, dem 1. Dezember und am Sonntag, dem 2. Dezember wird Jakob Sauter nicht verhört. In den einleitenden Bemerkungen zum Verhör am Morgen des dritten Dezember heißt es dazu: »Da Konstitut in seinem lezten Verhör gar so unverschämt und hartnäkig alles das widerrufte, was er vorhin so umständlich in drey Verhören eingestanden hat; so hat man auch Ursach schon hierwegen allein gehabt, mit dem Verhör leztern Samstag inzuhalten, obgleich es andere unverschiebliche Geschäften auch zum Theil nothwendig machten.« In dieser Erklärung zur Aussetzung der Verhöre ist eine ähnliche Ambivalenz zu spüren wie bei der Begründung für die Lügenstrafe. Die Pause wird zwar zum Verhalten Sauters in Beziehung gesetzt, aber nicht eindeutig kausal zugeordnet. Immerhin wird aber deutlich, daß das Verhörtwerden für Sauter zwar quälend ist, daß aber der *Entzug* der Verhöre gleichwohl als Strafe erachtet wird (das darin unterstellte Verhältnis von Inquirent und Inquisit gehört zur Logik des Inquisitionsverfahrens).

Natürlich will man Sauter dafür züchtigen, daß er so »unverschämt und hartnäkig« war; man will ihn angekettet in seiner Zelle lassen, um ihn eines besseren zu belehren; man will den, der das Wort mißbraucht hat, keines Wortes würdigen. Die Uneindeutigkeit der Zuordnung sowie der zusätzliche Hinweis auf die ›unverschieblichen Geschäfte‹ zeigen aber, daß diese Aussetzung (wie ja auch der ›verhörfreie‹ Sonntag) formal gesehen nicht als *Maßnahme* eingestuft werden soll. Daraus folgt, daß das Gericht den Inquisiten wahrscheinlich nicht darauf hinweisen wird, daß er sich diese Unterbrechung *eingehandelt* habe. Es wird ihm selbst überlassen, Schlüsse daraus zu ziehen.

Daß der Inquisit Jakob Sauter Schlüsse daraus gezogen hat, wird auf eine theatralische Weise sogleich offenbar, denn das Protokoll fährt fort: »Der diesen Morgen wider hereingeführte Inquisit fiel bey seinem Eintretten in das Zimmer auf beyde Knie nieder, hob die Händ in die Höhe, fieng an seinen Gott allvorderst wegen allen seinen Sünden um Verzeihung zu bitten, that das nämliche gegen das Gericht mit dem Ausdruk: es ist mir Leid, daß ich euch meine Herren solang aufgehalten und herumgezogen habe«. Drei

Tage zuvor hatte sich Sauter die Sache mit dem Kruzifix zurechtgelegt, um
seinen Widerruf vorzubereiten. Was hat er nun im Sinn? Will er etwa Gott
um Verzeihung bitten für den Widerruf, zu dem ihm der Gekreuzigte die
Kraft verliehen hat? Es macht schon stutzig, daß Sauter anscheinend von
»allen seinen Sünden« spricht, als ginge es nicht vielmehr um jene einzige
Sünde, die ein Verbrechen ist. Auf jeden Fall ist schon die an Gott gerichtete Bitte um Verzeihung vor allem auf die Anwesenden berechnet. Ginge
es Sauter bloß um Gott, so hätte er sich in seiner Zelle an ihn wenden
müssen. Nun richtet sich Sauter hernach mit der Bitte um Verzeihung auch
direkt an das Gericht. Dabei erfährt der Inhalt seiner Bitte allerdings eine
genauere Bestimmung: Da ihm die Sprache des Gerichts nicht so geläufig
ist, benutzt er in der Entschuldigung zur Charakterisierung seines Verhaltens die Worte »aufgehalten und herumgezogen« statt »unverschämt und
hartnäckig«. Er bittet also nicht um Verzeihung für den Widerruf, sondern
sozusagen für die Umstände, die er mit seinem Widerruf macht. Man kann
vermuten, daß dies eine Art hilfloser ›Kompromißhandlung‹ ist. Wollte
Sauter seinen Widerruf widerrufen, so würde er das wohl direkt zum Ausdruck bringen. Dann geht es ihm aber auch nicht bloß darum, sich für
seine Widerspenstigkeit, für sein Schweigen und seine dummen Antworten
zu entschuldigen. Er will das Gericht auch vorab gnädig stimmen für das
hartnäckige Schweigen und die dummen Antworten, die gleich wieder zu
erwarten sind. In jedem Falle dient die *performance* Sauters der Besänftigung
der Gewalten. Sie gibt zu verstehen, daß sich der Widerruf keineswegs gegen das Gericht richtet. Nur außerhalb des Verhörs ist dazu Gelegenheit, in
dieser Weise die Beziehung zum Gericht zu pflegen, von der innerhalb des
Verhörs nicht die Rede sein kann. Diese Pflege kann für Sauter nur darin
bestehen, daß er gegenüber dem Gericht dieselbe Demut an den Tag legt,
die gegenüber Gott angebracht ist. Mit dieser scheinbar rückhaltlosen und
generellen Unterwürfigkeit versucht er zugleich zu verhindern, daß die in
Frage stehende Sache in ihren *einzelnen Punkten* beredet wird. Die Art und
Weise, wie Sauter die diesseitige Obrigkeit mit der jenseitigen vermengt,
bleibt gleichwohl zweideutig. Man kann nämlich auch hier wieder sagen,
daß er die jenseitige Obrigkeit gegen die diesseitige *ausspielt*, wenn er den
Anschein erweckt, er sei mit Gott im Reinen oder könne mit ihm ins Reine
kommen.

Das Protokoll fährt im Bericht über Sauters *performance* fort: »Nach diesem fieng er an von Meßlesen laßen und dergleichen zu reden und stand
nicht eher wider auf, als bis man ihn hiezu aufgemuntert hatte, sezte sich

sohin nach mehrmal geküßter Erde mit aufgehobenen Händen auf seinen Stuhl und fieng zu weinen an.« Über der performativen Logik dieser Szene darf nicht vergessen werden, daß es Sauter zugleich ernst ist, und daß die Lage ernst ist. Das Performative ist nicht das Gespielte, sondern ein *letztes Mittel*. Das Küssen der Erde ist nicht einfach eine übertriebene Darbietung, es ist auch ein Symptom dafür, in welchem Maße dieser Mann ›aus der Bahn geworfen‹ ist. Dasselbe gilt für die Selbstaffektation, die ihn hier – erstmals in diesem Verfahren – zum Weinen bringt.

An keiner Stelle erweitert sich das Verhör so sehr wie in dieser Szene zur konkreten *Situation*. Der Inquisit spricht die Inquirenten direkt an, er vollführt Gesten in einem wirklichen Raum und provoziert Aufmunterungen. Daher taucht auch erst hier ein Umstand im Protokoll auf, der vielleicht zu Unrecht als gegeben unterstellt wurde: Der Inquisit hat während der Verhöre einen Stuhl zum Sitzen. Das ist nicht selbstverständlich. Im *Codex Bavaricus Criminali* von 1751 (§ 13) wird zum ersten Mal gesetzlich verfügt, daß der Inquisit beim Verhör sitzen darf. Ein spätes Handbuch für Untersuchungsrichter nennt dies ein Gebot der »*Menschlichkeit*« (Jagemann 1838, § 350), aber noch ein Aufsatz von 1820 mit dem sprechenden Titel *Ueber zweckwidrige Beschränkungen der freien Thätigkeit des Inquirenten bei dem ersten Verhöre des Angeschuldigten* wendet sich gegen das Recht auf einen Stuhl (Puchta 1820, 449 ff.). Abgesehen davon, daß das Sitzen beider Seiten als Voraussetzung dafür gelten darf, daß das Verhör zu einem ›Gespräch‹ wird, ist dies auch eine Frage der *Länge* der Verhöre.

Offensichtlich hat Sauter bei seinem Auftritt nicht nur um Vergebung gebeten, ist nicht nur niedergekniet, hat nicht nur die Erde geküßt – er hat auch eine konkrete Frage gestellt. Die im Protokoll aber erst nachträglich eingefügt worden ist: »[S]ohin bat er ihm zu sagen, wie lang er in das Zuchthaus kommen werde, ob es ewig oder nur auf eine Zeit zu geschehen habe«. Man sieht, daß Jakob Sauter in seiner Zelle nachgedacht hat. Ihm ist inzwischen deutlich geworden, daß er in keinem Falle unbeschadet aus dieser Sache herauskommt. Es bleibt unklar, warum der Protokollführer diese Frage erst im nachhinein zu Protokoll genommen hat, gewiß ist aber, daß das Gericht sie nicht nur nicht beantwortet, sondern so tut, als hätte es sie nicht gehört. Es hat ja selbst eine naheliegende Frage zu stellen:

Int: 235.
Das Gericht muß durch dieses euer Betragen erkennen, daß ihr anfanget euere begangenen Sünden sowohl vor Gott als der

Obrigkeit zu bereuen; sagt ihm also, welche
Sünde euch am meisten auf dem Herzen
drüke?

> R: Der Todschlag, welchen ich soll an dem
> Baptistle begangen haben.

Das Gericht nimmt die Vermengung seiner selbst mit den jenseitigen Institutionen dankbar auf und fällt sogleich in einen seelsorgerischen Tonfall,
wo nicht mehr von Verbrechen die Rede ist, sondern von Sünden, die das
Herz drücken. Es muß freilich davon irritiert sein, daß Sauter jede Spezifizierung seiner Sünden vermieden hat und möchte, daß Sauter nun auf
seine Untat zu sprechen kommt. Aber anders als in den früheren Verhören
bietet der heutige Einstieg die Möglichkeit, die Frage nach dem Mord an
Fromlet ohne den Rahmen der Beweisführung zu stellen. Es ist keine Rede
mehr davon, daß man den Inquisiten – wie Ende des letzten Verhörs in
Aussicht gestellt – Punkt für Punkt »auf alle Umstände wider zurükführen,
und durch lauter Lügen endlich die Wahrheit« aus ihm herausbringen werde. Die Antwort Sauters muß allerdings stutzig machen. Zwar kommt er
folgsam auf das Verbrechen zu sprechen – aber wie kann eine Sünde das
Herz drücken, die man nur begangen haben *soll*?

Int: 236.
Wer sagt dann, daß ihr diesen Todschlag
sollt begangen haben?

> R: Die Leuth sagens ja, und man hat die
> Vermuthung nur allein auf mich.
>
> Damit ist die Sache schon entschieden: Es
> gibt Sauter und es gibt die anderen; die an-
> deren, die es nicht wissen können, sagen,
> daß Sauter die Tat begangen hat; und Sau-
> ter, der es wissen muß, sagt, daß er sie nicht
> begangen hat.

Int: 237.
Diese Antwort reimt sich mit der vorigen
gar nicht, und ihr hättet keine Ursache eine Reu zu empfinden, wenn ihr euch nicht
eines wirklichen Fehlers schuldig wistet?

> R: In diesem Punkten, daß ich soll den Bap-
> tistle Fromlet todgeschlagen haben; weiß
> ich mich nicht schuldig.

Das Gericht legt den Finger auf die Wunde. Aber es hat womöglich noch Hoffnung: Ein Rest an seelsorgerischer Haltung – erkennbar auch an der beschönigenden Wendung vom ›wirklichen Fehler‹ – ist ihm noch geblieben, wenn es noch nicht auf das Nichtvorhandensein der Reue schließen will, sondern nur darauf beharrt, daß zur Reue auch das freie Bekenntnis gehört. Mit der Antwort ist nun in wünschenswerter Deutlichkeit formuliert, daß das Gericht die Hoffnung fahren lassen kann. Auf eine entsprechende Weise ›beschönigend‹ ist allerdings das erneute Bemühen, den ›wirklichen Fehler‹ als einen ›Punkt‹ unter anderen zu deklarieren.

> Int: 238.
> Was drükt euch dann so?
>
>> R: Daß ich in die Gefangenschaft gekommen bin und man mich wegen der Mordthat in Verdacht hat.

Das Gericht will die Hoffnung immer noch nicht aufgeben und verweilt noch bei der seelsorgerischen Unterstellung einer drückenden Reue. Eine von Sauter selbst wohl kaum durchschaute Ironie will, daß er dieses ›Drücken‹ nun gänzlich ins Gegenteil umdeutet: Nicht von innen drückt es, sondern von außen.

> Int: 239.
> Ihr müßt selbst einsehen, daß euere vorstehende Antworten wider nicht aufeinander gehen, und man eben deßwegen euer reumüthiges Betragen bloß für eine Verstellung ansehen müsse?
>
>> R: Das ist nicht, dann ich war unschuldig.

Jetzt wird der Ton wieder anders. Das Gericht muß feststellen, daß Widersprüchlichkeiten nicht nur bei Angaben zur Sachverhaltsaufklärung vorkommen, sondern auch, wenn subjektive Befindlichkeiten zur Diskussion stehen. Nur geht es dann nicht um Lüge, sondern um Verstellung. Wieder ist das Gericht dabei, dem Inquisiten Schlüsse vorzulegen, die er »einsehen« muß. Der Inquisit schließt aber nicht mehr, er beharrt auf einem *Punkt*.

> Int: 240.
> Man sagt euch also widholtermal, daß ihr selbst einbekennet habet, den Baptist Fromlet todgeschlagen zu haben, und fragt euch

nochmal von der Ursach dieser Einbekenntniß?

> R: Daß man mich laufen und gehen läßt.

Als diese Frage zum ersten Mal gestellt wurde, hatte Sauter geantwortet, daß
er ein »dummer Teufel« sei. Jetzt gibt er eine konkretere Erklärung. Daran
kann man sehen, daß er durchaus noch bereit ist, etwas mitzuteilen, zu
explizieren. Dem Inhalt nach ist die Erklärung umso informativer, als sie
auf den ersten Blick absonderlich und ungereimt ist. Sie bedarf ihrerseits
der Explikation, da die Wirkung eines Mordgeständnisses gewiß nicht darin
besteht, daß man freigelassen wird. Man muß annehmen, daß dies auch ein
von Sauter jederzeit geteiltes Wissen ist. Deswegen kann diese Erklärung
nicht wörtlich gemeint sein.

> Int: 241.
> Ihr müßt doch wißen, daß man Todschläger
> nicht laufen laße?

> > R: Man könnte keine andere Antwort her-
> > ausbringen, als: Ich war der Todschläger
> > nicht.

Das Gericht stellt also nur fest, daß die Antwort *so* nicht stimmen kann.
Daraus schließt es aber lediglich auf die Wertlosigkeit der Auskunft und
nicht darauf, daß sie *anders* zu verstehen ist. Indem das Gericht seinerseits
zu verstehen gibt, daß es die Auskunft für wertlos hält, bewirkt es den
Rückzug auf den bloßen Widerruf.

Es ist müßig, sich zu überlegen, ob eine hermeneutische Bemühung an
dieser Stelle einen Erfolg gehabt hätte (abgesehen davon, daß man nicht
weiß, was das in diesem Zusammenhange überhaupt heißen sollte). Wohl
aber läßt sich in einer nachträglichen Explikation skizzieren, warum diese hermeneutische Bemühung unmöglich ist. Man kann zwar sagen, daß
die Auskunft Sauters ›nicht wörtlich‹ gemeint ist. Sie ist aber auch nicht
im übertragenen Sinn zu verstehen (das wäre auch ganz und gar nicht Sauters ›Art‹), sondern vielmehr *wörtlicher* als das Gericht sie auffaßt. Sauter
hat nicht vom ›Entlassenwerden‹ als einem *institutional fact* geredet, sondern vom ›Laufenlassen‹ als einem *brute fact*. Anders gewendet: Sauter erklärt ganz einfach, daß er das Geständnis abgelegt hat, um der *unerträgli-
chen Situation* zu *entkommen*, in die ihn das Nichtablegen des Geständnisses

versetzt hat. Man kann natürlich sagen, daß Sauter sein Geständnis abgelegt hat, weil er ›unter Druck gesetzt‹ wurde. Aber diese gewöhnliche Ausdrucksweise beschreibt das Geschehen eben nur sehr grob und ungenau (Niehaus 2000, 10 f.). So kann man dem Wortlaut Sauters entnehmen, daß die Unerträglichkeit der Situation dadurch gekennzeichnet ist, daß die Unterscheidung zwischen dem *institutional fact* des ›Entlassenwerdens‹ und dem *brute fact* des ›Laufenlassens‹ als entscheidungsrelevant abhanden kommt. Es geht nur noch darum, der Situation zu entkommen, in der er mit unbeantwortbaren Fragen traktiert wird – der Situation, in der er so *dumm* geworden ist, daß es ihm gleich ist, ob er aus dem Verhörzimmer in seine Zelle oder sonst wohin geführt wird. Undenkbar, daß man, in seine Zelle zurückgekehrt, darauf *warten* könnte, wieder in dieses Verhörzimmer vorgelassen zu werden; undenkbar aber auch, daß man, dort vorgelassen, in der *Lage* sein sollte, diese *Situation* zu *explizieren*.

Natürlich kann man in der so aufgefaßten Situation ebenso ein falsches wie ein wahres Geständnis ablegen. *So betrachtet* hat das Geständnis, mit anderen Worten, *keinen Adressaten*. Es ist auf dieser Ebene der Beschreibung kein kommunikativer Akt und kann umso leichter widerrufen werden in einem inversen Akt, den Sauter ebensowenig als kommunikativ verstanden wissen will. Dem unfreien Geständnis entspricht der freie Widerruf.

> Int: 242.
> Ihr werdet euch noch zu erinnern wißen, daß ihr anfänglich zu dem Todschlag nur habt geholfen haben wollen, mit der ausdrüklichen Erzehlung, daß der Todschlag durch einen von euch bestelt gewesten Handwerkspursch geschehen sey, und erst nachhin, als man euch die Unmöglichkeit dieses Vorgebens vor Augen stellte, habt ihr freymüthig bekennt, den Todschlag ganz allein verübt zu haben. Warum habt ihr all dieses so gethan?
>
> R: Es war halt ein unüberlegtes Weesen.

> Int: 243.
> Wie könnt ihr dieses sagen, da ihr durch 3. Verhöre, binnen welchen ihr eine ganze Nacht Zeit zum Nachdenken hattet, darauf geblieben seyt, den Baptistle todschlagen ge-

holfen, und nachhin es allein gethan zu haben?

> R: Es ist nicht überlegt gewesen, ich hab es
> aus Forcht geredt.

Das Gericht dringt mit wortreichen Vorhalten auf Sauter ein. Sie zeigen,
daß es Sauters Rede vom Laufenlassen und Gehenlassen in Wahrheit sehr
wohl verstanden hat. Denn es argumentiert gegen das Überwältigtwerden
durch die Situation: Es betont, daß die Situation, in der das Geständnis
abgelegt wurde, in sich strukturiert war – daß es sich in Etappen vollzogen
hat, daß es »freymüthig« gewesen sei, daß es in der Nacht gereift ist und
keineswegs eine Ausgeburt der Situation war. Im Gegenzug präzisiert Sauter
in seinen wortkargen Erwiderungen schließlich den Grund, weshalb das
Geständnis falsch sein soll. Mit der Behauptung, er habe das Geständnis
»aus Forcht« abgelegt, ist schon mehr oder weniger das Verhalten desjenigen
angesprochen, der ihm gegenüber sitzt. Da die Furcht nicht der fernen
Strafe für das eingestandene Verbrechen gelten kann, muß sie sich auf die
Nähe dessen beziehen, der sie ihm einflößt.

Gegen die Furcht kann man nicht argumentieren. Erstens kann man
niemandem die Furcht ausreden, man kann sie ihm höchstens als unbegründet vorweisen. Und zweitens kann, wer die Furcht als Motiv geltend
macht, auch dann nicht widerlegt werden, wenn das Motiv unzutreffend
ist. Folglich kann jeder Widerruf mit dem Hinweis auf die Furcht begründet werden. Die Frage ist, was das besagt. In Falle Sauter glaubt man das,
was Sauter ›Furcht‹ nennt, bei der Lektüre des Verhörprotokolls mit Händen greifen zu können. Entscheidend ist aber die Gegenprobe: Wenn das
Gericht Sauter nicht glauben möchte, daß er sein Geständnis aus Furcht
abgelegt hat, dann muß es *eine andere Geständnismotivation* unterstellen. Eine
solche Alternative hat es aber nicht vorzuweisen. Vielmehr hat das Gericht
von Anfang an unterstellt, daß Sauter nicht deshalb gestanden hat, weil er
irgendwie gestehen *wollte,* sondern weil ihm irgendwie nichts anderes *übrig
blieb.* Daß das nur scheinbar eine Erklärung ist, hat das Gericht nachher
feststellen können. Denn bei den Versuchen, Sauter von seinem Widerruf
abzubringen, ist diesem – trotz noch schlechterer Ausgangslage – sehr wohl
etwas anderes übrig geblieben. Die Tatsache nun, daß das Gericht an keiner
Stelle Sauters Geständnis einem *Beweggrund* zugeordnet hat, impliziert die
Möglichkeit, es nunmehr unwiderleglich auf die Furcht zurückzuführen.
Der Befund, daß jemand gestehen *mußte,* und der Befund, daß er *aus Furcht*

gestanden hat, bedeuten letztlich dasselbe. Es geht nicht darum, welches das *wahre* Geständnismotiv ist, sondern darum, daß das Geständnis keine Begründung erfahren hat und ihm kein Ort im Diskurs zugewiesen worden ist – daß ihm keine *geteilte* Bedeutung zugeordnet wurde, die es *verankert* hätte. So ist es haltlos geblieben und hat sich als nicht haltbar erwiesen.

> Int: 244.
> Aus was für Forcht habt ihr dieß gethan?
>
> > R: Weil man mich immer an Lügen
> > erwischt hat.

Da es sich in der Rede von der Furcht selbst angesprochen fühlt, sieht sich das Gericht nun gezwungen, doch eine explikative Frage zu stellen. Damit kommt es in die größtmögliche Nähe zur unmöglichen Selbsterläuterung der Verhörsituation. Die Antwort des Inquisiten trifft die Frage nicht ganz genau; ihren Sinn könnte man aber wohl ungefähr in der folgenden Formulierung explizieren: Man hat mich immer wieder beim Lügen erwischt und deshalb hat man mir zur Strafe verschärfte Haftbedingungen auferlegt; als man mich weiterer Lügen überführt hat, wurden mir auch Schläge angedroht; das hat mich vor Furcht ganz dumm gemacht. Wenn man diese Interpolation akzeptiert, wird deutlich, daß das Gericht mit dem Unlesbarmachen jener Stelle im Protokoll, in der von Schlägen die Rede war, der Begründung Sauters gewissermaßen vorab Rechnung getragen und ihr damit Recht gegeben hat. Die verkürzte Version, die Sauter hiervon gibt, enthebt das Gericht allerdings der Notwendigkeit, sich darauf einzulassen. Weil Sauter seine Sache nicht auf der Beziehungsebene zu explizieren vermag, kann auch das Gericht den Mantel des Schweigens darüber breiten. Nie wieder wird davon die Rede sein.

Warum ist Sauter jetzt *in der Lage*, wenigstens diese verkürzten wahrheitsgemäßen Antworten zu geben? Es liegt daran, daß er nicht mehr *in der Situation* ist. Er ist nicht mehr in der Situation, in der er zur Lüge greifen muß, weil nicht mehr *zur Sache* gesprochen wird. Das scheint jetzt vorbei zu sein. Auch wenn weiterhin Fragen gestellt werden, auf die Sauter keine Antwort geben kann, so wird doch die Furcht den Inquisiten Jakob Sauter nicht mehr überwältigen. Er hat sich dem Anspruch entzogen. Er hat sich auf den isolierten, einsamen Punkt des Widerrufs zurückgezogen, auf dem er sich behauptet. Insofern er nur diesen Punkt behauptet, hat er jetzt keine Lüge mehr nötig. Es ist bemerkenswert, daß seine letzten Antworten

der Wahrheit entsprechen unabhängig davon, ob er die Tat begangen hat
oder nicht. Daß er aus Furcht, aus Unüberlegtheit gestanden hat, sagt eben
nichts über die Wahrheit oder Falschheit des Geständnisses aus.

> Int: 245.
> Es wurde ihm hier seine Aussage auf die
> 114te Frag verleßen, und sohin befragt: was
> hat euch zu so gar umständlichen Erzehlung verleitet?
>
> > R: Ich weiß wohl, daß ich alles gesagt habe, was man mir hier wider vorgeleßen hat,
> > aber bey dieser Bekenntniß war ich ganz
> > hinterfür.

Das Gericht beginnt jetzt damit, dem Inquisiten aus dem Protokoll vorzulesen. In der Antwort auf Int. 114 hatte Sauter erstmals genau darüber
Auskunft gegeben, wie er »diese Mordthat angegangen« habe. Seine Reaktion auf diese Konfrontation mit dem damaligen Geständnis macht deutlich,
daß er nunmehr im ›Vollbesitz seiner geistigen Kräfte‹ ist, insofern er behaupten kann, damals nicht im ›Vollbesitz seiner geistigen Kräfte‹ gewesen
zu sein. Das gibt ihm die Kraft, das Vorlesen des Protokolls für eine müßige Übung zu erklären, ohne dessen Richtigkeit zu bestreiten. Was das
mundartliche Wort »hinterfür« bedeutet, ergibt sich aus der nächsten Frage:

> Int: 246.
> Schon aus dem allein, daß euch alle Umständ aus euern vorigen Verhören bekannt
> sind, erhellet, daß ihr gar wohl bey Sinnen
> gewest seyt.
>
> > R: Er gab keine andere Antwort auf widerholte Instanzen, als ich bin nicht beym Verstand gewest.

Mit diesem Argument tut das Gericht zumindest so, als hätte es die Pointe
von Sauters Antwort nicht begriffen - daß es nämlich um Sauter jetzt anders
steht als damals. Damals waren seine Antworten ohne Sinn und Verstand.
Jetzt hat er Sinn und Verstand genug, sich ihrer zu entsinnen und *in toto*
zu widerrufen. Da nützt kein Vorlesen.

Genau dies hat sich das Gericht aber als Marschroute für das heutige
Verhör vorgenommen, und davon wird es nicht abrücken; auch wenn es

die Sache mehr oder weniger nur noch der Form halber durchzieht. In den
Fragstücken Int. 247 bis Int. 254 werden der Reihe nach Sauters Antworten zu Int. 115 bis Int. 162 aus seiner ›Geständniszeit‹ vorgelesen und mit
jeweils ähnlich lautenden Beifügungen zur Stellungnahme vorgelegt. Den
Antworten kann man die Ergebnislosigkeit dieser Prozedur ohne weiteres
entnehmen:

> R: Geredt hab ichs, aber gethan nicht.

> R: Auch hier war keine andere Antwort aus
> ihm herauszubringen, als ich habe es halt
> nicht gethan.

> R: Die Antwort war wider die nämliche.

> R: Die Antwort war wider keine andere, als
> ich habe es nicht gethan.

> R: Es war wieder keine andere Antwort her-
> auszubringen, als: Ich hab nichts zu dem
> Baptistle gesagt.

> R: Man bekam gar keine Antwort, als es ist
> mir nichts so eingefallen.

> R: Kurz ich hab ihn nicht umgebracht.

> R: Ich weiß hierauf keine Antwort.

Aus der letzten Nicht-Antwort (auf die Frage, warum sich Sauter denn sei-
nerzeit so ausführlich über das Mordmotiv geäußert hat) möchte das Gericht gleichwohl eine allgemeine Schlußfolgerung ziehen:

Int: 255.
Durch diese Antwort erhellet ja gar zu offenbar, daß euch nicht die geringste Ursache zum Wiederruf eueren vorhinigen
so umständlichen Bekenntniß der verübten
Mordthat verleiten kann. Was sagt ihr hiezu?

> R: /: post multas Instantias :/ Ich hab ihn
> halt nicht todgeschlagen.

Int: 256.

Man sagt euch, daß der aufgenommene
Befund der Kunstverständigen mit euerer
Erzehlung wegen verübter Mordthat ganz
übereinstimme. Denn der Ermordete wurde angetrofen, die Füße über die Stafele
dem Eintritt der Wagnerdille hangen, welches mit euerm angegebenen Umstand, daß
ihr dem Baptistle gleich als er zu der Dille
hereintrat, einen Streich, wobey er umgefallen ist, gegeben habt, ganz eintrift. Ebenso
wurde er auch auf dem Gesicht liegend angetrofen, wie ihr ihn liegen gesehen zu haben einbekennet habt. Was soll man nun
also anders schließen. als daß ihr entweder
die That selbst, wie es ihr in 2. Verhören
ganz umständlich sagten, begangen habet,
oder diese That wenigst verüben gesehen
habt. Was sagt ihr hiezu?

> R: Ich hab ihn halt nicht todgeschlagen,
> und weiß auch nicht, wer es gethan hat.

Ganz gleich, was das Gericht vorbringt – die offensichtliche Ungegründetheit des Widerrufs, die Qualität der mit allen Umständen zusammenstim-
menden *confessio probabilis* (Stübel 1811–1815, § 737) –, Sauter sagt in gering-
fügigen Modulationen immer nur dasselbe. Der Widerruf ist nichts als er
selbst, der bloße Akt.

Int: 257.

Warum seyt ihr an dem bewußten Donnerstag schon wider von hier abgereist?

> R: Ich hab müßen auf Diessenhofen, Schaf-
> hausen, und in mein Vatterland.

Nachdem das Gericht dem Inquisiten sämtliche Bestandteile seines ehemaligen Geständnisses vorgelesen hat, stellt es eine andere Art Frage. Der
Anschlußpunkt dieser Frage ist klar: Der zwingende Grund, aus dem Sauter nur einen Tag nach der Rückkehr von einer Reise schon wieder zur
nächsten Reise aufgebrochen ist, ist seine Täterschaft. Auf den Widerruf
kann eine solche Frage freilich keinen Einfluß nehmen. Aber sie gibt dem
Inquisiten die Gelegenheit zu einer anderen Antwort.

Int: 258.
Aus was Ursachen habt ihr an diese Ort
müßen?

R: Ich bin deßwegen in mein Vatterland durch Diessenhofen und Schafhau-
sen durch, damit mir der Pfarrer und der
Sigrist, ein Vetter zu mir in meinem Ge-
burtsort Lengnau worinn ich keine nähere
Befreundte, als geschwistrigte Kinder habe,
um eine Logie umsehen sollen, weil ich gesinnt war nach etlichen Wochen mich all-
dort häußlich niederzulaßen. Ich verließ Sie
mit dem, daß wenn ich biß Weynachten
nicht bey ihnen seyn sollte, sie mir schreiben möchten, ob sie eine Logie haben oder
nicht. Unterwegs im hin- und hergehen hab
ich zu Dieingen bey der hohen Kirche bey
dem Dorfmayer und dem Geschwornen in
Geschäften angekehrt; dieses Geschäft be-
traf einen Weidgangsstreitt mit Kaiserstuhl,
worinn ich Zeugenschaft habe abgeben müßen, weil ich in den 40ger Jahren auf dieser Weid gehüthet habe, denn mein Vat-
ter /: meine Mutter starb vor ihm :/ war
ein aufgehauster Baur, und ich mußte daher mich zum hüthen bequemen, bevor ich
das Wagnerhandwerk gelernt hab, hab ich
durch sogenannte Buben- und Knechtdien-
ste mir so viel beyläufig in 8. Jahren verdient, daß ich zu Baldingen, ohnweit Zur-
zach die Profeßion erlernen könnte, welches
in Zeit 2. Jahren geschehen ist. Sohin be-
gab ich mich mehrere Jahre auf die Wanderschaft, bis ich endlich vor 27. Jahren als
Wagner aufgenommen worden bin. Auf der
Wanderschaft hab ich mir auch das Stük-
geld, wie ich schon einmal sagte, verdient.

Auf seine einfache, wenn auch skeptische Anschlußfrage bezüglich der Stichhaltigkeit der Gründe für Sauters Reise erhält das Gericht diese ausnehmend
lange Antwort. Es ist der weitaus längste eigenständige Redebeitrag Sauters

in den bisherigen Verhören, der überdies in schärfstem Kontrast zu den bisherigen monotonen Antworten an diesem Vormittag steht. Dem kann man zunächst ganz einfach entnehmen, daß die vom Gericht unter die Kategorie ›Trotz und Hartnäckigkeit‹ gebrachte Haltung des Inquisiten sich auch und gerade jetzt nur auf den *Punkt* des Widerrufs bezieht. Außerhalb dieses Punktes tritt eine Übererfüllung an die Stelle der Antwortverweigerung. Dafür gibt es mehrere Gründe.

Erstens versucht Sauter mit diesem Redeschwall natürlich seine Wortkargheit vergessen zu machen oder zu kompensieren. In diesem Sinne stehen seine Ausführungen als eine Art Ergebenheitsadresse in Beziehung zu seiner *performance* zu Beginn des Verhörs. Die dort dem Gericht gegenüber bezeugte Unterwürfigkeit war ja im Anschluß völlig in den Hintergrund gedrängt worden. Sauter hat das Gericht - wie vorausgesehen - einmal mehr »aufgehalten und herumgezogen«. Nun will sich Sauter in hoffnungsloser Lage als jemand präsentieren, der sein Bestes gibt.

Zweitens präsentiert sich Sauter als jemand, dem es keineswegs an der sprachlichen Fähigkeit mangelt, Sachverhalte geordnet darzustellen und zu erläutern. Daß es folglich nur die bohrenden Fragen im Verhör gewesen sind, die ihm die Spache verschlagen haben, spricht allerdings nicht gerade für seine Unschuld: Seine Intelligenz reicht eben nur für die Wahrheit, nicht aber dafür - um noch einmal Kleinschrod zu zitieren -, seine »Fictionen so zusammen zu reihen, daß sich nicht im Vortrage verrätherische Lücken und Widersprüche ergäben« (Kleinschrod 1804, 76).

Drittens präsentiert sich Sauter weitläufig als ein kompetentes Mitglied der Gesellschaft (wie schon einmal in Ansätzen zu Beginn des zweiten Verhörs): Er ist zwar augenscheinlich eher ein Einzelgänger, zugleich aber jemand, der angesichts seiner Entlassung aus dem Spital seine Zukunft selbständig in die Hand nimmt, der trotz langer Abwesenheit noch Verbindungen zu seiner Heimat pflegt, der in einem gerichtlichen Verfahren als vertrauenswürdiger Zeuge auftritt (und der es deshalb kaum nötig hat, einen Wagnergesellen namens Johann Baptist Fromlet zu erschlagen).

Viertens präsentiert sich Sauter als jemand, der über eine ehrbare und stetige Biographie verfügt, weil er sich allmählich hochgearbeitet hat, ohne daß ihm - wie man sagt - jemals etwas geschenkt wurde. Man soll ihm zugute halten, daß er sich als Hütebub das Geld für seine Ausbildung erspart und in seinen Gesellenjahren ein kleines Vermögen zusammengetragen hat. Es ist die Biographie eines Menschen, der immer auf seine Zukunft bedacht war, der sich nichts vorzuwerfen hat und in dessen Leben ein Verbrechen wie das ihm zur Last gelegte keinen Platz hat.

Und dann gibt es vielleicht noch einen *fünften* Grund für diese Ausführlichkeit. Während die vorangegangenen Motive allesamt der *Vermittlung* und der *Bestätigung* eines Selbstbildes dienten, stellen ihm seine Ausführungen - *ihm ganz allein* - darüber hinaus eine *verlorene Möglichkeit* vor: ein Leben außerhalb des Spitals, wo man ihn entlassen hat; ein *anderes* Leben, eine *andere* Zukunft, die zugleich eine Rückkehr wäre; ein Leben, in dem es keinen Leichnam auf der Wagnerdille gäbe, in dem Jakob Sauter nicht zu einem *dummen Teufel* geworden wäre; ein Leben, eine Zukunft außerhalb des Gefängnisses, von dem er an diesem Morgen gefragt hat, ob es ihm auf »ewig oder nur auf eine Zeit« beschieden sei.

Das Gericht hatte diese dumme Frage natürlich nicht beantworten können, da das Urteil erst am Ende steht. Es war über diese Frage hinweg gegangen. Es geht auch jetzt über die Ausführungen Sauters hinweg, indem es ihnen keine Antwort zukommen läßt, sondern das Verhör beendet. Mittagessen.

Achtes Verhör

Aussichtslosigkeit und Schluß

Unter der üblichen Überschrift »Continuatum post prandium« heißt es ohne weiteren Kommentar: »Das Verhör wurde folgender maßen fortgesezt«.

Int: 259.

Da ihr heut früh von euch herkommen ließt, daß ihr auf eurer lezten Reize wegen einer Weidgangsstrittigkeit zu Dieingen bey dem Dorfmayer und Geschwornen im hingehen schon angekehrt habt, so sagt, wie seyt ihr mit diesem bekannt geworden?

> R: Ich bin mit ihm in meinen Bubenjahren bekannt geworden.

Int: 260.

Wie habt ihr dann von dem Geschäft Wissenschaft bekommen?

> R: Diese nämliche Zwey haben vor ungefähr 6. Wochen bey ihrer Rükreisze von Mörsburg im Spital angekehrt, und mir, weil ich nicht zu Hauß war, durch den Baptist Fromlet ein Schreiben hinterlassen, worinn sie mich gegen dem Versprechen einer guten Discretion gebetten haben, ihnen in ihrer Weidgangsstrittigkeit Auskunft zu geben, welches ich ihnen mittelst Schreiben mit dem zusagte, daß ich 8 Tag vor oder nach Martini selbst kommen wolle.

Das Gericht bezieht sich also auf die letzten Auskünfte vom vormittäglichen Verhör und verlangt nach genaueren Erklärungen, ohne auf die Besonderheit dieser Mitteilungen einzugehen. Die Nachfrage läßt auch die biographischen Elemente beiseite, die Sauters ungefragt in seinem Bericht untergebracht hatte. Nachdem es zu Anfang des zweiten Verhörs ein paar karge Dinge über Sauters Vergangenheit erfragt hatte, glaubte es genug erfahren zu haben. Hätte es diese Mitteilungen zu Anfang der Verhöre veranlaßt, so hätten sie dem Gericht andere Zugangsmöglichkeiten zum Inquisiten geboten. Jetzt kann das Gericht an einer Vertiefung dieses Gegenstandes nicht mehr interessiert sein. In Anbetracht der Aussichtslosigkeit, Sauter noch zu einem Widerruf seines Widerrufs zu bewegen, ist das Nachfragen allerdings ebenso überflüssig. Umso besser ist das Prinzip oder der Mechanismus erkennbar, sich stets nur auf den *Gehalt* der Antworten zu beziehen, als der *Nahrung* für die nächste Frage. Das ist die Fragelogik: Solange die Fragen ihr Fernziel nicht erreicht haben, bleibt die Suche nach Stoff für eine Anschlußfrage ihr Nahziel.

In diesem Falle wundert sich das Gericht offensichtlich, wie denn dieser tumbe Sauter einen so konkreten und voraussetzungsreichen Grund für seine Reise gehabt haben kann. Es hat wohl nicht damit gerechnet, was ihm nun in der zweiten Antwort noch einmal vor Augen geführt wird: Sauter ist nicht immer der desolate Inquisit gewesen, als der er hier vor ihnen sitzt, sondern ein Mann, der von Amtspersonen aufgesucht wurde und einen Schriftverkehr führte. Und in ihrer elaborierten Form ist die Antwort ebenfalls das Gegenteil eines hilflosen und gleichwohl trotzigen Gestammels (auch wenn man nicht weiß, welchen Anteil der Protokollführer an diesem übermäßig verschachtelten Satz gehabt hat).

> Int: 261.
> Würdet ihr euch dennoch in euer Vatter-
> land begeben haben, wenn diese Prozeßsa-
> che nicht gewesen wäre?
>
>   R: Ja!
>
> Int: 262.
> Hättet ihr nicht auch durch ein Schreiben
> in euerer Heimath das bewirken können,
> was euch zu vormachen einer kostspieligen
> Reisze gebracht hat?
>
>   R: Ich hätte es zwar thun können, allein ich
>   würde die Sach nicht so gut wie durch die
>   Reisze eingesehen haben.
>
> Int: 263.
> Ob es ihm also sowohl gefallen habe, daß
> er wirklich sich dort nieder zu lassen ent-
> schlossen habe?

R: Ja!

Die Erkundigungen des Gerichts wirken harmlos; auf den ersten Blick könnte man dieser Sequenz einen Gesprächscharakter attestieren. Bei näherem Hinsehen ist jedoch deutlich, daß das Gericht weiterhin im Sinn hat, die Reisegründe Sauters als vorgeschoben und folglich seinen Abgang von Konstanz als Flucht zu entlarven. Deutlich wird dies bei der unangebrachten und weit hergeholten Kennzeichnung der Reise als »kostspielig«.

Nachdem das Gericht beim ersten Reisegrund keinen Erfolg gehabt hat, geht es zum zweiten über, der in anderer Weise problematisch ist: Die von Sauter vorgestellten Zukunftspläne scheinen ja zu dem Mord, wenn man ihm ein rationales Motiv unterstellt (wie es das Gericht versucht hat), überhaupt nicht zu passen. Hier zeigt sich ein ganz konkretes (und bezeichnendes) Versäumnis bei der Befragung Sauters. Das Gericht hätte sich gleich zu Anfang, noch vor dem Geständnis, nach dessen Zukunftsplänen erkundigen müssen und nicht erst jetzt. Entweder hätte es dann dieselbe Auskunft erhalten oder eine andere. Im letzteren, unwahrscheinlichen Fall (da die Angaben Sauters plausibel sind und sich Sauter bekanntlich schwer tut, Fiktionen zu ersinnen) hätte das Gericht dann kein Problem mehr gehabt mit dem von ihm unterstellten rationalen Tatmotiv, den Platz des Ermordeten im Spital einzunehmen. Im ersten Fall hätte man die Frage nach der Vereinbarkeit dieser Zukunftspläne mit der Tötung Fromlets Sauter in der Phase seines Geständnisses vorlegen können. Er wäre, anders gesagt, mit der Tatsache *konfrontiert* worden, daß diese Tat ›unvernünftig‹ war und seinem Lebensentwurf fremd gegenüber stand.

Statt dessen hat sich das Gericht bemüßigt gefühlt, ihm ein - freilich fehlerhaftes - Kalkül bei der Tat zu unterstellen, und damit ohne Not wenn nicht eine höhere Strafbarkeit so doch zumindest einen höheren subjektiven Verschuldungsgrad anzunehmen, was Wilhelm Snell zufolge »den Inquisiten, auf dem nur eine geringere Verschuldung lastet, von *jedem* Geständnisse abschrecken« wird; denn er sieht die Erfahrung voraus, die Sauter nach seinem Geständnis - vermutlich - hat machen müssen: »daß man sich auch mit der treuesten Erzählung der Wahrheit doch nicht begnügen werde« (Snell 1819, 57).

Int: 264.
Man muß aber vielmehr das Gegentheil glauben, da ihr auf 258te Frag sagtet, daß ihr, wenn ihr bis Weynachten nicht in eu-

erm Vatterland seyn werdet, den Pfarrer und
den Sigrist euch schreiben geheißen habt.

> R: Dieser Umstand macht nichts dazu, ich
> war doch entschlossen.

Int: 265.

Wo waret ihr den gesinnt, euch in der Zwischenzeit aufzuhalten?

> R: Zu Bottigkofen und Rikenbach in welch
> lezterm Ort ich bey dem Kreuzlinger Le-
> henbaur Wagnerholz liegen habe, welches
> ich schon vor 4 Jahren erkaufte, und woran
> ich an abgestellten Feyr- und Aderlaßtagen
> gearbeitet habe.

Das Gericht versucht zunächst einen Widerspruch zu konstruieren – und
zwar ironischer Weise gerade daraus, daß Sauter seinen Umzug nicht Hals
über Kopf, sondern mit Überlegung durchzuführen gesonnen war. Dem entspricht der deutliche Bescheid, den Sauter dieser Unterstellung gibt, indem
er die Frage eher ablehnt als beantwortet. Und auch die zweite Nachfrage
des Gerichtes ist nur geeignet, die Kompetenz Sauters in Sachen Planung
ins rechte Licht zu rücken. Die Auskunft zeigt Sauter einmal mehr als einen
arbeitsamen, disziplinierten Menschen, der keinerlei Laster hat und sich in
besonderer Weise über seinen Beruf definiert: Neben seiner Anstellung im
Spital war er auch als Selbständiger tätig (wobei der planende Verstand besonders dadurch erfordert wird, daß Wagnerholz vor der Verarbeitung sehr
lange gelagert werden muß).

Int: 266.

Wohin seyt ihr zu gehen geschlossen ge-
west, als ihr an dem Tag euerer gefänglichen
Einziehung bey dem Hofmezger ein Stük
Fleisch geessen habt?

> R: In den Spital, wo ich, obschon ich schon
> abgedankt war, dennoch noch immer das
> Nachtquatier haben könnte.

Int: 267.

Wenn man euere Antworten, welche auf eu-
ren Wagnerdienst in dem Spital einen Bezug haben, zusamen nihmt, und insbesondere auch jene auf die 254te Frag, welche

euch erst heut früh gestellt wurde, so muß
man schließen, daß ihr nichts so sehr gewunschen habt, als wenigst noch eine Zeit
lang in dem Spital bleiben zu können; es
muß also die Vermuthung entstehen, als
hättet ihr bey euerer Rükkehr im Sinne gehabt, wenigst noch bis Weynachten allda zu
bleiben, da ihr bis auf diese Zeit hin, ohne
das noch nicht in euer Vatterland zu gehen
gänzlich entschlossen wardt.

> R: Das war meine Meinung nicht, ich wäre
> auf Bottikofen gegangen.

Zunächst stellt das Gericht eine nur lose mit dem Vorigen verknüpfte Zwischenfrage, deren Antwort es schon absehen kann. Es verfolgt damit den
Zweck, die *Bindung* Sauters an das Spital noch einmal eindringlich vor Augen zu stellen. Sauter gibt darauf eine einfache Antwort, deren Plausibilität
die nächste Frage als umso weiter hergeholt erscheinen läßt.

Diese Frage ist – in Anlehnung an die Ausdrucksweise des Gerichts –
in mehr denn einer Hinsicht ›unverschämt‹. *Erstens* haben die letzten Antworten Sauters zusammengenommen keineswegs den Eindruck hinterlassen,
er wolle mit allen Mitteln im Spital bleiben. *Zweitens* ist der Verweis auf
Int. 254 schon deshalb fehl am Platze, weil dort nur »Ich weiß hierauf keine
Antwort« zu hören gewesen war; worauf Sauter keine Antwort gewußt hatte, war die Frage, »Warum habt ihr hier so hartnäkig behauptet durch die
Mordthat des Baptistle gesucht zu haben, länger in dem Spital zu bleiben?«,
die das Gericht an die Verlesung von Int. 156 bis Int. 162 geknüpft hatte.

Diese Verlesung ergibt aber *drittens* einen ganz anderen Eindruck als vom
Gericht unterstellt. Sauter hatte dort keineswegs hartnäckig das Bleiben im
Spital als Mordmotiv behauptet, vielmehr hatte das Gericht ihm dieses
Motiv hartnäckig unterzuschieben versucht. In Int. 156 hatte Sauer noch
einmal bekräftigt, daß ihn nur Zorn und Mißgunst zur Tat verleitet hätten,
worauf das Gericht in Int. 157 davon gesprochen hatte, man habe »Ursach
zu glauben, daß ihr noch eine andere Absicht bey der Mordthat gehabt
habet«. Es hatte aber nur »Ich weiß keinen andern« zur Antwort bekommen.
Erst als das Gericht mit der Bemerkung insistiert, man müsse »also darauf
verfallen, als hättet ihr durch die Mordthat gesucht, fernere Dienste in dem
Spital zu bekommen«, konzediert der resignierte Sauter: »Ja es ist so, ich

hab gesucht in dem Spital zu bleiben um so mehr als ich 27 Jahr schon darinn war«.

Und schließlich besteht *viertens* eine Zumutung in dem Versuch, nun dieses suggerierte Mordmotiv mit den neuen Auskünften über die Zukunftsplanung Sauters in Einklang zu bringen, als habe Sauter – überspitzt formuliert – den Mord begangen, um noch die Zeit bis Weihnachten im Spital verbringen zu können. Es ist diese letzte Unterstellung, der Sauter mit seinem Beharren auf seiner Planung eine Absage erteilt. Es gelingt dem Gericht in dieser Phase des Verhörs in keinster Weise, die Darstellung Sauters ins Wanken zu bringen. Das spricht allerdings nicht für seine Unschuld, sondern nur gegen das vom Gericht unterstellte Tatmotiv.

> Int: 268.
> Warum seyt ihr denn schon am Donnerstag
> wider fortgereist, da ihr den Mittwoch zu-
> vor Nachmittag erst von der Salmanschwei-
> ler Reiße zurükgekommen seid?
>
> > R: Ich war nicht müd, und es war just gut
> > Wetter.

Das Gericht nimmt einen neuen Anlauf, die von Sauter vorgebrachten Gründe für die Reise nach dem Mord als vorgeschoben zu erweisen. Auf den ersten Blick ist es ja tatsächlich seltsam, gleich am nächsten Tag nach der Rückkehr von einer Reise schon wieder zur nächsten Reise aufzubrechen. Vermutlich hatte Sauter an jenem Mittwoch die ca. 25 km lange Strecke zwischen Salmanschweil und Konstanz zu Fuß zurückgelegt. Daß er »nicht müd« war, deutet auf seine sehr gute körperliche Verfassung hin, ohne die er die zweite Reise kaum hätte bewältigen können. Die Strecke zwischen Konstanz und Lengnau, die er offensichtlich ebenfalls zu Fuß zurückgelegt hat, beträgt nämlich etwa 75 km. In den fünf Tagen zwischen dem Mord und seiner Verhaftung hat Sauter mithin – die Umwege nicht eingerechnet – mindestens 150 km zu Fuß zurückgelegt.

Bei näherer Betrachtung ist es jedoch überhaupt nicht seltsam, daß Sauter auch dann nur einen Tag nach seiner Rückkehr wieder aufbricht, wenn er den Mord nicht begangen hat. Er hatte auf seiner Reise nach Salmanschweil versucht, eine Anstellung zu finden, was ihm aber nicht gelungen war (wie er in Int. 51 erklärt hatte). Im Spital konnte er sich seit seiner Entlassung nur noch geduldet fühlen. Engere soziale Bindungen besaß der einzelgängerische Sauter in Konstanz anscheinend nicht. Es war also nur naheliegend, wenn er baldmöglichst wieder aufbrach, um sich neue Zukunftsperspektiven zu eröffnen.

Int: 269.
Man hat Nachricht, daß ihr die Donnerstagsreiße aus einer andern Ursache, als ihr auf die 258ᵗᵉ Aussag sagtet, angetreten habt.

> R: Ich bin aus keiner andern Ursach fortgegangen.

Int: 270.
Ihr habt es ja sogar schon einbekannt, daß ihr um Schulden einzuziehen gegangen seyt?

> R: Ja! es wäre in einem hingegangen, indessen war das andere die Hauptursache meiner Reize.

Ein weiterer Anlauf. In der Antwort auf Int. 76 hatte Sauter eingeräumt, dem Spitalhofmeister bei seinem Weggang mitgeteilt zu haben, er wolle Terminschulden einziehen. Daraus möchte das Gericht einen Widerspruch zu seinen heutigen Angaben herleiten. Allein, ein solcher Widerspruch besteht natürlich nicht. Erstens deshalb nicht, weil man beides miteinander vereinbaren kann, wie Sauter vorbringt; und zweitens, weil es durchaus plausibel ist, daß Sauter sein hauptsächliches Vorhaben dem Spitalhofmeister nicht auf die Nase binden wollte.

Int: 271.
Ist es im Spital nicht üblich, daß, wenn jemand eine Reisze vornihmt, vorhin die Anzeige bey der Vorstehung gemacht werde?

> R: Ja! Aber seit dem ich nicht mehr in Diensten bin, konnte ich reiszen, wo ich wollte ohne jemand was davon zu sagen.

Damit endet der letzte – ebenso untaugliche wie halbherzige – Versuch, über einen zuvor noch nicht restlos durchgearbeiteten Stoff vielleicht doch noch einen Hebel zu finden, der den Widerruf aus den Angeln heben könnte. Jetzt hat sich auch dieser Stoff in den Augen des Gerichts erschöpft: Der Stoff eines Inquisitionsverfahrens, das nicht durch ein Geständnis zum

Abschluß gebracht worden ist, wird sich erschöpft haben, wenn nur noch die Wiederholungsschleife bleibt (Niehaus 2003b, 240 f.). Es ist nichts mehr da, was man dem Inquisiten vorhalten könnte.

> Int: 272.
> Es wird nun nochmal an euch ernstlich die
> Frage gestellt, ob ihr auf dem beschehenen
> Wiederruf, der an dem Fromlet verübten
> Mordthat, welche von euch gar so umständ-
> lich einbekennt wurde, beharret?
>
>   R: Ja! ich weiß von der ganzen Mordthat
>   nichts.

Das Wort »ernstlich« ist ein Marker, mit dem die nun fällige Schlußphase des Verhörgeschehens eingeläutet wird (zu Beginn jenes Verhörs, in dem Sauter dann nach seinem Teilgeständnis das umfassende Geständnis ablegte, hatte das Gericht ihn »Ernstlich zur Bekenntniß der Warheit erinnert«). Die Förmlichkeit wird durch das »nochmal« zusätzlich verstärkt: Wenn der Inquisit jetzt bei seinem Widerruf bleibt, so gilt er als unwiderruflich. Das Ausrufezeichen im *Ja* der Antwort unterstreicht dieses Beharren.

> Int: 273.
> Man hat mit euch alle Umstände, die ihr
> einbekannt habt, durchgegangen, und bey
> keinem einzigen Umstand wußtet ihr die
> Ursache des geschehenen Wiederrufs anzu-
> geben; könnt ihr also wohl glauben, daß ihr
> als unschuldig erkennet und von aller Strafe
> frey gesprochen werden könnet?
>
>   R: Dasselbe könnt ich iezt nicht, weil ich
>   soviel mal gelogen hab, und das Gericht so
>   lange herumgezogen.

Mit dieser Zusammenfassung begibt sich das Gericht nun explizit auf eine Metaebene. Es stellt fest, daß zwar niemand den Inquisiten daran hindern kann, auf seinem Widerruf zu beharren, daß aber entsprechend auch nie-mand das Gericht daran hindern kann, diesen Widerruf als haltlos und unbegründet zu klassifizieren. Das Gericht stellt dies fest, ohne es dem Inquisiten noch einmal zur Schlußfolgerung vorzulegen. Weil Sauter bei der Verlesung der einzelnen geständigen Antworten keinen Grund für ihre Falschheit angeben konnte, wird gefolgert, daß der Widerruf als ganzer unbegründet ist. Die »Furcht«, die Sauter geltend gemacht hatte, zieht das Gericht in seinem Resümee nicht in Betracht. Die »Furcht« macht tatsächlich nur eine *Ursache* des Geständnisses namhaft. Als solche kann sie den Widerruf nicht *begründen*, sondern allenfalls das Geständnis entwerten. Im Verständnis des Gerichtes ist dies eine andere Angelegenheit, die nicht hierher gehört.

Die Frage, die das Gericht an Sauter richtet, betrifft also nicht mehr die Ungegründetheit des Widerrufes selbst, sondern seine *institutionellen Folgen*: Weil der Widerruf ungegründet ist, wird er auch seinen Zweck nicht erreichen. Sauter wird also auf einer neuen Ebene als Rechtssubjekt adressiert. Er soll sich über die von ihm vermuteten Konsequenzen des Widerrufs auslassen, mit dem er sich gewissermaßen in Subjektstellung gebracht, als Rechtssubjekt gesetzt hatte. Dabei wird ihm freilich schon - in einem erzieherischen Tonfall - zu verstehen gegeben, daß diese Setzung an sich nicht wirksam sein kann. Es bleibt ungewiß, wie das Urteil aussehen wird, aber in einem Freispruch wird es nicht bestehen.

Sauter gibt ohne weiteres zu, daß er nicht freigesprochen werden kann. Er hatte ja bereits an diesem Morgen gefragt, ob er auf ewig oder nur auf Zeit ins Zuchthaus müsse. Nur gibt er seiner Strafbarkeit eine ›unverständige‹ Begründung. Er vermeint oder gibt vor, für sein Verhalten *im Verhör* bestraft werden zu sollen - dafür, daß er so oft der Lüge überwiesen werden konnte und so oft keine Antwort gegeben hat. Er hat der Erforschung der Wahrheit Steine in den Weg gelegt und ist so zum Stein des Anstoßes geworden. Aber dafür ist er ja schon in Ketten gelegt und auf schmale Kost gesetzt worden. Die Strafe, die jetzt verhängt wird, kann nicht mehr durch den Hinweis auf Ordnungswidrigkeiten begründet werden. Denn jetzt geht es nicht mehr um eine Lügen- oder Ungehorsamsstrafe als einer Art Verwaltungsmaßnahme zur Beseitigung eines Hindernisses, sondern um ein rechtmäßiges Urteil für eine Straftat. Wer diese beiden Sachen in einen Topf wirft, ist ein Kindskopf und kein Rechtssubjekt. Allerdings zeigt es, welchen Eindruck die *Situation* des Verhörs und sein *Versagen* in dieser Situation auf Sauter gemacht haben.

Andererseits wird Sauter förmlich dazu gezwungen, eine solch unverständige Begründung zu geben, weil die Frage eigentlich eine ungehörige Zumutung ist. Was soll er denn sonst antworten? Zu welcher Bestrafung soll er sonst seine Zustimmung geben? Wie kann man zustimmen, für eine Tat bestraft zu werden, die man nicht begangen zu haben behauptet? Natürlich

kann sich jeder der Erwägung stellen, daß er bei entsprechender Beweislage
auch für ein Verbrechen bestraft werden kann, an dem er unschuldig ist.
Und trivialer Weise kann niemand aus der Unschulds*behauptung* auf einen
Freispruch schließen. Was aber *innerhalb* eines Verhörs in dieser Hinsicht
vom Gericht logischerweise *gegenüber* einem Inquisiten vorgebracht werden
darf, ist allein diese Trivialität. Denn sie wäre in diesem Falle nichts anderes
als der rechtliche Hinweis, daß ein Widerruf nicht unbedingt rechtlichen
Glauben verdient. Alles weitere aber sollte nicht innerhalb des Verfahrens,
sondern nur außerhalb des Verfahrens von einem unbeteiligten Beobach-
ter gesagt werden können, der sich informell an den - nun umgekehrt
›verständigen‹ - Inquisiten wendet etwa mit der Bemerkung, er glaube wohl
selbst nicht, daß er damit durchkomme. Das Gericht begibt sich also auf
eine ungehörige Weise auf eine Metaebene. Anders ausgedrückt, verweist die
Frage des Gerichtes darauf, daß das Prinzip der Unschuldsvermutung hier
nicht in Kraft ist. Sie verweist auf die *Verdachtsstrafe*.

> Int: 274.
> In euerer ganzen Wiederrufs-Geschichte ist
> ein einziger Umstand zu leszen, wodurch
> ihr euch wegen eueres Wiederrufs rechtfer-
> tigen zu können glaubt: nämlich dieser;
> welchen ihr auf die 165te Frag vorbrachtet:
> formalia: »Den ich hab diese Hosen, die-
> se Strümpf und diesen Rok angehabt, und
> man hat kein Blut daran gesehen.«
> Man sagt euch nun aber, daß ihr auch
> bey der Wahrheit dieses Umstandes, die
> Mordthat immer könnt begangen haben,
> ja nach euerem erstern Bekenntniß, ver-
> mög welchem ihr dem Ermordeten rük-
> wärts einen Streich mit dem Beuel gegeben
> habt, auf den er sogleich auf den Boden ge-
> fallen ist, ist es nicht leicht möglich, daß ihr
> habt blutig werden können; ihr sehet also,
> daß dieser Umstand euere sonst im ganzen
> und den Theilen so ungegründete Wieder-
> rufung auch nicht rechtfertigen könne. Was
> sagt ihr dazu?
>
> R: Ich müßte ja doch blutig gewesen seyn.

Das Gericht nimmt Sauters unverständige Antwort auf die letzte rhetorische Frage nichtmehr auf, sondern begründet statt dessen noch einmal sachlich die völlige Haltlosigkeit des Widerrufs, indem es den einzigen von Sauter angegebenen Widerrufsgrund noch einmal zitiert und widerlegt. Die Argumentation ist umso zwingender, als das Gericht von der blutigen Kleidung, die sich dann als inexistent herausstellte, nie gesprochen hat. Auf argumentativer Ebene ist das fehlende Blut eben kein Widerrufsgrund, sondern ein Grund dafür, daß Sauters Widerruf nicht schon durch dieses Indiz entkräftet werden kann. Sauters Antwort deutet an, daß er nicht nur diesen Unterschied nicht versteht, sondern auch der Argumentation des Gerichts nicht folgen kann oder sie zumindest ohne Angabe von Gegengründen nicht akzeptiert.

Darüber hinaus aber verweisen die zwingende Argumentation des Gerichts und ihre trotzige Zurückweisung durch Sauter nochmals auf den neuralgischen Punkt dieses Verfahrens. Es ist an dieser Stelle eben das Gericht, das etwas erklären muß. Hätte man Blut gefunden, so läge der Erklärungsbedarf beim Inquisiten. Es gibt eben in diesem Fall kein einziges handgreifliches, vorzeigbares Indiz, das Sauter mit der Mordtat in Verbindung brächte. *Es gibt nichts, was man nicht mit Worten hätte aus der Welt schaffen können.* Es gibt nur das fehlende Alibi, die Gelegenheit, das Zuviel an Zeit. Dies ist sozusagen die Möglichkeitsbedingung des ungegründeten Widerrufs.

Das Gericht benützt die letzte Antwort des Inquisiten, um eine neue Phase des Verhörs einzuleiten. Es beginnt mit der abschließenden Feststellung:

> Int: 275.
> Da ihr nun auch zur Vertheidigung eueres einzigen Grundes der so ungegründeten Wiederufung nichts Standhaftes anbringen könnt, so werdet ihr selbst einsehen, daß man Ursache genug habe, zu glauben, daß ihr der Thäter des an dem Fromlet begangenen Todschlags seyet, man will euch nun aber noch in Kurze alles dasjenige in das Gedächtniß zurükführen, was ihr widriges wieder euch habt [...].

Auf diese Ankündigung faßt das Gericht in neun ausführlichen Punkten noch ein letztes Mal die Verdachtsmomente gegen den Inquisiten zusammen. Wie nicht anders zu erwarten, bestehen die von »ad 1)« bis »ad 9)« wiedergegebenen Antworten Sauters ausschließlich aus Wiederholungen. Das Verhörprotokoll gibt an dieser Stelle nicht mehr den ›wirklichen‹ Verlauf des Verhörs wieder – schon deshalb, weil man dem Inquisiten die in einem Stück vorgetragenen Verdachtsgründe jeweils noch einmal im einzelnen vorhalten mußte. Im übrigen sieht man an einigen Stellen, daß die Versuche, Sauter zu einer Antwort zu bewegen, stets davon bedroht waren, sich wiederum zu Verhörsequenzen auszuweiten, wie zum Beispiel hier:

> ad 8.) ich hab in der Werkstatt wenigst den Beuel nicht geholt. Auf diese Antwort hat man ihn mehrmal befragt, was er dan sonst darin gethan hab, worüber er wider kein Antwort gab.

Etwas Neues bringt lediglich die Antwort auf den letzten, neunten Punkt, in dem Sauter seine überstürzte Abreise ohne Angabe von Gründen vorgehalten wird. Auf diesen minderwertigen Verdachtsgrund geht Sauter überhaupt nicht ein und erklärt statt dessen:

> ad 9.) Man mag den Argwon und Gedanken auf mich haben oder nicht, so bin ich halt doch nicht der Thäter.
> Übrigens hat der Ermordete 4. biß 5. Unterstübler zu Feinden gehabt, von denen Einer denselben wird getödet haben.

Dies ist – beinahe am Ende des Verfahrens – der erste zaghafte Versuch des Inquisiten, über die eigene Unschuldsbeteuerung hinaus andere mögliche Täter ins Gespräch zu bringen. Diese Zurückhaltung ist wohl kaum einer ehrenwerten Einstellung Sauters geschuldet, sondern allein darauf zurückzuführen, daß ein solcher Versuch völlig aussichtslos ist. Darauf deutet auch die Vagheit der Auskunft hin, die das Gericht natürlich gleichwohl zu einer Nachfrage veranlaßt:

> Int: 276
> Sagt uns diese Personen nebst den Thaten, wodurch eine Feindschaft gegen den Ermordeten erwiesen werden kann?

> R: /: post multas Instantias :/ wer weißt, was sie für ein Zorn, Neid und Hass gegen ihn gehabt haben.

Das Gericht möchte etwas Konkretes, aber Sauter muß nach mehrfachem Nachfragen einräumen, daß er nichts Konkretes zu bieten hat. Wenn noch nicht einmal dem Inquisiten selbst jemand einfällt, der die Tat an seiner Statt begangen haben kann, steht er damit natürlich noch schlechter da als zuvor. Die fruchtlose Einlassung gibt immerhin noch einmal zu erkennen, wie schwer es Sauter fällt, sich von der Wahrheit zu entfernen: Er ist nicht in der Lage jemanden zu *verleumden.*

> Int: 277.
> Ist euch bekannt, wie man die Mordthat,
> welche ihr einbekennet habt, und derer ihr
> euch wenigst nach geschehenem Wiederruf
> der Einbekenntniß so sehr verdächtig seyt,
> nennet?
>
>   R: Nein!

Jetzt leiten die Fragen endgültig auf das Thema über, das die Verhöre zum Abschluß bringen wird. Es geht darum, den mutmaßlichen Tathergang im Hinblick auf die Tatbestandsmerkmale zusammenzufassen und dem nun als Rechtssubjekt angesprochenen Inquisiten bekannt zu machen, für welches Delikt ihm die Strafe droht. Das Gericht gibt hier durch die Formulierung zu erkennen, daß es sich bei der Bestimmung des Deliktes an das widerrufene Geständnis halten wird.

Es wäre der Sache nach nicht nötig, dem Inquisiten die Frage vorzulegen, wie die Juristen das Delikt nennen, das er vor einigen Tagen gestanden hat. Es handelt sich um eine *Belehrung* und mithin um eine sogenannte ›Lehrer-Frage‹ (Lakoff 1980, 174), bei der man stets getrost mit Nein antworten kann, weil die Belehrung nicht ausbleiben wird.

> Int: 278.
> Nach euerer Beschreibung habt ihr den Er-
> mordeten auf die Dille gehen geheissen,
> weil ihr auch hinauf kommet, habt ihn, als
> er in die Wagnerdille tretten wollte, rük-
> wärts mit einem Streich auf den Boden
> geschlagen; nach dieser Bekenntniß hättet
> ihr also den Fromlet vorhin bestellt, und
> auf eine Art ermordet, die er weder vor-
> sehen noch gegen solche sich vertheidigen
> könnte; wist ihr nun nicht, wie eine solche
> Mordthat genennet wird?

R: Nein!

Wie es eben ein Lehrer tut, der die Ignoranz des Zöglings noch nicht glauben mag, reformuliert das Gericht die Frage auf eine leichter faßliche Weise. Dabei wird manifest, worauf es das Gericht bei der Sicherung des Geständnisses abgesehen hatte: Auch wenn das Geständnis widerrufen wurde – die dort eingestandenen erschwerenden Tatbestandsmerkmale der Vorbedachtheit und der Heimtücke werden vorbehaltlos übernommen. Und wie heißt ein solches Verbrechen nun? Dem zweiten Nein des ignoranten Inquisiten wird die Belehrung auf dem Fuße folgen.

> Int: 279.
> Man sagt euch also, daß eine solche That
> ein Meuchelmord sey, habt ihr von diesem
> Verbrechen nie nichts gehört?

> > R: Ich hab einmal hievon etwas reden hö-
> > ren.

Der belehrende Tonfall setzt sich fort, und der Inquisit muß ja auch erkennen, daß ihm das Gefragte nicht ganz unbekannt und die Frage daher berechtigt ist. So, wie sich ja bekanntlich die Antwort, die man selber sagt, viel besser einprägt, so wäre es dem Gericht lieber gewesen, Sauter hätte die Schwere des Wortes »Meuchelmord« auf seinen eigenen Lippen gespürt.

> Int: 280.
> Ihr habt weiter einbekannt, daß ihr schon
> Abends zuvor das erstemal den Gedanken
> zum Mörden bekommen habt, ebenso daß
> ihr in der Früh den Beuel vor dem Früstü-
> ken geholt, solchen mit euch vor die untere
> Stube genommen, und davor liegen gelas-
> sen, nach dem Frühstük euch mit solchem
> auf die Dille begeben, und allda etwa eine
> Viertl Stund auf den Fromlet gewartet habt;
> dieses zeigt genugsame Überlegung der be-
> schehenen That an, und ihr habt also an-
> fänglich euch als den Schuldigen eines über-
> legten Meuchelmords einbekannt, und izt
> nach geschehenem ungegründeten Wieder-
> ruf derselben liegt also wenigst der Verdacht
> dieses Verbrechens auf euch, wißt ihr nun

welche Strafe auf dieses Verbrechen gesezt
ist?

R: Nein!

Das Gericht bezieht sich weiterhin auf das Geständnis des Inquisiten, als gäbe es keine verläßlichere Informationsquelle als die Worte des Jakob Sauter.
Auch für die *Überlegtheit* des Meuchelmords gibt es außer dem widerrufenen
Geständnis keinen einzigen Beweis. Unabhängig davon, in welcher Weise
der Widerruf bei der Urteilsfindung in Betracht gezogen wird, bleibt dieser
rein *rechtliche* Gesichtspunkt bei dem auf *materielle* Wahrheit ausgerichteten
Untersuchungsverfahren selbst außer Betracht.

> Int: 281.
> Es kann euch doch nicht verborgen seyn,
> wie ein Mörder bestraft wird?

R: Auch dieses ist mir unbekannt.

Bei der Frage nach dem Strafmaß für das Verbrechen, dessen Verdacht auf
ihm lastet, erweist sich Sauter als ebenso unkundig wie bei der Nomenkla-
tur des Delikts. Die letzte Lehrer-Frage gibt deutlich zu verstehen, daß das
Gericht die Ignoranz für Verstellung hält. Die betont formelhafte Antwort
läßt sich als eine Reaktion darauf lesen.

Tatsächlich scheinen hier nämlich beide Seiten mit verdeckten Karten zu
spielen. Das erkennt man aber nur, wenn man weiß, daß die für Mord und
für Meuchelmord vorgesehene Strafe um diese Zeit in Österreich keineswegs
selbstverständlich ist. Nach einem *Patent vom 13. Januar 1787* ist nämlich
unter Joseph II. die neue Kriminalordnung in Kraft getreten, die die Todesstrafe nur noch zuläßt bei »Verbrechen, bei welchen nach dem Gesetze
mit Standrecht verfahren werden muß« (§ 20). Die korrekte Antwort auf
die Frage des Gerichts lautet also nicht mehr einfach wie zuvor: mit dem
Tode. Unterhalb der Todesstrafe gibt es aber beliebige Gradierungen. So
definiert das *Patent* als Meuchelmörder den, der »mit Verstellung und Arg-
list, durch Waffen, oder Gift auf eine Art gemordet hat, die von Seite des
Ermordeten Vorsicht, und Vertheidigung ausschloß« (§ 100), und bestimmt
als Strafe dafür »im zweiten Grade langwierige Anschmiedung« (§ 101). Die
Strafe »des gemeinen Mords« hingegen »ist im ersten Grade langwieriges
hartes Gefängnis« (§ 91). Langwierig im ersten Grade heißt: 15 bis 30 Jahre
Gefängnis; langwierig im zweiten Grade heißt aber: 30 bis 100 Jahre Gefängnis (§ 22). Anscheinend versucht das Gericht durch seine scheinheilige

Lehrer-Frage in Erfahrung zu bringen, wie viel Sauter davon weiß. Die Vermutung, daß er nicht ganz unwissend ist, liegt deshalb nahe, weil er sich
schon (vor Int. 235) erkundigt hatte, ob er »ewig oder nur auf eine Zeit« ins
Zuchthaus komme.

> Int: 282.
> Wißt ihr auch nicht, wie z. B. ein Dieb be-
> straft wird?
>
> R: Wohl mit dem Galgen.

Oberflächlich betrachtet ganz einfach, sind sowohl Frage wie Antwort hier
in Wahrheit verwickelt. Man muß ja sagen: Wie ein Dieb bestraft wird, das
hing auch damals - zwar in geringerem Maße - von der Art und der Zahl
der Diebstähle ab. Will man die Frage dennoch beantworten, so könnte
man sie folglich allenfalls als Frage danach auffassen, wie ein Dieb *tradi-
tionellerweise* im Höchstfall bestraft wird: nämlich mit dem (als besonders
schimpflich angesehenen) Galgen. Das genau ist es, was Sauter antwortet.
Aber es ist wohl kein Zufall, daß hier im »wohl« eine gewisse Reserve mit-
schwingt. Im Laufe der siebenundzwanzig Jahre, die Jakob Sauter im Konstanzer Spital tätig war, konnte er insgesamt sechs Hinrichtungen mitanse-
hen, die zwischen 1763 und 1774 stattgefunden hatten; nach 1774 hatte es in
Konstanz keine Hinrichtung mehr gegeben. Sämtliche Hinrichtungen betrafen Diebstahlsdelikte, aber keine einzige wurde am Galgen vollstreckt (die
letzte Strangesstrafe lag schon hundertfünfzig Jahre zurück), vielmehr wurde an allen Delinquenten die Schwertstrafe vollzogen (Kühne 1979, 123 f.).
Allenfalls könnte er als Kind oder junger Mann in seiner Heimat, der Gegend von Schaffhausen (wo die Strangesstrafe im 18. Jahrhundert noch in
Gebrauch war), mitbekommen haben, wie Diebe gehängt wurden.

> Int: 283.
> Hieraus folgt offenbar, daß ihr nur mit der
> Sprache nicht heraus wollt, indem ihr wohl
> wissen müßt, daß einem Mörder ein größe-
> re Straf zu befahren habe?
>
> R: Es wird vor Zeiten auch eine solche Straf
> auf den Mord gesetzt gewesen seyn. Was aber
> der Kaiser sage, Se. Kaißerl. Majestät, izt für
> eine Strafe auf den Mord gesetzt habe, weiß
> ich nicht.

Zwar hatte Sauter mit seiner Antwort zur Bestrafungsart der Diebe irgendwie wider besseres Wissen geantwortet, aber das ist nicht der Grund, aus
dem das Gericht mit seiner Antwort unzufrieden ist. Dem Gericht geht es
gar nicht um die *Art* der Bestrafung, sondern nur um die *Schwere* der Strafe.
Wahrscheinlich hätte Sauter bei der Frage nach der Strafe für Meuchelmord
zunächst einmal antworten sollen, daß darauf offenbar die *höchste* Strafe stehen müsse. Wenn Sauter weiß, daß schon die Diebe so hart bestraft werden,
wird er erst recht wissen, daß es den Mördern noch weit schlimmer zu ergehen habe. Worin dieses ›Schlimmere‹ besteht, ist aber damit noch nicht
gesagt, und Sauter braucht es auch nicht zu wissen. Für die *Untertanen* ist
es zwar unabdingbar, daß sie wissen, was verboten ist und bestraft wird; es
ist aber eher *verdächtig*, wenn sie zu gut über die Strafbestimmungen Bescheid wissen, die dem Strafmaß eine *Grenze* setzen (dies ist wesentlich für
die Bestimmung dessen, was ein ›Untertan‹ *ist*).

Mit seiner jetzigen Antwort verrät Sauter, daß er besser Bescheid weiß
als er eben vorgegeben hat. Überdies kommt in ihr deutlich zum Ausdruck,
wie verquer dieses ganze Hin und Her über die mutmaßliche Strafe ist. Unvermittelt unterscheidet Sauter jetzt zwischen der traditionellen Bestrafung
»vor Zeiten« und den derzeitigen Strafvorschriften, was er beim Diebstahl
nicht getan hatte. Bei einer analogen Beantwortung hätte die richtige Antwort »Wohl mit dem Rad« lauten müssen, insofern dies die in der *Carolina*
von 1532 vorgesehene Strafe für Mord war. Aber hier, wo die Bestrafung für
das ihm vorgeworfene Delikt zur Diskussion steht, interessiert sich Sauter
natürlich nicht für die Rechtsaltertümer. Ob er wirklich nicht weiß, welche
Strafen für Mord der österreichische Kaiser verfügt hat, bleibt unklar. In
jedem Falle ist Sauter bereit, sich belehren zu lassen.

> Int: 284.
> Man sagt euch also daß statt den Tods-
> strafen schwere Gefängniße in Ketten
> und Band, wobey nur Wasser und Brod
> zur Nahrung abgegeben wird, und welche
> mit anderen Ungemächlichkeiten verbun-
> den sind, Stokstreiche, Brandmarkung, öf-
> fentliche Arbeiten und so weiters eingeführt
> habe; muß nun nicht solche Strafe in euch
> mehr Eindruk als selbst die Todesstrafe ma-
> chen?
>
> R: Ja freylich.

Das Gericht läßt es sich nicht nehmen, Sauter die gesetzliche Strafe in den düstersten Farben zu malen, um den hartnäckigen Inquisiten zu *beeindrucken*. Daran kann man sehen, daß es die Hoffnung auf ein Geständnis endgültig aufgegeben hat, denn in dieser Hinsicht geht von einer solchen Strafaussicht gewiß eine abschreckende Wirkung aus. Die vorgestellte Strafe ist nicht die Strafe für Mord, sondern die für Meuchelmord mit ihrer strafverschärfenden »Anschmiedung«, die im *Patent vom 13 Januar 1787* folgendermaßen erklärt wird: »Die Strafe der Anschmiedung bestehet darinn: der Verbrecher wird in schwerem Gefängnisse gehalten, und dermassen enge angekettet, daß ihm nur zur unentbehrlichsten Bewegung des Körpers Raum gelassen wird. Der zur Anschmiedung verurtheilte Verbrecher wird zum öffentlichen Beispiele alle Jahre mit Streichen gezüchtiget.« (§ 25)

Es ist überhaupt merkwürdig, daß die Institution des Verhörs dazu benützt wird, um mögliche Strafen zu erörtern. Man könnte sagen, daß es sich um einen *Mißbrauch* der Verhörsituation handelt. Denn das Einführen der Strafaussichten in die Kommunikation erfüllt keinen erkennbaren sachlichen Zweck und verweist daher auf die Beziehungsebene. Natürlich geht es auf der einen Seite um die Demonstration einer unwiderstehlichen Macht, da der Inquisit im Verhör selbst der Macht ja durch seinen Widerruf getrotzt hat. Darüber hinaus kann man vermuten, daß der eigentliche Grund für den Versuch, Sauter durch Ausmalung der Strafe zu beeindrucken, in der Empfindung liegt, daß diese Bestrafung eigentlich unzulänglich ist. Das Gericht muß einen gewissen rhetorischen Aufwand treiben, weil sich die Eindrücklichkeit des Gefängnisses nicht in der Weise von selbst versteht wie die der im Zuge der Strafrechtsreformen des ausgehenden 18. Jahrhunderts in Österreich zeitweise abgeschafften Todesstrafe. Daher möchte sich das Gericht bestätigen lassen, daß das geschärfte Gefängnis mehr Eindruck macht »als selbst die Todesstrafe«. Die Bestätigung »Ja freylich« bleibt allerdings gerade wegen der Bereitwilligkeit des Belehrten etwas zweifelhaft.

Int: 285.
Man eröfnet euch ferner, daß auf einem
Meuchelmord die größte unter diesen Strafen gesezt sind; schon hieraus allein nun
müßt ihr also die Schwehre eines Meuchelmords einsehen?

R: Ja! Ich sehe es ein, und es wäre ja kein
Mensch vor dem anderen sicher.

Das Gericht setzt seine Belehrung fort und gibt vor, es hätte den Ausflug in den Strafvollzug nur dieses Arguments halber unternommen. Um die »Schwehre eines Meuchelmords« einzusehen, bedarf es nicht der Strafvorschriften. Sauter bemüht nun in seiner beflissenen Antwort ein verkürztes ›kriminalpolitisches‹ Argument – denn sinngemäß muß man seinen Satz so ergänzen, daß »kein Mensch vor dem anderen sicher« wäre, *wenn die Meuchelmörder frei herumliefen.*

Es fällt auf, daß keiner der Beteiligten auf den Strafzweck der *Vergeltung* zu sprechen kommt. Natürlich kann das Gericht den zur Rechtfertigung der Todesstrafe so häufig zitierten Satz aus dem *Ersten Buch Mose* »Wer Menschenblut vergießt, durch Menschen soll sein Blut vergossen werden« (9, 6) nicht zur Anwendung bringen, weil die Todesstrafe abgeschafft ist. Aber es argumentiert darüber hinaus – wieder streng diesseitig – allein über die für den Meuchelmord vorgesehenen institituionellen Folgen, als könne es nicht begründen, warum der Täter hier die schwerste Strafe *verdient* hat. Über die Gründe, aus denen sich Jakob Sauter auf die öffentliche Sicherheit als Strafzweck bezieht, kann man nur Mutmaßungen anstellen. Würde er auf das fünfte Gebot Bezug genommen haben, wenn er nicht selbst ein Meuchelmörder wäre? Auf jeden Fall braucht er auch dann, wenn er selbst ein Meuchelmörder ist, den von ihm namhaft gemachten Sicherungszweck nicht auf sich anzuwenden. Sauter wird keinen zweiten Mord begehen – in keinem Fall. Bei Sauter ist die Gefahr einer *Wiederholung* in einem so strengen Sinne nicht gegeben, daß er sich das ihm zur Last gelegte Verbrechen auch dann nicht wirklich *zurechnen* wird, wenn er es tatsächlich begangen hat. Es ist die einmalige Tat eines Einzeltäters, begangen unter Umständen, die sich niemals wiederholen werden. Niemand hat etwas davon, wenn man ihn als Meuchelmörder bestraft (aber Strafen sind auch nicht dazu da, damit jemand etwas davon hat).

Int: 286.
Ihr werdet vielleicht glauben, daß bey euerer Wiederrufung die gewöhnlich auf den Meuchelmord bestimmte Strafe euch nicht werde können angethan werden, indessen werdet ihr doch einsehen, wenn man euch auch euere Meinung für gegründet annehmen sollte, daß bey euerer ganz ungegründeten Wiedrufung und so vielen auf euch liegend andern Inzichten der so stark auf

euch liegende Verdacht eines Meuchelmörders ungestraft nicht könne gelassen werden?

> R: Daß ich eine Strafe verdient habe, sehe
> ich wohl ein, aber ich bitt um eine gdge.
> Straf.

Hiermit kommt das Gericht erstmals auf den Umstand zu sprechen, der
für das ganze Verfahren von zentraler Bedeutung ist: daß in einem Inquisitionsverfahren die vom Gesetz vorgesehene Strafe nur verhängt werden
kann, wenn ein *vollständiger* Beweis vorliegt. Da dieser vollständige Beweis
nur durch zwei Tatzeugen oder ein Geständnis erbracht werden kann, darf
Sauter, weil er sein Geständnis widerrufen hat, auch nicht zur »gewöhnlich
auf den Meuchelmord« gesetzten Strafe verurteilt werden. Bezeichnenderweise thematisiert das Gericht diese prozessuale Grundregel als etwas, das
der Inquisit »vielleicht glauben« werde, als handle es sich um eine Art Ge-
rücht, das im Volk kursiert. Überdies scheut das Gericht auch davor zurück,
diese Regel in aller Form zu affirmieren; statt dessen verleiht es ihr mit der
gewundenen Formulierung »wenn man euch auch euere Meinung für gegründet annehmen sollte« den Status einer Hypothese. Diese Verdunklung
der Rechtslage steht natürlich in scharfem Gegensatz zu den vorherigen
›Eröffnungen‹ über die gesetzlichen Strafen.

Entscheidend ist dann die durch diese Präliminarien eingeleitete Frage,
die in Wahrheit weniger eine Frage als eine Drohung ist. Die Mitteilung,
daß der stark auf dem Inquisiten »liegende Verdacht eines Meuchelmörders
ungestraft nicht könne gelassen werden«, ist eine Wiederaufnahme und Prä-
zisierung der früher gestellten Frage, ob Sauter glaube, »von aller Strafe
frey gesprochen werden« (Int. 273) zu können. Sie läßt dem Inquisiten jetzt
nicht mehr die Möglichkeit, die eigene Strafbarkeit lediglich im Hinblick
auf das Aussageverhalten, auf die Lügen und das Schweigen, zu bejahen.
Sie läßt ihm auch nicht mehr die Möglichkeit, die eigene Strafbarkeit im
Hinblick auf die Unschuldsbehauptung abzulehnen. Denn jetzt wird unmißverständlich deutlich gemacht, daß es der unbezweifelbare *Verdacht selbst*
ist, der nicht ungestraft bleiben wird. Angesichts dieser Aussichtslosigkeit
und Ohnmacht bleibt Sauter nur die Ergebenheitsadresse.

Int: 287.
Da ihr nun also selbst einsehet, eine Strafe
verdient zu haben, und dabey nicht läug-

nen könnt, daß der Verdacht eines Meuchelmörders, welchen ihr allein euch zugezogen
zu haben glaubt, sehr stark aufliege, welchen auch mit einer eben so starken Strafe wird belegt werden müssen, so erhellet
von selbst, daß ihr zu allenfälliger Verminderung dieser Strafe dem Richter jene Umstände an Handen zu geben habt, welche
euer Vergehen verringern können; man ge-
stattet euch also eine dreytägige Bedenkzeit,
nach welcher man dasjenige, was euch zu
euerm Vortheil gereichen kann, von euch
aufnehmen wird. Ihr werdet also diese Zeit
wohl zu benuzen wissen.

> R: Ich werde also diese 3. Tag zu meinem
> Nutzen anwenden.

Mit dieser Rede beendet das Gericht seine Verhöre mit Jakob Sauter. Die
dreitägige Bedenkzeit, die Sauter abschließend eingeräumt wird, steht ihm
von Gesetz wegen zu. Während die Inquisiten in vielen deutschen Gebieten
an diesem Punkt des Verfahrens auf Wunsch einen Defensor zugeordnet
bekamen, lehnte die *Theresiana* den Rechtsbeistand mit der Begründung ab,
daß dadurch die »Inquisition verwirret« würde (Theresiana 1769, Art. 36,
§ 5). Dem Inquisitionsgedanken zufolge ist die Bestellung eines Verteidigers
kein sinnvoller Verfahrensbestandteil, weil das *ex officio* geführte Verfahren
kein Parteienprozeß ist. Aufgrund seines Ermittlungsauftrages besteht für
das untersuchende Gericht ohnehin jederzeit die gesetzliche Verpflichtung,
einem vom Inquisiten vorgebrachten Entlastungsgrund selbst nachzugehen.
Deswegen kann die Sauter hier eingeräumte Bedenkzeit die Verteidigung
ersetzen.

Bevor allerdings das Gericht dem Inquisiten die Bedenkzeit einräumt,
führt es ihm noch einmal vor Augen, wie nötig er das hat. Diese Erklärung
verdient eine eingehende Würdigung, weil sie die seltsame *Logik der Verdachtsstrafe* ins rechte Licht setzt. Das Gericht findet den folgenden Schluß
offensichtlich nicht weiter bemerkenswert: Weil Sauter der Verdacht »sehr
stark« aufliegt, muß er »mit einer eben so starken Strafe« belegt werden. Je
größer der Verdacht, desto größer die Strafe - dies ist nach Maßgabe der
Vernunft nicht vereinbar mit der Tatsache, daß der Inquisit das ihm vorge-

worfene Verbrechen entweder begangen hat oder nicht. Gleichwohl ist die Verdachtsstrafe ein *wesentliches* Element des Inquisitionsverfahrens.

Michel Foucault hat in *Überwachen und Strafen* die von ihm als »paradox« bezeichnete Vermengung von »Ermittlung und Bestrafung« folgendermaßen zusammengefaßt: »Die Schuld begann nicht erst nach der Vereinigung aller Beweisstücke; sie wurde von jedem Element konstituiert, das einen Schuldigen erkennen ließ. So ließ ein Halb-Beweis dem Verdächtigen nicht seine Unschuld, sofern er nicht vervollständigt wurde: er machte aus ihm einen Halb-Schuldigen. [...] Die Beweisführung bei Gericht gehorchte also nicht dem dualistischen System wahr/falsch, sondern einem Prinzip der stetigen Abstufung: eine bestimmte Stufe der Beweisführung hatte eine bestimmte Strafe zur Folge.« (Foucault 1976, 56 f.) Eine solche Beschreibung ist eher die Ausformulierung der Widersprüchlichkeit denn ihre Erklärung. Auch die Richter des 17. und 18. Jahrhunderts waren ohne weiteres dem Gedanken zugänglich, daß der Vorwurf, eine bestimmte Tat begangen zu haben, *entweder* zu Recht *oder* zu Unrecht bestand. Wäre der Verdacht wirklich etwas, das sich objektiv messen und für sich genommen in eine Strafe umrechnen ließe, müßte Jakob Sauter die Verdachtsstrafe auch auferlegt werden, wenn unvermittelt ein *anderer* mit dem Geständnis des Mordes an Fromlet auftauchte. Daran würde aber niemand gedacht haben.

Die Verdachtsstrafe ist nämlich nichts Durchdachtes. Sie hat auch die längste Zeit nicht so geheißen und als solche keine wirkliche Theoretisierung erfahren. In dem später als Verdachtsstrafe bezeichneten Phänomen (Schaffstein 1989, Schulz 2001) vermischen sich verschiedene Momente des Inquisitionsverfahrens. Aber ohne diese Vermischung ist das Inquisitionsverfahren nicht zu denken. Jedes auf materielle Wahrheit ausgerichtete Verfahren beruht auf der Logik des Verdachts (Vogl 1991, Niehaus 2003b, 214). In der Darstellung Foucaults geht es um das Problem der Rechtfertigung der Folter. Wenn man zugesteht, daß die Folter zwar auf der einen Seite ein Mittel zur Erforschung der Wahrheit ist, auf der anderen Seite aber auch schon eine Art Strafe, dann kommt man zu dem Ergebnis, daß bei der peinlichen Befragung in gewisser Weise der Verdacht (etwa eines ›halben Beweises‹) bestraft wird. Und hierbei verfuhr man nach dem Prinzip: Je größer der Verdacht, desto größer die Folter.

Was dem Inquisiten vor seiner Verurteilung angetan wird, läßt sich aber nicht in derselben Weise als Strafe auffassen wie das, was später als Urteil verhängt wird (es kann allenfalls dann, wenn die Schuld nachher festgestellt wird, etwa nach heutigem Recht die Untersuchungshaft auf die Strafe an-

gerechnet werden). Als ein formales Entscheidungsinstrument ist die Folter zunächst auch das einzige Mittel des Gefolterten, sich mit dem Durchstehen der Folter von dem auf ihm liegenden Verdacht zu *reinigen.* Im Jahre 1738 zum Beispiel wurde in Konstanz der gerichtsbekannte Übeltäter Anton Keller gefoltert, der am Tatort gesehen worden war und überdies widersprüchliche Angaben gemacht hatte; trotzdem galt er als unschuldig, nachdem er auf der Folter kein Geständnis abgelegt hatte (Kühne 1979, 32). Die eigentliche *Verdachtsstrafe* kommt erst auf, wenn man dem formalen Instrument der Folter nicht mehr traut bzw. wenn man es hinter kriminalpolitischen Erwägungen zurücktreten läßt (Friedrich / Niehaus 1999, 202 ff.).

Das Problem, was man mit dem Verdacht anfangen soll, verschärft sich folglich nach Abschaffung der Folter. Denn nun sind alle, die – wie etwa Jakob Sauter – der Tat nicht vollständig überwiesen sind, im Sinne der gesetzlichen Beweistheorie bloß noch verdächtig. Die Verdachtsstrafe ist gleichbedeutend mit einer Aufweichung der gesetzlichen Beweistheorie (Langbein 1977). In seiner Relation wird das Urteilende Gericht darauf hinweisen, daß die Verordnung von 1776, in der »die Tortur ohne einigen Vorbehalt abgethan wurde« (fol. 219r), statt dessen eine »außerordentliche Strafe festgesetzt« (fol. 219v) hat: Man ging einfach dazu über, Subjekte, die durch Indizien so belastet waren, daß sie nach richterlicher Überzeugung schuldig sein mußten, auch ›entsprechend‹ zu bestrafen. Da aber dieser Urteilsgrund in der noch immer als ›Überbau‹ dienenden gesetzlichen Beweistheorie keinen Platz hatte, rangierten auch noch jene Urteile unter der Kategorie ›Verdacht‹, bei denen eine ›freie richterliche Beweiswürdigung‹ keinen Raum mehr für den vernünftigen Zweifel gefunden hätte. Oder doch?

Umso mehr bildete dieser Überbau ein wesentliches Hindernis bei der Motivierung zum Geständnis. Da die *poena extraordinaria* stets geringer sein mußte als die *poena ordinaria*, hatte das Geständnis *de facto* eine strafverschärfende statt einer strafmildernden Wirkung (insbesondere konnte kein Todesurteil ohne Geständnis bzw. vollständigen Beweis verhängt werden). Wer ein Geständnis ablegt, ist insofern *der Dumme.* Den damit einhergehenden Erklärungsnotstand kann man noch aus verklausulierten Verlautbarungen heraushören, die der Bevölkerung die segensreichen Wirkungen des Geständnisses zu verkaufen suchen: »Wer die That freiwillig eingesteht, der verschafft sich in so fern großen Vortheil, in wie fern er sich dadurch die Zeit seiner Gefangenschaft verkürzt und bewirkt daß die Strafe schneller vorübergehe, daß sie ihm leichter zu ertragen werde.« (Tittmann 1800, § 369)

Auf diese Weise kann man erklären, aufgrund welcher Logik das Inquisitionsverfahren zu einer Bestrafung gelangen konnte, die *de jure* nur auf
einem Verdacht beruhte, *de facto* aber einer richterlichen Überzeugung ent-
sprang. Damit ist aber keineswegs klar geworden, warum – wie das Gericht
Sauter gegenüber voraussetzt – *Grade* des Verdachts in *Grade* der Bestrafung
umgerechnet werden können sollen. Auch der Hinweis auf die Folter ist
hier nicht hinreichend. Zwischen Verdacht und Folter gibt es ebensowenig
eine innere Verknüpfung wie zwischen Verdacht und Strafe.

Dies kann man nur verstehen, wenn man sieht, daß sich das Inquisitionsverfahren in seinen Anfängen *zunächst* auf den Verdacht richtete. Es wurde
von Papst Innozenz III. zu Beginn des 13. Jahrhunderts als ein innerkirch-
liches Disziplinarverfahren entwickelt, als ein *Infamationsverfahren*, mithilfe
dessen der *Verdacht* untersucht werden sollte, den sich kirchliche Amtsträger
zugezogen hatten (Niehaus 2003b, 119 ff.). Es ging in erster Linie nicht darum, den Betreffenden einer konkreten Tat zu überführen, sondern darum,
sein verdächtiges Verhalten und damit seine unverantwortliche Amtsfüh-
rung gerichtlich festzustellen (um ihn im schlimmsten Falle seines Amtes
zu entheben).

Diese Logik ist für das Inquisitionsverfahren konstitutiv. Trotz aller
rechtlichen Überformungen bezieht es sich immer auch auf die *Verdächtigkeit* des Subjekts als einer bestimmten, ihm anhängenden *Eigenschaft*. Ob
es sich um die Ketzer und die sogenannten ›schädlichen Leute‹ des Spät-
mittelalters oder um die Gauner und Räuber der frühen Neuzeit handelte
– stets hat sich das Verfahren zunächst auf einen bestimmten Lebenswandel
und ein bestimmtes Verhalten gerichtet, wobei der Einzelne als Mitglied
einer Gruppe aufgefaßt wurde. Das heißt, es ging um Leute, denen man
zum Beispiel ihres verdächtigen Umgangs halber eine Tat *zutrauen* konnte, und die daher, wenn sie auch die fragliche Tat möglicherweise nicht
begangen hatten, doch demnächst eine solche begehen *konnten*. In dieser
Hinsicht – diesseits der Erhebung der Einzeltat eines Einzeltäters zur Norm
des Strafverfahrens – ist es durchaus ›sinnvoll‹, von *Graden* des Verdachts zu
sprechen und entsprechende Strafen zu verhängen. Insofern lokalisiert das
Konstanzer Gericht mit seiner Rede von dem hohen Grad des Verdachts,
der auf Sauter liege, diesen als ein ›schädliches Subjekt‹. Tatsächlich stellt er
sich jedoch dar als das Paradigma des Einzeltäters und des Einfachtäters.

Letztes Verhör

Verteidigung und Verurteilung

Das letzte Verhör ist kein übliches Verhör, sondern eine *Anhörung*. Man kann allerdings jedes Verhör immer auch als eine Anhörung auffassen, nämlich als eine *Gelegenheit*. Daher heißt das Verhör seit der *Strafprozeßordnung für das Deutsche Reich* von 1877 auch »Vernehmung« und soll »dem Beschuldigten Gelegenheit zur Beseitigung der gegen ihn vorliegenden Verdachtsgründe und zur Geltendmachung der zu seinen Gunsten sprechenden Thatsachen geben« (§ 136). Es gibt ein Grundrecht auf Gewährung *rechtlichen Gehörs*, aber zugleich ist die Anhörung auch eine *Gnade*. Das deutsche Substantiv »Verhör«, das erst seit der frühen Neuzeit gebräuchlich ist, bezeichnete anfangs auch die Anhörung im Sinne einer *Audienz*. Es ist die Gelegenheit zu einem ebenso ungehinderten wie ohnmächtigen *Sprechen in eigener Sache* – im Angesicht der Macht, die das Gesagte zur Kenntnis nehmen wird, um daraus ihre eigenen Schlüsse zu ziehen.

Sauter hat angekündigt, daß er die drei Tage Bedenkzeit ›zu seinem Nutzen anwende‹ und somit die Gelegenheit nicht verstreichen lassen werde. Aber welche Verteidigungsgründe soll er anführen? Im Grunde hat das Gericht die Akten schon geschlossen; es erwartet nicht mehr, bei dieser Anhörung etwas Neues zu vernehmen. Daher hat es in seiner Belehrung am 3. Dezember auch nur davon gesprochen, daß Sauter »zu allenfälliger Verminderung« seiner »Strafe dem Richter jene Umstände an Handen« geben solle, welche sein »Vergehen verringern können«. Gegen das Vergehen selbst, muß man daraus schließen, gibt es in den Augen des Gerichts keine Verteidigungsgründe. Was es sich also *gnädig* anzuhören gedenkt, sind *Milderungsgründe*.

Vorher sind aber noch die Präliminarien zu absolvieren. Nachdem das Gericht am 7. Dezember um neun Uhr in der Frühe in der üblichen Besetzung zusammengetreten ist, werden Jakob Sauter nämlich vorschriftsgemäß »zuerst alle Fragstüke und Antworten von No 1. bis 287. vorgelesen«. Schon dies muß mehrere Stunden in Anspruch genommen haben, zumal er »bey den hauptsächlichsten Antworten sowohl seines Einbekenntnißes als des nachhinnigen Wiederrufs insbesondere über die Wahrheit solches alles ge-

sagt zu haben befragt« wird. Sauter hat nicht nur nach jedem Verhör das
Protokoll unterschrieben, das Gericht hat auch bei dieser Verlesung »allzeit
die Antwort erhalten, daß das in dem Prottokoll Enthaltene wahr seye, und
er nichts abzuändern oder beyzusetzen wisse, und nur behaupten müsse,
daß er der Todschläger nicht seye.«

Sauter scheint also nicht bemerkt oder zumindest nicht dagegen prote-
stiert zu haben, daß im Protokoll keine Rede mehr war davon, daß man
ihm mehr oder weniger explizit mit Schlägen gedroht hat. Es ist naheliegend, daß eine Abweichung unter zweihundertsiebenundachtzig verlesenen
Fragen auch dann nicht auffällt, wenn sie einen wesentlichen Wendepunkt
des Verfahrens einleitet. Es verlangt einen überlegenen Überblick, sich an
der richtigen Stelle dieser Belehrung zu entsinnen. Ein solcher Überblick
ist Sauter schon deshalb nicht zuzutrauen, weil er durch die Verlesung all
seiner zum Scheitern verurteilten Ausflüchte, all seiner Lügen und Antwort-
verweigerungen wieder und wieder mit seiner eigenen Überblickslosigkeit
konfrontiert und dadurch in sie zurückgezogen wird. Wenn er sich nach eigenem Bekunden bei seinem Geständnis als ›dummer Teufel‹ erwiesen hat,
so muß sich ihm diese Selbsteinschätzung nun bei jeder einzelnen Antwort
noch einmal bestätigen.

Doch auch dann, wenn Sauter dieser Fehler im Protokoll nicht entgangen
sein sollte, war es naheliegend, daß er nicht dagegen Protest einlegte. Sauter
hatte ja schon vor vier Tagen das Gericht auf Knien um Verzeihung dafür
gebeten, daß er es »solang aufgehalten und herumgezogen« hatte mit seinem
Verhalten im Verhör, mit seiner Verstocktheit und seiner Unverschämtheit.
Die Verlesung des Protokolls führt dieses Aussageverhalten nicht nur erneut
vor Augen, es dauert auch seinerseits deshalb so lange, weil so viele Fragen gestellt, weil so viele dumme Ausflüchte widerlegt und so viele dumme
Lügen entlarvt werden mußten. Wenn Sauter nun aufstehen und die Unrich-
tigkeit des Protokolls an dieser Stelle behaupten würde, so würde er damit
das Gericht erneut ›aufhalten‹ und ›herumziehen‹. Er würde sich auch und
gerade dann, wenn er der Sache nach im Recht ist, auf der Ebene der Beziehung ins Unrecht setzen. Er würde das Gericht gegen sich aufbringen, wo
alles darauf ankommt, es gnädig zu stimmen.

Mit anderen Worten: Die Verlesung des Protokolls, die von der Verfahrensform her dazu bestimmt ist, den Inquisiten im Verfahren noch einmal
als Rechtssubjekt oder genauer Verfahrenssubjekt in Stellung zu bringen,
bewirkt, als *Situation* aufgefaßt, das genaue Gegenteil. Der Inquisit wird mit
dem Protokoll als einem *Fertigprodukt* konfrontiert, das ihn *mundtot* macht.

Das einzige, womit sich Sauter auch hier wieder behaupten kann, ist das bloße Bestreiten der Tat. Unter den Bedingungen einer anderen Verfahrensform, in einem anderen Land oder zu einer anderen Zeit, hätte dieses Plädieren auf *Nichtschuldig* als eigener Beitrag ausgereicht. Alles, was das Gericht gegen den jetzt mundtot gemachten Sauter in der Hand hat, hat es aus dessen eigenem Mund.

Int: 288.
Man fragt euch nun nochmal, ob und was ihr allenfalls an den euch vorgelesenen Aussagen abzuändern oder beyzusetzen wißt?

> R: /: obgleich diese Frage mehr dan 20. mal widerholt wurde, so konnte man von dem Delinquenten, der ganz erschroken aussah, und kein Wort redete, nicht die mindeste Antwort erhalten. Endlich sagte er ganz abgebrochen: Ich hab viel aus Forcht geredt.

Int: 289.
Aus was Ursachen habt ihr euch dann geforchten?

> R: Man konnte auch hier keine Antwort erhalten.

Das zweihundertachtundachzigste Interrogatorium fragt noch einmal *in aller Form*, ob es etwas gibt, was in den vorangegangenen zweihundertsiebenundachzig Interrogatorien nicht enthalten war. Wenn sich Jakob Sauter noch sinnvoll verteidigen möchte, so muß er das in der Antwort auf diese Frage vorbereiten; er muß *jetzt* sprechen. Er müßte – da er das Ansinnen, am amtlichen Dokument *abzuändern*, nicht ernsthaft stellen kann – etwas *beisetzen*. Aber der durch die Frage in aller Form aufgespannte Freiraum der Anhörung ist durch nichts zu füllen, was nicht in ein neues Verhör, in neue Ausflüchte, Widersprüche und Lügen münden würde. Der Freiraum der Anhörung verschlägt Sauter die Sprache. Wahrscheinlich hat er auch nicht damit gerechnet, auf dieser Ebene noch einmal *zur Sache* gehört zu werden.

Noch einmal schlägt die Stunde des Gebärdenprotokolls. Warum wird Sauters Schweigen so differenziert gewürdigt? Offensichtlich hat sich das Gericht daran gewöhnt, das Aussageverhalten des Inquisiten genau zu beobachten und aufzuzeichnen. Nachdem es sich einmal dazu veranlaßt gesehen

hatte, diese Auffälligkeiten abweichend von der gewöhnlichen Praxis in das
Verhörprotokoll einzubeziehen, hat das Gericht dies auch dort fortgesetzt,
wo die Bemerkungen über ihre anfängliche Funktion hinausgingen. Denn
zu Anfang sollten die im Protokoll festgehaltenen Stockungen seine Lügen
und seinen Trotz dokumentieren; so taucht das Wort »erschroken« erstmals
im Protokoll auf, als Sauter (in Int. 13) gefragt wird, warum er mit der
Sprache nicht heraus wollte. Hier, am Ende der Verhöre, besagt das Wort
»erschroken« etwas anderes. Es bezieht sich nicht mehr auf eine besondere Lüge, und sein Verhalten ist auch nicht mehr »trozig«. Es verdichtet
sich darin statt dessen eine *Eigenschaft* des Subjekts, die vielleicht mit seiner
Schuld zusammenhängt, aber nicht mit ihr zusammenfällt. Und wenn das
Protokoll schließlich festhält, daß der Inquisit nach zwanzigmaliger Wiederholung der Frage »ganz abgebrochen« vorbringt, er habe »viel aus Forcht
geredt«, so scheint sich darin die Subjektposition des Inquisiten selbst, sozusagen die ›Inquisiteneigenschaft‹ auszusprechen. Und dem ist – auch in
einer Anhörung – nichts mehr hinzuzufügen.

> Int: 290.
> So sagt dem Gericht nun, was euch durch
> die verfloßene 3. Tage beygefallen ist zur
> Vertheidigung wegen eueres Vergehens bey-
> zubringen?

> > R: Ich hab den Baptistle nicht todgeschla-
> > gen. /: Man drang in den Konstitut weiter
> > zu reden, aber alles war umsonst :/ weßwe-
> > gen man sich genöthiget sah ihn durch be-
> > sondere in dem Prottokoll auszudrükende
> > Fragstüke zum reden zu bringen. Der An-
> > fang wurde also gemacht mit folgender Fra-
> > ge.

Jakob Sauter vermag dem, was zur Sache gesagt wurde, und dem, was er
»ganz abgebrochen« zur Sache des Verhörs gesagt hat, von sich aus nichts
hinzuzufügen. Weil er nur auf seinem ›Punkt‹ beharren kann, geht die
Anhörung *gnadenhalber* in ein Verhör über.

> Int: 291.
> Aus dieser Antwort muß man also die Fol-
> ge ziehen, daß ihr euch wegen geschehener
> Mordthat nicht zu entschuldigen habt?

R: /: nach mehrmal widerholter Frage :/
Nein!

Int: 292.

Wegen was gedenkt ihr euch dann zu entschuldigen, und ist euch aus euerm lezten
Verhör die Ursache, warum ihr euch heut
zum Entschuldigen vorbereiten sollt, nicht
genugsam erklärt?

R: Wegen den auf mir liegenden Inzichten,
und weil ich sovielmal gelogen hab.

Die erste dieser beiden Fragen gießt das sattsam Bekannte in eine merkwürdige Formulierung. Wahrscheinlich liegt es daran, daß Sauter erst nach
mehrmaliger Wiederholung die fällige Antwort gibt, die ja nichts als das
Beharren auf seinem ›Punkt‹ ist; »entschuldigen« müßte er sich wegen der
Mordtat dann, wenn er ihrer geständig wäre. Zuvor hatte er bei der Frage nach den *Verteidigungs*gründen gegen den Tatvorwurf auch nichts beige-
bracht. Da er die Tat bestreitet, kann er nun – da es mit der Verteidigung
vorbei ist – auch keine mildernden Umstände wie etwa Zorn als Tatmotiv
geltend machen. Die zweite Frage des Gerichts zielt daher genau auf das, was
der Inquisit auch antwortet. Seine Entschuldigungen können sich logisch
gesehen nur auf die »Inzichten«, die Verdachtsgründe beziehen sowie auf
sein Verhalten im Verhör (aus dem ja die Verdachtsgründe in der Hauptsa-
che bestehen). Wie sollte das aber möglich sein? Ist nicht gerade in dieser
Hinsicht mit der Auskunft »Ich hab viel aus Forcht geredt« alles gesagt?

Int: 293.

Was wißt ihr also zu Verringerung der hier
verdienten Strafe beyzubringen?

R: Ich hab mich meiner Lebtag immer
Ehrlich und braf aufgeführt, und scheuete
mich in meiner Jugend keiner Arbeit, wodurch ich mein Leben, da mir meine El-
tern nichts dazu beytragen könnten, fortzu-
bringen im Stand gewesen bin; das Zeugnis
des Spitalamts, welches man mir bey meiner gefänglichen Einsetzung abgenommen
hat, weisset aus, daß ich durch 27 Jahr als
Wagnermeister getreu und fleissig gedient,

und nur deßwegen die Entlassung erhalten
habe, weil die Domestikazion in dem Spital
ganz aufgehoben werden muß; auch glaube
ich daß ich wegen meines schon 52. jährigen Alters leidentlicher gestraft werden solle. Auch war ich willens, all mein Vermögen auf den Fall, daß der Spital nicht wäre aufgehoben worden, und ich darinn zu
bleiben gehabt hätte, dem Spital zu vermachen, obschon ich mir solche nicht in dem
Spital, wo ich nur jährlich 30 fl. Lohn gehabt habe, und die kaum zu Anschaffung
der Kleidungsstüke u. hinreichend waren,
sondern, wie ich schon sagte, auf meiner
Wanderschaft versparet habe. Ausser diesem
weiss ich nichts mehr anzuführen als daß
ich den Nutzen des Spitals wie den Meinen
jmmer zu befördern suchte; Bitte übrigens
mir dasjenige aus Gnaden zu kommen zu
lassen, was ich durch meine Entschuldigungen nicht bewirken kann.

Dies ist die letzte Äußerung, die von Jakob Sauter überliefert ist; das letzte
Wort, mit dem er sich zur Geltung bringt. Auf dieses letzte Wort hat sich
Sauter offensichtlich in den drei Tagen vorbereitet, in denen man ihn *sich
selbst* überlassen hatte. Er hat sich auf sich besonnen. Dies war unter der
Voraussetzung, daß er nicht für ein begangenes Verbrechen um mildernde
Umstände zu bitten hatte, der einzig gangbare Weg. Den Verdachtsgründen,
die auf Sauter lasten, können nur Ausführungen über seine *Unverdächtigkeit*
entgegengestellt werden, und zwar der Unverdächtigkeit als einer *Eigenschaft*
des Subjekts *jenseits des Verfahrens.* Von Jakob Sauter *als Inquisiten* ist in diesem
letzten Wort nicht die Rede. Es kann nicht mehr zur Sache gesprochen
werden und nicht über die Beziehung im Verhör, über die Furcht, die Sauter
dumm gemacht hat. Sauters *Fall* findet mit keinem Wort Erwähnung. Jakob
Sauter *richtet* sich statt dessen noch einmal als strebsamer Wagnermeister *auf.*
    Die intendierte Wirkung seiner Ausführungen ist in sich doppelt und
entspricht genau der doppelten Logik der Verdachtsstrafe. Ihr zufolge ist
das Subjekt erstens ohnehin für seinen verdächtigen Lebenswandel zu bestrafen und zweitens ist es verdächtig in Bezug auf die Tat, die man ihm
zutrauen kann und die verschärfend hinzutritt. Sauter hingegen möchte

geltend machen, daß man ihm die Tat seines lobenswerten Lebenswandels halber nicht zutrauen kann und im übrigen wegen seiner Unverdächtigkeit milder dafür betrafen möge. Auch wenn Sauter die Tat begangen hat, ›paßt‹ sie nicht zu ihm. Sein Fall war, gesetzt den Fall, eine Art Unfall.

Der Inhalt dieser letzten Verteidigungsanstrengung ist bereits bekannt, und das Gericht wird durch die Ausführungen Sauters nicht sonderlich beeindruckt gewesen sein. Allein, es ist gegenüber der früheren längeren Selbstdarstellung (in der Antwort auf Int. 258) eine naheliegende Akzentverschiebung festzustellen. Jetzt kann nicht mehr das in Betracht kommen, was man sein könnte, jetzt kann höchstens noch ins Gewicht fallen, was man gewesen ist. Damit verschiebt sich zugleich die Betonung des eigenständigen Lebens auf die des Lebens im Schoß der Institution, im Spital.

Damit wird aber zugleich auch wieder die Ambivalenz Sauters *gegenüber* dieser Institution spürbar, die ihn aus ihrem Schoß ausgestoßen hat. Auf der einen Seite betont er, daß er den Nutzen des Spitals stets zu befördern gesucht habe. Auf der anderen Seite betont er, daß das Spital nur für die notwendigsten Subsistenzmittel gesorgt hätte. Obwohl Sauter sein Kapital nicht im Spital, sondern allein auf der Wanderschaft erwirtschaften konnte, bekundet er, willens gewesen zu sein, es dem Spital zu vermachen. Diese Asymmetrie ist nur unter Voraussetzung einer symbiotischen Beziehung akzeptabel - das heißt unter der Voraussetzung, daß das Spital niemanden ausstößt. Indem nun das Spital aus eben jenen wirtschaftlichen Gründen, die von Sauter während seines Lebens im Spital hintangestellt wurden, die »Domestikazion ganz aufgehoben« und Sauter ausgestoßen hat, hat es mithin einen vermeintlichen Naturzustand im Nachhinein in einen Vertragszustand umdefiniert und dadurch in den Augen Sauters einen Vertrag gebrochen. Diese Schuld der Institution ist es, die Sauter zum Ausdruck bringen will - und nicht bloß, daß er selber keine Schuld an seiner Entlassung trägt. Schließlich weiß sich Sauter gerade deshalb im Recht, weil das »Spitalamt« mit seinem Sauter ausgestellten »Zeugnis« (das es wirklich gibt) in dieser Hinsicht gegen sich selbst zeugt.

Insofern also die Ausführungen Sauters hier über die Erklärung hinausgehen, daß er sich nie etwas habe zuschulden kommen lassen und daher unverdächtig sei, stellen sie zugleich - da sie von ferne ein Tatmotiv erkennen lassen - auch unter der Voraussetzung seiner Täterschaft einen Milderungsgrund dar. Eine Doppelfunktion erfüllt auch Sauters Hinweis auf sein fortgeschrittenes Alter, das zum einen *per se* strafmildernde Wirkung haben soll und zum anderen die Ungerechtigkeit der Ausstoßung noch verstärkt -

daß man den jungen Fromlet behalten, den alten Sauter aber entlassen hat,
läßt sich übersetzen in eine von der Institution gewollte Verdrängung des
›Vaters‹ durch den ›Sohn‹. Man kann sich darüber hinaus fragen, in welcher
Nähe in Sauters Denken die Institution, die ihn ausgestoßen hat, zu der Institution steht, die ihn gefänglich eingezogen hat und verurteilen wird. In
der demütigen Bitte um Gnade schwingt vielleicht auch die Vorstellung mit,
daß die Institution etwas an Sauter ›wiedergutzumachen‹ habe. In jedem Falle scheint Sauter mit der Formulierung des letzten Satzes auf ein Ungenügen
hinsichtlich der sprachlichen Fixierung seiner ›Entschuldigungsgründe‹ aufmerksam machen zu wollen; es soll gnädig berücksichtigt werden, daß seine
Entschuldigungen in Wahrheit besser sind, als er hier zum Ausdruck zu
bringen vermag. Mehr kann es nicht zu sagen geben.

An die Unterschriften unter dieses letzten Verhöres schließt sich noch
eine Charakterisierung des Aussageverhaltens des Inquisiten an: »Da das
Betragen des Constituten während seinem ganzen Verhör vast jeweils bey
den einzeln vorkommenden Fragstüken und Antworten bemerket wurde; so
findet das Gericht nur noch nöthig beyzusetzen, daß er während seines Bekenntnißes der verübten Mordthat sich eben so unreumüthig als vor und
nach demselben aufgeführt hat, vast bey allen Antworten stokte, und das
Gericht bey jedem wichtigen Umstand zu gar vielfältigen Widerholungen
der Fragstüke gezwungen hat, auf die er öfter gar keine Antworten oder
auch oft sehr trozige gegeben hat.« Zusammenfassungen über das Betragen
des Inquisiten – bisweilen durch das Kürzel »pro nota« markiert – sind eine nicht ungebräuchliche Praxis (Niehaus 2003b, 263 f.), zu der aber eher
dann gegriffen wird, wenn in das Verhörprotokoll selbst – anders als hier –
keine Gebärdenbemerkungen gesetzt worden waren. Entsprechend gibt die
einleitende Bemerkung zu verstehen, daß eine solche Zusammenfassung eigentlich überflüssig ist. Tatsächlich wird hier ja auch kaum Neues geboten,
sondern nur eine Reduktion von Komplexität, die mehr über den Verfasser
als über den Gegenstand aussagt. Sie betrifft insbesondere die Subsump-
tion des Verhaltens unter der Rubrik »unreumüthig«. Diese entdifferen-
zierende Chrakterisierung zeigt noch einmal, wie sehr das Gericht darauf
fixiert ist, das Verhalten in der Verhörsituation den Eigenschaften des Verhörten und nicht den Eigenschaften der Situation zuzurechnen. Aus dieser
Perspektive bleibt sich das Subjekt in Geständnis und Widerruf *in Wahrheit* gleich, es kann sich höchstens auf der *Oberfläche*, wie am Morgen des
3. Dezember, »reumüthig« *gebärden*. Die outrierte reumütige Gebärde wird
für »Verstellung« gehalten, weil sie nicht vom Geständnis begleitet wird.

Umgekehrt wird aber das Geständnis für »unreumüthig« gehalten, weil es nicht von eindeutigen Zeichen der Reue begleitet wird. Das Ausdrucksverhalten und der korrespondierende Akt müssen also zueinander passen, wenn sie als solche anerkannt werden sollen. Eine solch einfache und vor allem starre Zeichentheorie nimmt die Herausforderung nicht an, die gerade in einem Fall wie diesem beschlossen liegt. Das Ungenügen derartiger eineindeutiger Zuordnungen führt hier allein schon die Erwägung vor Augen, daß man das als »unreumüthig« aufgefaßte Ausdrucksverhalten beim Geständnis ebenso als Vorzeichen eines drohenden Widerrufs hätte lesen müssen.

Wie es weitergegangen ist, muß man anderen Aktenstücken entnehmen. Das Aktenstück 11 enthält die ausführliche *Gutächtliche Relation* in dieser Inquisitionssache (fol. 157r bis 227v), die mit dem am 24. Dezember 1787 gefaßten »Urtheil« schließt (fol. 227r). Dieses Urteil wird vom sogenannten *Spruchkörper* gefällt, dem Konstanzer Magistrat. Dessen Zusammensetzung bedarf der Erläuterung. 1786, also ein Jahr zuvor, war von Kaiser Joseph II. eine neue Stadtverfassung erlassen worden mit dem Ziel, Verwaltung und Justiz in ganz Österreich zu trennen. In Vorderösterreich ist es jedoch im Zuge dieser Reformen nicht zu einer Verstaatlichung der Gerichte erster Instanz gekommen. Der Magistrat der Stadt fungierte mithin weiterhin als Kriminalgericht, bestand aber seit 1786 statt wie zuvor aus zehn ehrenamtlichen Mitgliedern nunmehr aus fünf besoldeten und auf Lebenszeit gewählten juristischen Magistratsräten, die zusammen mit dem - jeweils für vier Jahre gewählten - Bürgermeister die Urteile fällten. Von 1786 bis 1800 bekleidete Leonhard Lehry das Amt des Bürgermeisters, ebenfalls ein promovierter Jurist (Kühne 1979, 18 f.). Das Urteil über Sauter wurde also zwar von Juristen gefällt, aber einer dieser Juristen war der Kommissarius des Untersuchungsverfahrens, Herr von Albini. Der Spruchkörper konnte in Inquisitionssachen umso weniger unabhängig sein, als es regelmäßig der Leiter der Untersuchungskommission war, der die Sache dem Magistrat zum Beschluß vortrug. Von Herrn von Albini stammt daher die ›gutächtliche Relation‹. Dieser Mann also, für den der Inquisit Jakob Sauter in hohem Maße ein Stein des Anstoßes gewesen ist, hat mit seiner Sicht der Dinge und seiner Einschätzung des Inquisiten das Urteil maßgeblich bestimmt.

Ausführlich würdigt die Relation das Kernstück des Verfahrens, das Geständnis und den Widerruf. Die für ein vollgültiges Geständnis erforderlichen Eigenschaften werden einzeln erörtert. Zunächst einmal stimmt das Geständnis »mit der eingeholten Erfahrung und dem corpore delicti«

(fol. 208v) überein, und es ist auch »eine gegründete Ursache der That angegeben«: »Zorn und Mißgunst, auch Eigennutz verleiten Inquisiten« (fol. 208v-209r); nach dem Zeugnis des (ihm bekanntlich nicht wohl gesinnten) »Spitalcontrolors« war Sauter »dem Fromlet schon vorhin mißgünstig, und Inquisit hat es selbst einbekennet, daß es bey dieser Winterszeit hart sey, den Spital zu verlassen« (fol. 209v).

Das Geständnis rührt weiterhin nicht von »Übereilung und Unverstand« her: Zunächst hatte er sich offenbar »das System festgesetzt, von Fromlets Aufenthalt gar nichts wissen zu wollen. Sobald er sah, daß er solches auf einen sehr seichten Grund gebauet hatte, erschrak er – fieng an in seinen Reden zu stocken – und zu lügen – und lügte durch 3 Verhöre fort, bis er sich wegen seines ersten Aufenthalts nach dem Frühstücken nicht ausweisen konnte und darauf verfiel, daß die Mordthat von einem Handwerkspursch jedoch mit seiner Beyhilfe geschehen sey.« Erst als ihm auch das widerlegt worden sei, bekannte er »in 2 ganzen Verhören den allein begangenen Meuchelmord umständlich ein« (fol. 210r-210v), woraus »weder Übereilung noch Unverstand; wohl aber bis auf den höchsten Grad getriebene Boßheit« spreche (fol. 210v).

Dieses *gerichtliche*, »bey beseztem Gericht in förmlichen Verhören« (fol. 211r) abgelegte Geständnis ist von Albini zufolge auch nicht durch »Suggestivfragen, Bedrohungen und andere dergleichen ungebührliche Mittel herausgebracht worden« (fol. 208v). An dieser Stelle muß der Kommissarius verschweigen, daß er eine Stelle im Protokoll hat unlesbar machen lassen, die man als ein solches ›ungebührliches Mittel‹ verstehen kann, und statt dessen behaupten: »Könnte dieses aus dem Inquisitionsprotokoll abgenommen werden: so würde Unterzeichneter oben bey den Formalia das Nöthige angebracht haben« (fol. 211r). Von der Furcht, die Sauter mehrfach zur Sprache bringt, ist an keiner Stelle der Relation die Rede – sie wird folglich als die naheliegende und deshalb nicht erwähnenswerte Furcht vor Überführung und Bestrafung verstanden.

Das Geständnis muß aber auch *beständig* sein, und diese »Eigenschaft ist es nun, die dem gegenwärtigen Einbekenntniß fehlet« (fol. 211r). Sie fehlt durch den Widerruf, dessen oftmals betonte Ungegründetheit etwa durch Sauters beharrliche Aussage »handgreiflich dargestellet« wird, »daß er nach dem Frühstücken in dem Spital eine Stiege herabgekommen sey«, aber den »Ort, wo er gewesen ist, nicht zu nennen« getraut habe (fol. 212r). Nur ein »einziger Umstand hat das Ansehen, als spräche er das Wort für Inquisiten, nämlich dieser, daß an seinen Kleidern kein Blut gefunden worden ist«

(fol. 212v), aber von Albini erklärt gleich, wie der Inquisit »diesen Todschlag wirklich, ohne blutig zu werden«, hat verüben können, und von dem Blut, das er an den Händen gehabt haben muß, konnte er sich »leicht reinigen« (fol. 213v).

Anschließend schickt sich von Albini an, den Beweis für die Täterschaft Sauters »auch durch Innzüchten, und zwar durch allernächste« (fol. 213v), zu erbringen, wofür er vierzehn ›Punkte‹ gesondert aufführt. In ihrer Auflistung erweisen sich die Verdachtsgründe als sehr uneinheitlich. Das zeigt sich auch an jenen Indizien, die in den Verhören weniger häufig wiederholt worden sind. So habe Sauter zum Beispiel »nirgends widerrufen, daß der Schlüssel zur Wagnerdille nur ihm, dem Ermor. und dem Hofmeister bekannt war, und gemäß des Befunds der Sache muß die Dille schon offen gewesen seyn, als Fromlet hineintrat« (fol. 217r–217v). Als ein eigener Verdachtsgrund wird auch Sauters Ausdrucksverhalten aufgeführt, »Fast bey jeder Frage, die einen Bezug auf den Umgang mit Fromlet und seinen Aufenthalsort oder auf die That hatte, stockte er« (fol. 216r). Und schließlich wird – als letzter Verdachtsmoment – sogar auf den Umstand verwiesen, daß Sauter »unter seinem verstellten reumüthigen Betragen« gefragt habe, »ob er zeitlich oder ewig in das Zuchthaus komme, wohl wissend, daß die Todesstrafe abgethan ist« (fol. 217v).

Die Frage nach dem Strafmaß wird nun in der Relation eingehend erörtert. Diese Ausführungen lassen tiefer in das Konglomerat von Beweggründen und Auffassungen blicken als es das Studium einschlägiger Lehrbücher vermöchte. Sie stehen unter dem doppelten Vorzeichen, daß sowohl die Tortur als auch die Todesstrafe nicht mehr zu Gebote stehen – zwei Dinge, die noch in der *Theresiana* mit vieler Liebe zum Detail behandelt werden. Daß die »Tortur mit dem Delinquenten bis auf den äußersten Grad hätte vorgenommen werden müssen« (fol. 219 f.), wird gleich eingangs betont. Die »außerordentliche Strafe«, die nach Abschaffung der Tortur durch die Verordnung vom 3. Januar 1776 nurmehr verhängt werden kann, hat sich an der gesetzlich vorgesehenen Strafe für Meuchelmord zu orientieren, nämlich die »im zweyten Grad langwierige Anschmiedung, welche, wenn der Meuchelmord mit besonderer Grausamkeit verübt worden ist, [...] durch empfindliche Zusätze verschärfet werden muß« (fol. 219v). Und zwar muß der Inquisit – wie schon ausgeführt – desto mehr »in der Bestrafung angesehen werden«, je mehr sich die gegen ihn vorliegenden Verdachtsgründe »dem vollständigen Beweise näheren« (fol. 220r). In Sauter Fall unterliegt es nach dieser Logik der Gradation »keinem Zweifel mehr, daß Inquisit

die größte außerordentliche Strafe, oder doch eine solche, die dieser am
nächsten kömmt, verdiene« (fol. 220v). Um aber die Möglichkeiten feiner
Strafabstufungen ausschöpfen zu können, müssen zuvor die »erschwerenden
Umstände« sowie die »Milderungsumstände« aufgelistet werden.

Als erschwerend wird zunächst angeführt, daß Sauter den Tatvorsatz
schon am Nachmittag zuvor gefaßt hat. Nach diesem objektiven (wenn
auch nur auf der Aussage eines lügnerischen Inquisiten beruhenden) Umstand folgen dann verschärfende Umstände, die sich lediglich einer böswilli-
gen Auslegung verdanken. Als erstes betont das Gericht das nahe Verhältnis
des Inquisiten zum Mordopfer, das seinem Mörder jederzeit »Ehrerbietung
schuldig gewesen« sei und diese »als ein guter williger Mensch auch in
der kurzen Zeit, als Inquisit abgedankt war, gewiß noch nicht verloren«
(fol. 221r) habe. Mit dieser Annäherung der Tat an den Verwandtenmord
hat es das Gericht offensichtlich auf den eigentlich nicht passenden § 92
der josephinischen Kriminalordnung abgesehen, der diesen erschwerenden Umstand behandelt (in der Kriminalordnung ist von der »engere[n]
Verbindung« die Rede, »vermög welcher der Thäter dem Ermordeten zur
Ehrerbietung verpflichtet gewesen«, nicht aber umgekehrt). Vermutlich hat
das Gericht dieses Argument schon von Anfang an im Blick gehabt. Jedenfalls läßt sich vor diesem Hintergrund verstehen, warum es das Mordopfer
bei der Prüfung des Geständnisses in Int. 144 statt wie zuvor »Fromlet« unvermittelt »Baptistle« nennt, um das nahe Verhältnis zwischen Täter und
Opfer zu betonen.

Auch die nächste in der gerichtlichen Relation vorgebrachte böswilli-
ge Unterstellung ist im Verhör sorgsam vorbereitet worden: Es wird behauptet, daß »die Mordthat auf eine grausame Art« begangen wurde, »da 7
Wunden, wovon 6 absolute tödlich sind, an dem Erschlagenen ersichtlich
waren« (fol. 221r). Gerade weil der erste Schlag tödlich war, hätte man aus
der Mehrzahl der Schläge weniger auf die nach § 93 der Kriminalordnung
strafverschärfende *Grausamkeit*, sondern auf den nach § 95 strafmildernden
Umstand des *Zorns* schließen müssen (der in der Kriminalordnung dort
namhaft gemachte Vorsatz »daß der Mörder dem Ermordeten den Tod emp-
findlicher zu machen gesucht hat«, trifft auf Sauter in keiner Weise zu). Die
drei übrigen erschwerenden, nicht weniger einer übelwollenden Sicht ge-
schuldeten Umstände sind ebenfalls bekannt: Sauter hat sich im Verhör als
»unreumüthiger Bösewicht« (fol. 221r) erwiesen (in diesem Zusammenhang
fällt auch das Wort von der »Dummheit«, die »der gewöhnliche Gefährte der Boßheit« sei); Sauter hat um eines kurzatmigen und vermeintlichen

Vorteils willen gehandelt (ein Motiv, das ihm vom Gericht untergeschoben worden ist); Sauter hätte die Tat nicht nötig gehabt, weil er noch so gut bei Kräften ist.

Vier Umstände werden als strafmildernd aufgeführt; es sind jene, die auch Sauter selbst in seiner Verteidigung geltend gemacht hat: Erstens »war seine Erziehung eben nicht die beste«, da er schon »als ein junger Mensch bey Fremden sein Brod suchen mußte«; zweitens beweise ein »Attestat«, daß er »die leztern 27 Jahre mit aller Zufriedenheit als Wagnermeister ehrlich und getreu gedienet habe«; drittens war es hart, »nach 27 Jahren auf einmal ohne sein Verschulden und zwar zur Winterszeit entlassen zu werden« und viertens befindet er sich als »ein Mann von 52 Jahren« bereits im fortgeschrittenen Alter (fol. 222r).

Was die eigentliche Strafzumessung angeht, kommt die ›gutächtliche Relation‹ dann nach komplizierten Erwägungen über das Verhältnis der quantitativen zu den qualitativen Bestandteilen der Strafe zu dem Ergebnis, der »Inquisit« sei »entweder mit dem im 2ten Grad langwierigen harten Gefängniß oder mit der im ersten Grad langwierigen Anschmiedung zu bestrafen« (fol. 223v). Das heißt: Entweder dreißig bis einhundert Jahre hartes Gefängnis oder fünfzehn bis dreißig Jahre Gefängnis mit Anschmiedung und jährlich wiederholter öffentlicher Züchtigung. Diese beiden Strafen sind nach dem Dafürhalten der Relation gleichwertig. Es kommt nur darauf an, welche besser zu Sauter paßt.

Das Gutachten plädiert für die zweite Strafe. Eine Gefängnisstrafe von über dreißig Jahren würde bei dem forgeschrittenen Alter des Inquisiten »in sich wirklich eine ewige Strafe seyn« (fol. 224r), und das sei zu vermeiden (man bemerke, daß die Relation den Term ›ewige Strafe‹ hier im Sinne von ›lebenslängliche Strafe‹ meint, während Sauter im Verhör von ›ewigen Strafen‹ im Sinne von ›göttlichen Strafen‹ gesprochen hatte). Die Menschlichkeit dieser Erwägung ist eher formaler Natur. Auch bei einer fünfzehn- bis dreißigjährigen Gefängnisstrafe ist für Sauter die Chance, lebend aus dem Gefängnis zu kommen, minimal. Man kann also auch umgekehrt sagen, daß man Sauter, indem man »die Strafzeit verkürzt, aber verschärft« (fol. 224v), die verbleibende Lebenszeit möglichst schwer machen möchte. Dem wird als ein weiterer Grund der Mehrwert hinzugefügt, der sich mit der öffentlichen Züchtigung noch aus dem Delinquenten schlagen läßt. Wenn Sauter »alle Jahr zum öffentlichen Beyspiel mit Streichen gezüchtigt« wird, so wird »das Publikum vor der Verübung einer solchen That« (fol. 224v) abgeschreckt werden. Die nähere Erläuterung hierzu läßt

besonders tief blicken. Würde man diesen Aspekt »außer Acht« lassen, so
könnte das »manchen Übelthäter zum boshaften und ungegründeten Widerrufen bloß aus der Ursache verleiten [...], weil er von einem vorhergehenden Beyspiel überzeugt wäre, daß es ihm Vortheil verschaffen müsse«
(fol. 225r). Ein verdrehteres Argument läßt sich nicht leicht finden. Man
kann ihm allerdings entnehmen, daß die öffentliche Züchtigung als Strafe
nicht dem Verbrechen gilt, sondern dem Widerruf des Geständnisses.

Jetzt muß nur noch geklärt werden, »auf wie lang also Inquisit zur langwierigen Anschneidung im 1ten Grad, und zu wieviel jährlich zu empfan-
genden Stockstreichen verurtheilt werden solle?« (fol. 225r–225v) Der auf-
gezählten erschwerenden Umstände halber muß man von der Untergrenze,
der Milderungsgründe halber von der Obergrenze Abstand halten. So findet denn das Gericht die goldene Mitte: »Eine 20 jährige Anschmiedung
und jährlich an dem Tag des geschehenen Verbrechens zu empfangende 40
Stockstreiche, womit bey Publication des Urtheils der Anfang zu machen
wäre, ist jene Strafe, welche Unterzeichneter nach langem – reiflichem Nachdenken – mit wahrer – innerlicher Überzeugung hiemit den Umständen
angemessen findet.« (fol. 225v–226r)

Und genau so steht es dann auch in dem am Heiligen Abend des Jahres
1787 gefällten Urteil: »Er Inquisit Sauter seye wegen seines so umständlich
einbekennten, an dem Fromlet verübten Meuchelmords und der hierwegen
sonst auf ihm liegenden Innzüchten, seines nachhin gemachten ganz ungegründeten, mit Lügen begleiteten und boßhaften Widerrufs ungeachtet mit
der zwanzig jährigen Anschmiedung, wobey er jährlich den 22ten 9ber als
dem Tag des verübten Meuchelmords 40 Stockstreiche, so wie auch heute
das erstemal öffentlich zu empfangen habe, zu bestrafen; auch habe er alle
dießfalls sich ergebene Kösten zu bezahlen.« Knapp acht Wochen später,
am 19. Februar 1788, wird dieses Urteil von *Seiner k. k. apostolischen Majestät*, dem es vom vorderösterreichischen Appellationsgericht in Freiburg
vorgelegt worden war, dahingehend gemildert, »daß derselbe wegen seines
einbekennten, sohin aber wieder abgeläugneten Meuchelmords an dem Spi-
thalwagnergesell Johann Baptist Fromlet durch zehen Jahre im harten Gefängniß zur schweren Arbeit angehalten werden solle«. Die »Schwere des
harten Gefängnisses« wird dahingehend spezifiziert, daß Sauter »in schweren Eisen zu arbeiten, keine andere Liegerstatt als auf Brettern zu gewiesen,
keine andere Nahrung als Wasser und Brod außer in der Woche einmal
ein halbes Pfund Fleisch zu empfangen« habe (fol. 231r–231v). Die Länge
der Haftstrafe wird durch dieses endgültige Urteil also halbiert, und auch

von der jährlichen öffentlichen Züchtigung hat man Abstand genommen. Dem Wagnermeister Jakob Sauter, der im Frühjahr 1788 in das berüchtigte Gefängnis auf dem Schloßberg zu Graz überführt wird, hat dies nicht mehr viel genützt. Er ist in der Haft verstorben.

Der ›Unterzeichnete‹, wie er sich in der von ihm verfaßten *gutächtlichen Relation* nennt, hat seine *Stimme* abgegeben. Auch das, was dem ›Verfasser dieses Buches‹ (der den Wagnermeister Sauter, den er nie gesehen hat, nun auf immer im Schloßberg zu Graz verschwinden sieht) noch zu sagen bleibt, darf oder muß als eine Art ›gutächtliche Relation‹ aufgefaßt werden; auch er hat eine Untersuchung angestrengt. Er ist ›fast sicher‹, daß Jakob Sauter seinen ehemaligen Gesellen Johann Baptist Fromlet erschlagen hat. Nur ist er an jenen *Punkt* gelangt, an dem es ihm im Grunde – nicht aus Gleichgültigkeit – *gleich* ist, ob Sauter dies getan hat oder nicht. Aber er ist sich nicht darüber im Klaren, was für ein ›Punkt‹ das ist.

Das abweichende Gutachten teilt also die Auffassung des Gerichts, insofern es ebenfalls unter der Voraussetzung steht, daß Jakob Sauter schuldig ist, den Gesellen Johann Baptist Fromlet getötet zu haben – daß also sein Geständnis wahr und sein Widerruf unbegründet ist. Denn nur unter dieser geteilten Voraussetzung kann das Gutachten *abweichen*, kann es sich dem Mordgeständnis und dem Widerruf selbst zuwenden und dem Gericht die Schuld geben.

Es wurde bereits ausgeführt, daß das Gericht verabsäumt, dem Inquisiten das Geständnis *zuzurechnen*, was sich in der Kennzeichnung des Geständnisses als »unreumüthig« niederschlägt. Dies ist ein Fehler unabhängig davon, ob Jakob Sauter *in Wahrheit* ohne Reue ist oder nicht. Hätte das Gericht ihm das Geständnis zugerechnet, so würde es ihn anders behandelt haben. Und diese andere Weise der Behandlung hätte wahrscheinlich verhindert, daß Sauter auf den Widerruf verfällt. Natürlich ist es wenig ertragreich, diesen ›Fehler‹ einfach dem Kommissarius von Albini zuzuschreiben. Der Grund für diesen ›Fehler‹ ist vor allem in der Logik des Verfahrens selbst zu suchen – in einer Auffassung vom Verhör, die ›noch nicht‹ die Folgerungen daraus gezogen hat, daß es nach Abschaffung der Folter zu einer unhintergehbaren Kommunikationssituation geworden ist. In diesem ›noch nicht‹ ist also der historische Index dieser Verhöre bezeichnet. Die kommunikative oder genauer interaktive Dimension wird hier nicht zum Ausgangspunkt für eine *Beziehungsdefinition*, die innerhalb der Verhöre zur Wirkung kommen könnte. Das Gericht bleibt jederzeit ›das Gericht‹, das auf dem Aussagezwang und der Wahrheitspflicht als den lediglich rechtlichen Grundlagen des Verhörs

besteht. Daher schlägt sich die kommunikative Dimension regelmäßig nur
in den Vorwürfen nieder, daß der Inquisit mit der Sprache nicht heraus will
oder lügt. Es ist letztlich nur folgerichtig, daß es ihm auf diese Weise zwar
gelingt, den Druck aufzubauen, der zum Geständnis führt, nicht aber eine
dauerhaft geständige Haltung herbeizuführen. Der Widerruf ist eine direkte Folge der Verkennung der kommunikativen Struktur des Verhörs. Anders
formuliert: Es gelingt dem Gericht nicht, Sauter an sein Geständnis zu *binden*. Eine solche Bindung des Subjekts an das Gesagte kann grundsätzlich
auf zwei entgegengesetzte Weisen erzielt werden.

Zum einen kann dies durch die *Form* geschehen. Hier kommt es auf den
förmlichen, zeremoniellen Rahmen an, in dem das Geständnis als explizit
performativer Akt vollzogen wird. Durch einen derartigen Rahmen wird
das Geständnis im Subjekt *verankert*. Der Geständige wird dazu angehalten,
sich als ein Subjekt zu identifizieren, das sich mit seinem Geständnis in
die symbolische Ordnung eingefügt hat. Im Prinzip erfordert diese Bindung durch Förmlichkeit auch die (zumindest begrenzte) *Öffentlichkeit* des
Geständnisses. Diese ist im Inquisitionsverfahren nicht gegeben: Sämtliche
Personen, die dem Inquisiten hier gegenüberstehen, werden von diesem als
›das Gericht‹ wahrgenommen.

Schon von seiner Logik her stellt das Inquisitionsverfahren nicht den
für die Förmlichkeit des Geständnisses notwendigen Raum bereit. Es ist daher kein Zufall, daß Sauter in jenem Verhör, in dem er gesteht, nicht dazu
angehalten wird, sein Geständnis explizit performativ auszuweisen. Sauter
gesteht, ohne zu *sagen*, daß er gesteht. Tatsächlich geht das Gericht über das
Geständnis gleichsam *hinweg*, insofern es dasselbe gerade nicht als solches
markiert, sondern sich unter Absehung von allen *Förmlichkeiten* nur um
seine unmittelbare *inhaltliche* Fixierung und Ausgestaltung bemüht. Dieses
Vorgehen - eine Folge des inquisitorischen Prinzips materieller Wahrheitssuche - erweist sich bei dem Inquisiten Jakob Sauter als besonders ungeeignet, weil dieser gegen den Aufweis von Inkonsistenzen in seinen Aussagen
schon weitgehend immunisiert wurde. Sauter ist eben genau das Beispiel, an
dem sich zeigt, was es mit den »Gebrechen« des deutschen Strafverfahrens
(Zachariae 1846) auf sich hat.

Auf der andern Seite kann das Subjekt auf der Ebene der *Beziehung* an
das Gesagte gebunden werden. In ihrer Minimalform wirkt sich die Beziehung dahingehend aus, daß das Subjekt es nicht über sich bringt, seinem Gegenüber *ins Gesicht zu lügen*. Es wird also eine imaginäre Achse ins
Spiel gebracht. Es geht um Erwartungen und die Vermeidung ihrer Ent-

täuschung. Diese Ebene ist in den Verhören natürlich ebenfalls vorhanden. Daher bringt Sauter nur mithilfe eines ›Fürsprechers‹ die Kraft zum Widerruf auf, der die entscheidende Erwartensenttäuschung darstellt. Um Sauter an sein Geständnis zu binden, hätte das Gericht (hätte von Albini) das Geständnis als ein *Gut* aufnehmen und annehmen müssen. Es hätte – unabhängig von den unterstellbaren *Motiven* – dem Geständnis eine vertretbare *Motivation* zuschreiben müssen; es hätte das Geständnis mit der Reue über die Tat, mit der Stimme des Gewissens, mit der Ehrbarkeit der Prinzipien oder wenigstens mit einer Bereitschaft und einem Entgegenkommen in Zusammenhang bringen müssen. Nur als ein *Gut* kann das Geständnis in den Diskurs eingeführt werden. Wer von einem Geständnis annimmt, daß es sich lediglich dem von seinem Gegenüber ausgeübten Druck verdankt, kann dann auch nicht über das Geständnis *sprechen*. Es ist aber festzuhalten, daß unter diesen ›Druck‹ auch die *Beziehung* zum Gegenüber subsumiert werden muß. Man kann nicht *sagen*, daß ein Geständnis um der Beziehung willen abgelegt worden ist, da es als ein die Beziehung (und somit die Achse des Imaginären) übersteigendes unabhängiges *Gut* firmiert. Auf der Ebene der Beziehung wird dem Subjekt das Geständnis höchstens *erleichtert*, wird es in der Geständigkeit nur *gehalten*.

Für die Frage, wie man mit ›kommunikativen‹ Mitteln zum Geständnis motiviert, konnte der Kommissarius von Albini – gesetzt, er hätte danach gesucht – kaum einschlägige Literatur zu Rate ziehen. In den nächsten dreißig Jahren erst werden die Aufsätze, Lehrbücher und Untersuchungen veröffentlicht, die sich eingehender mit diesem Problem beschäftigen und damit mehr oder weniger deutlich der Einsicht Rechnung tragen, daß das Verhör eine Kommunikationssituation *sui generis* geworden ist. Die verschwommene Maxime des Nichtjuristen Johann Christian Gottlieb Schaumann, der in seinen *Ideen zu einer Kriminalpsychologie* fordert, der Richter solle »*die dem Inquisiten so nahe liegende Vorstellung, dass der Inquisitor sein Gegner, sein Feind sey*«, dadurch wegräumen, daß er zu ihm spricht »wie der Vater zu seinem angeschuldigten Sohn« (da »für die *Vaterstimme* [...] nur der Unmensch taub« sei), hätte von Albini wohl auch nicht recht weitergeholfen (Schaumann 1792, 25 ff.). Ein eigentlicher Versuch zur theoretischen Durchdringung des Geständnisses und seiner Motivierung im Rahmen einer Beziehung zwischen Untersuchungsrichter und Inquisit findet sich dann in Wilhelm Snells Schrift *Betrachtungen über die Anwendung der Psychologie im Verhöre mit dem peinlich Angeschuldigten* von 1819. In dieser Untersuchung, auf die sich das ›abweichende Gutachten‹ abschließend stützen möchte, läßt sich lesen, wie das Konstanzer Gericht es hätte besser machen können im Falle Sauter, in dem es sich so sehr um das Geständnis bemüht hat.

»Nur die einseitige Gewohnheit, den ihm untergebenen Inquisiten stets nur im Verhältniß seiner Abhängigkeit von dem Untersuchungsrichter zu betrachten, kann diesen verleiten, jenem die Gefühle des Herzens, ja gar der Erhebung, oder die Schrecken des Gewissens zu *gebieten*«. »*Zweckwidrig*« wäre ein solcher Versuch, weil er »ihm das Vertrauen des Inquisiten unwiederbringlich raubt. Unwillkührlich fühlt er sich abgestoßen von einem Manne, der ihn für schlechter hält, als er sich selbst erscheint, oder als er wirklich ist« (Snell 1819, 62). Sauter erkennt sich in der Auffassung nicht wieder, die der Untersuchungsrichter von Albini über das Verbrechen und seinen Urheber vor ihm ausbreitet, nachdem er sein Geständnis abgelegt hat. Das Gericht hat eine Hauptquelle zur Abschätzung der richtigen Behandlungsweise des Inquisiten nicht angemessen gedeutet, nämlich die »*Natur des begangenen Verbrechens, in sofern dieß zugleich die Subjectivität des Verbrechers ausspricht.*« (Snell 1819, 131) Das Verhältnis zwischen der Tat und der bisherigen Lebensführung Jakob Sauters hätte dem Gericht sagen können, daß Sauter selbst keinesfalls jene »Boßheit« an sich wahrnehmen kann, die ihm die gutächtliche Relation attestiert. Der Widerruf des Geständnisses wird also dadurch begünstigt, daß das Gericht sein Verbrechen auf der einen Seite zu etwas anderem macht, was es in seinen Augen nicht ist, und daß es auf der anderen Seite in seinen Augen etwas ist, das nicht zu seinem Leben gehört und zu ihm paßt.

Um das Verhältnis zwischen Tat und Täter genauer zu bestimmen, führt Snell einen eher formalen und sehr weiten Begriff der *Reue* ein. Die Reue sei etwas, das man jedem Geständigen *zu Gute* halten muß: »Fast jeder Verbrecher [...] fühlt in dem Augenblick, wo er vor Gericht gefodert wird, Reue über seine Handlungen und faßt den Entschluß, ein besserer Mensch zu werden. Am stärksten ergreift ihn dieser Unwille über sich selbst im Moment des Geständnisses: denn nun kann er auch den äußern Folgen seiner Verbrechen nicht mehr zu entgehen hoffen. Er vereinigt sich in diesem Momente mit dem Richter in der Mißbilligung *dessen, was er gewesen ist*, und findet einen Trost darin, wenn der Richter in ihm den Zustand einer veredelten Gesinnung anerkennt und die verbotenen Thaten seines *vergangenen* Lebens nicht *dem* Menschen, der ihm *izt gegenübersteht*, zum Vorwurfe macht.« (Snell 1819, 82)

Es geht also nicht um die aus den Tiefen der Seele kommende Reue - deren oberflächliche Anzeichen das Gericht bei Sauter vermißt -, sondern um das bloße *Bedauern*, eine Tat begangen zu haben, für die man *nun* zur Verantwortung gezogen wird. Dieses Bedauern ist die Möglichkeitsbedingung für die *Unterscheidung* zwischen dem Subjekt als *Täter* und dem Subjekt als *die Tat Verantwortendem*. Der einfache Gedankengang lautet mithin, daß sich von der Tat nur lossagen kann, wer sich zu ihr bekennt. Zugleich ist dies aber eine Unterscheidung zwischen dem Subjekt außerhalb des Verfahrens und dem Subjekt in der Situation der Verhörkommunikation. Der Untersuchungsrichter muß diese Unterscheidung (die letztlich zusammenfällt mit derjenigen von Recht und Moral) mitvollziehen, er muß ihr Recht geben unabhängig davon, ob er sie sachlich für begründet hält oder nicht. Dies hat der Untersuchungsrichter im Fall Sauter verabsäumt – in einem Fall also, bei dem diese Unterscheidung in exemplarischer Weise nahe liegt. Besonders deutlich wird das, wenn man die naheliegende Umkehrung Snells hinzunimmt – wenn nämlich der Inquisit »das begangene Verbrechen in seinem Busen sorgfältig hebt und verwahrt«. Denn dann »erscheint in ihm der *jetzige* Mensch, wie er vor dem Richter steht, als Complize des *gewesenen* Menschen, der die verbotene Handlung ausgeübt hatte« (Snell 1819, 82). Jakob Sauter teilt diese Auffassung sicherlich nicht, da er den Totschlag als völlig losgelöst von sich und seinem Leben empfinden muß. Er ist der Überzeugung, daß er sich von der Tat keineswegs nur lossagen kann, indem er sich zu ihr bekennt. Unter welcher Voraussetzung kann er mit seiner Tat ›allein fertig werden‹?

Wilhelm Snell nimmt sich dieses Problems an, indem er sich hypothetisch in den Inquisiten versetzt und ihn – denn auch die »Verbrecher haben ihre verschiedenen Theorien über den letzten Grund der Strafen« (Snell 1819, 84) – unter anderem wie folgt räsonnieren läßt: »*[M]eine* Verbrechen, die nun einmal *geschehen* sind, können durch die Strafe nicht *ungeschehen* werden: und eben so wenig ist meine Bestrafung, um *für die Zukunft* den Rechtszustand *gegen mich* zu sichern, erfoderlich, indem hierzu der feste Entschluß, mich zu bessern, hinreicht.« (Snell 1819, 86) Eine entsprechende ›Relativierung‹ des Strafzwecks mag man auch Sauter unterstellen, der sich gewiß sein darf, keinen zweiten Totschlag zu begehen, der der ›Besserung‹ nicht einmal mehr bedarf, und der folglich argumentieren könnte wie der von Snell erdachte Inquisit: »[S]o glaube ich doch weder unrecht gegen andre Menschen, noch auch unerlaubt vor meinem Gewissen zu handeln, wenn ich durch die Vorenthaltung des Geständnisses eben jenes *Bekanntwerden* meiner Fehltritte verhüte und dadurch der Strafe entgehe« (Snell 1819, 86).

Von hier aus fällt auch ein letztes Licht auf die – unter Voraussetzung der Täterschaft Sauters – vielleicht größte ›psychologische Merkwürdigkeit‹: Wie kann Sauter den Gekreuzigten zum Fürsprecher nehmen, um seinen ungegründeten Widerruf in die Welt zu setzen? Wie kann er den Namen Gottes im Munde führen und zugleich verneinen, daß die Sünde des Totschlags auf ihm lastet? Nach der Auffassung des Gerichtes kann dies nur seine gottlose Bosheit unter Beweis stellen. Wilhelm Snell hingegen gibt eine andere Deutung. Er zitiert einen Inquisiten, mit dem er als Untersuchungsrichter zu tun gehabt habe und mit dem er sich – als Menschenforscher – nach Beendigung der Untersuchung »über seine Gemüthzustände während der Untersuchung [...] zu unterhalten pflegte«: »[I]ch fühlte mich [...] in meinem Gewissen nicht *dazu* verpflichtet, durch ein Geständniß die Strafe selbst über mich herabzurufen. Ich glaubte, daß die Strafe nur um der *Menschen* willen vorhanden sey, daß aber die *göttlichen* Gebote nichts von mir forderten, als den Vorsatz, meine Fehltritte durch einen besseren Lebenswandel wieder gut zu machen« (Snell 1819, 86 f.). Von hier aus ist es nurmehr ein kleiner Schritt bis zu der Vorstellung Sauters, mit Gott gegen eine Instanz zu streiten, die die Gabe des Geständnisses durch ihr Verhalten abgelehnt hat. Das Gericht führt Gott zwar nicht im Munde, glaubt sich aber ›auf einer Linie‹ mit ihm. Es weiß nicht, daß die Instanz, der die kommunikative Bindung nicht gelingt, Gott nicht auf ihrer Seite gehabt haben wird.

Literaturverzeichnis

ARISTOTELES (1992), Topik (Organon V), übersetzt und mit Anmerkungen versehen von Eugen Rolfes, 3. Auflage, Nd. Hamburg.

BOXSEL, MATTHIJS VAN (2001), Die Enzyklopädie der Dummheit, Frankfurt am Main.

BRUNS, SILVIN (1994), Zur Geschichte des Inquisitionsprozesses. Der Beschuldigte im Verhör nach Abschaffung der Folter, [Diss.] Hagen.

CAROLINA (1532), Die Peinliche Gerichtsordnung Kaiser Karls V. Constitutio Criminalis Carolina, kritisch herausgegeben von Josef Kohler und Willy Scheel, Halle 1900.

CASONUS, FRANCISCUS (1594), De indiciis & tormentis Tractatus duo, Köln.

CLAPROTH, JUSTUS (1808), Einleitung in sämtliche summarische Processe zum Gebrauch der practischen Vorlesungen, nach des Verfassers Tode herausgegeben von Friedrich Chr. Willich, vierte vermehrte Auflage, Göttingen.

CODEX BAVARICUS CRIMINALI (1756), Codex Bavaricus Criminali, 2. Auflage, München.

CRIMINAL-ORDNUNG BRANDENBURG (1717), Seiner Königlichen Majestät in Preußen vor dero Chur-Marck Brandenburg verfaßte Criminal-Ordnung, Berlin.

DERRIDA, JACQUES (2003), Eine gewisse unmögliche Möglichkeit, vom Ereignis zu sprechen, aus dem Französischen von Susanne Lüdemann, Berlin.

FARINACCI, PROSPERO (1622), Prosp. Farinacii Iurisconsulti Romani Praxis et Theoricae Criminalis Libri Duo In qvinqve titvlos distribvti [...], Frankfurt am Main.

FLICK, UWE (2000), Konstruktion und Rekonstruktion. Methodologische Überlegungen zur Fallrekonstruktion, in: Klaus Kraimer (Hrsg.), Die Fallrekonstruktion. Sinnverstehen in der wissenschaftlichen Forschung, Frankfurt am Main, 179-200.

FOUCAULT, MICHEL (1976), Überwachen und Strafen. Die Geburt des Gefängnisses, aus dem Französischen von Walter Seitter, Frankfurt am Main.

FRIEDRICH, PETER, und MICHAEL NIEHAUS (1999), Der gebrochene Vertrag. Bemerkungen zum Verhältnis von Rechtstheorie und Disziplinargesellschaft bei Michel Foucault, in: Hannelore Bublitz et al. (Hrsg.), Das Wuchern der Diskurse. Perspektiven der Diskursanalyse Foucaults, Frankfurt am Main, 194-210.

FROMM, NORBERT, MICHAEL KUTHE und WALTER RÜGERT (2000), »... entflammt vom Feuer der Nächstenliebe«. 775 Jahre Spitalstiftung Konstanz, Konstanz.

FÜLLGRABE, UWE (1996), Vernehmungstaktik. Das Dilemma des Lügenentlarvers, in: Kriminalistik Band 50/2, 113-117.

GROLMAN, KARL (1798), Grundsätze der Criminalrechtswissenschaft nebst einer systematischen Darstellung des Geistes der deutschen Criminalgesetze, Gießen [Nd. Glashütten im Taunus 1970].

HABERMAS, JÜRGEN (1981), Theorie des kommunikativen Handelns. 2 Bände, Frankfurt am Main.

HENTIG, HANS VON (1957), Zur Psychologie der Geständnisbereitschaft, in: S. Hohenleitner et al. (Hrsg.), Festschrift für Theodor Rittler, Aalen, 373-382.

HOHBACH, GUSTAV (1831), Ueber Ungehorsamsstrafen und Zwangsmittel zu Erforschung der Wahrheit gegen anwesende Angeschuldigte, in: Neues Archiv des Criminalrechts Band 12, 449-487, 519-619.

INBAU, FRED E., und JOHN E. REID (1962), Criminal Interrogation and Confession, Baltimore.

JAGEMANN, LUDWIG VON (1838), Handbuch der gerichtlichen Untersuchungskunde, Band 1, Frankfurt am Main.

KLEINHEYER, GERD (1979), Zur Rolle des Geständnisses im Strafverfahren des Mittelalters und der frühen Neuzeit, in: Gerd Kleinheyer und Paul Mikat (Hrsg.), Beiträge zur Rechtsgeschichte. Gedächtnisschrift für Hermann Conrad, Paderborn, München, Wien und Zürich, 367-385.

KLEINSCHROD, GALLUS ALOYS (1799), Über die Rechte, Pflichten und Klugheitsregeln des Richters bey peinlichen Verhören und der Erforschung der Wahrheit in peinlichen Fällen, in: Archiv des Criminalrechts, Band I/1, 1-36; Band I/2, 67-113.

KLEINSCHROD, GALLUS ALOYS (1804), Ueber die zweckmäßigste Benutzung des Augenblicks des ersten Erscheinens der Verbrecher vor Gericht – nebst einem Criminalfalle, als Beleg der aufgestellten Grundsätze, in: Archiv des Criminalrechts, Band V/1, 72-104.

KÜHNE, KARSTEN (1979), Das Kriminalverfahren und der Strafvollzug in der Stadt Konstanz im 18. Jahrhundert, Sigmaringen.

LACAN, JACQUES (1996), Die Ethik der Psychoanalyse. Textherstellung durch Jacques-Alain Miller, übersetzt von Norbert Haas, Weinheim und Berlin.

LAKOFF, ROBIN (1980), Fragliche Antworten und beantwortbare Fragen, in: Paul Kußmaul (Hrsg.), Sprechakttheorie. Ein Reader, Wiesbaden, 173-188.

LANGBEIN, JOHN H. (1977), Torture and the Law of Proof. Europe and England in the Ancien Régime, Chicago und London.

LEGENDRE, PIERRE (1998), Das Verbrechen des Gefreiten Lortie. Abhandlung über den Vater, aus dem Französischen von Clemens Pornschlegel, Freiburg.

LUTHER, MARTIN (1745), D. Martin Luthers sowohl in Deutscher als Lateinischer Sprache verfertigte und aus der letztern in die erstere übersetzte Sämtliche Schriften. Hrsg. Johann Georg Walch, Fünfzehnter Theil, welcher die zur Reformationshistorie gehörige Dokumenten von 1517 bis 1524 enthält, nebst einem Vorbericht von der Nothwendigkeit, Göttlichkeit und Zulänglichkeit der Reformation, Halle.

MAUSS, DETLEV (1974), Die »Lügenstrafe« nach Abschaffung der Folter ab 1740, [Diss.] Marburg.

MAYRING, PHILIPP (1996), Einführung in die qualitative Sozialforschung. Eine Anleitung zu qualitativem Denken, 3. Auflage, Weinheim.

MITTERMAIER, CARL JOSEPH ANTON (1816), Bemerkungen über Geberdenprotokolle im Criminalprozesse, in: Neues Archiv des Criminalrechts, Band I/3, 327-351.

NIEHAUS, MICHAEL (2000), »Geständniszwang«. Überlegungen zu einer Theorie des Geständnisses, in: Kriminologisches Journal 32/1, 2-18.

NIEHAUS, MICHAEL (2003a), Das ideale Verhör. Ein theoretischer Klärungsversuch, in: Zeitschrift für Rechtssoziologie 24, H. 1, 71-93.

NIEHAUS, MICHAEL (2003b), Das Verhör. Geschichte - Theorie - Fiktion, München.

NIEHAUS, MICHAEL (2005), Wort für Wort. Zu Geschichte und Logik des Verhörprotokolls, in: Michael Niehaus und Hans-Walter Schmidt-Hannisa (Hrsg.), Das Protokoll. Kulturelle Funktionen einer Textsorte, Frankfurt am Main u. a., 27-27.

OEVERMANN, ULRICH (1991), Genetischer Strukturalismus und das sozialwissenschaftliche Problem der Erklärung des Neuen, in: S. Müller-Dohm (Hrsg.), Jenseits der Utopie, Frankfurt am Main, 267-336.

OEVERMANN, ULRICH (2000), Die Methode der Fallrekonstruktion in der Grundlagenforschung sowie der klinischen und pädagogischen Praxis, in: Klaus Kraimer (Hrsg.), Die Fallrekonstruktion. Sinnverstehen in der wissenschaftlichen Forschung, Frankfurt am Main, 58-156.

OEVERMANN, ULRICH, TILMAN ALLERT, ELISABETH KONAU und JÜRGEN KRAMBECK (1979), Die Methodologie einer »objektiven Hermeneutik« und ihre allgemeine forschungslogische Bedeutung in den Sozialwissenschaften, in: Hans Georg Soeffner (Hrsg.), Interpretative Verfahren in den Sozial- und Textwissenschaften, Stuttgart, 352-434.

PATENT VOM 13 JANUAR 1787 (1788), in: Josephs des Zweyten großrömischen Kaisers Geseze und Verfassungen im Justizfache, Prag und Wien.

PFISTER, LUDWIG (1814-1820), Merkwürdige Criminalfälle mit besonderer Rücksicht auf die Untersuchungsführung, 5 Bände, Heidelberg.

PUCHTA, WOLFGANG HEINRICH (1820), Ueber zweckwidrige Beschränkungen der freien Thätigkeit des Inquirenten bei dem ersten Verhöre des Angeschuldigten, in: Neues Archiv des Criminalrechts, Band IV/3, 436-458.

REICHERTZ, JO, und NORBERT SCHRÖER (1994), Erheben, Auswerten, Darstellen. Konturen einer hermeneutischen Wissenssoziologie, in: Norbert Schröer (Hrsg.), Interpretative Sozialforschung. Auf dem Weg zu einer hermeneutischen Wissenssoziologie, Opladen, 56-84.

REINACH, ADOLF (1913), Die apriorischen Grundlagen des bürgerlichen Rechtes, in: Ders., Sämtliche Werke. Textkritische Ausgabe in 2 Bänden, herausgegeben von Karl Schuhmann und Barry Smith, München 1989, 141-278.

ROGALL, KLAUS (1977), Der Beschuldigte als Beweismittel gegen sich selbst. Ein Beitrag zur Geltung des Satzes *Nemo tenetur seipsum prodere* im Strafprozeß, Berlin.

SCHAFFSTEIN, FRIEDRICH (1989), Verdachtsstrafe, außerordentliche Strafe und Sicherungsmittel im Inquisitionsprozeß des 17. und 18. Jahrhunderts, in: Zeitschrift für die gesamte Strafrechtswissenschaft, Band 101, 493-515.

SCHAUMANN, JOHANN CHRISTIAN GOTTLIEB (1792), Ideen zu einer Kriminalpsychologie. Friedrich Wilhelm II. Dem weisen Gesetzgeber und milden Richter geweihet, Halle.

SCHNEIDER, MANFRED (1996), Die Beobachtung des Zeugen nach Artikel 71 der ›Carolina‹. Der Aufbau eines Codes der Glaubwürdigkeit 1532-1850, in: Rüdiger Campe und Manfred Schneider (Hrsg.), Geschichten der Physiognomik. Text - Bild - Wissen, Freiburg, 153-185.

SCHULZ, LORENZ (2001), Normiertes Misstrauen. Der Verdacht im Strafverfahren, Frankfurt am Main.

SEARLE, JOHN R. (1971), Sprechakte. Ein sprachphilosophischer Essay, Frankfurt am Main.

SEARLE, JOHN R. (1982), Eine Taxonomie illokutionärer Akte, in: John R. Searle, Ausdruck und Bedeutung. Studien zur Sprechakttheorie, Frankfurt am Main, 17-50.

SNELL, WILHELM (1819), Betrachtungen über die Anwendung der Psychologie im Verhöre mit dem peinlich Angeschuldigten, Gießen.

STRAFPROZESSORDNUNG FÜR DAS DEUTSCHE REICH VOM 1. FEBRUAR 1877 (1878), bearbeitet von G. Thilo, Berlin.

STÜBEL, CHRISTOPH C. (1811-1815), Das Criminalverfahren in den deutschen Gerichten. Mit besonderer Rücksicht auf das Königreich Sachsen, wissenschaftlich und zum practischen Gebrauch dargestellt, 5 Bände, Leipzig.

TEMME, JODOCUS D. H. (1883), Erinnerungen. Herausgegeben von Stephan Born, Leipzig.

THERESIANA, CONSTITUTIO CRIMINALIS (1769), Maria Theresias Peinliche Gerichtsordnung, Wien [Faksimiledruck Osnabrück 1975].

TITTMANN, CARL AUGUST (1806-1810), Handbuch des gemeinen deutschen peinlichen Rechts. Vier Theile, Halle.

TITTMANN, CARL AUGUST (1800), Allgemeiner Unterricht über die Rechte und Verbindlichkeiten der Unterthanen in wohleingerichteten Staaten. Zum Gebrauche für Schulen in Städten und auf dem Lande, Leipzig.

TITTMANN, CARL AUGUST (1810), Über Geständnis und Widerruf in Strafsachen und das dabei zu beobachtende Verfahren, Halle.

VOGL, JOSEPH (1991), Mimesis und Verdacht. Skizze zu einer Poetologie des Wissens nach Foucault, in: François Ewald und Bernhard Waldenfels (Hrsg.), Spiele der Wahrheit, Frankfurt am Main, 193-206.

ZACHARIAE, HEINRICH ALBERT (1846), Die Gebrechen und die Reform des deutschen Strafverfahrens, Göttingen.